金苑文库

浙江金融职业学院中国特色高水平高职学校建设项目成果

浙江金融职业学院金融管理学院与金融科技研究所研究成果

浙江金融职业学院电子商务与新消费研究院研究成果

教育部首批国家级跨境电子商务教师教学创新团队研究成果

浙江金融职业学院高水平科研创新团队"双循环研究团队"基金项目

支付原理

数字贸易时代金融支付体系研究

PAYMENT
PRINCIPLE

Research on
Financial Payment System in
Digital Trade Era

史 浩 著

ZHEJIANG UNIVERSITY PRESS
浙江大学出版社
·杭州·

图书在版编目(CIP)数据

支付原理:数字贸易时代金融支付体系研究 / 史浩
著. —杭州:浙江大学出版社,2022.11
ISBN 978-7-308-22800-8

Ⅰ.①支… Ⅱ.①史… Ⅲ.①支付方式-研究-中国
Ⅳ.①F832.6

中国版本图书馆 CIP 数据核字(2022)第 114787 号

支付原理:数字贸易时代金融支付体系研究
ZHIFU YUANLI SHUZI MAOYI SHIDAI JINRONG ZHIFU TIXI YANJIU
史 浩 著

责任编辑	胡	畔
责任校对	赵	静
封面设计	周	灵

出版发行 浙江大学出版社
(杭州市天目山路 148 号 邮政编码 310007)
(网址:http://www.zjupress.com)

排　　版	浙江时代出版服务有限公司
印　　刷	杭州钱江彩色印务有限公司
开　　本	710mm×1000mm　1/16
印　　张	17.25
字　　数	350 千
版 印 次	2022 年 11 月第 1 版　2022 年 11 月第 1 次印刷
书　　号	ISBN 978-7-308-22800-8
定　　价	78.00 元

前　言

　　互联网金融的发展日新月异,大数据和云计算技术让金融的科技含量日益凸显,金融已不再是纯粹的人文学科,更早已远离手工操作的年代。近年来以 DeepMind 公司的 AlphaGO 到 AlphaZero 的进化为代表,标志着人工智能水平又迈上了一个崭新阶段,也让人们对于未来金融业的发展抱着积极的期许和无限的遐想。

　　在这个承前启后的时代,在这个金融科技成果层出不穷的时代,我们既要突破桎梏、勇于尝试和开拓,同时也时常审视在互联网金融、金融科技蓬勃发展中所做的探索和所沉淀的规则,尤其是对金融行业的基石——支付领域作深度的思考。因为这个行业非常特殊,既借助互联网和电子商务的划时代发展,自身发生了翻天覆地的变化,从银行卡支付发展到了手机移动支付,更跳跃式带入刷脸支付等生物信息识别支付,深刻地影响了我们的工作与生活;又借支付行业博弈和银行科技追赶之势,在它基础上催生了互联网金融、金融科技的各种新颖金融创新,更为重要的是区块链技术借助支付与货币的天然联系,正开创着区块链支付时代,对于未来金融的发展赋予了里程碑式的标志性意义。实在是精彩纷呈,在习得支付知识的过程中无法不让人驻足流连并进行深入思考。

　　本书书名定为《支付原理:数字贸易时代金融支付体系研究》,意在分享并总结支付知识和发展历程,尝试探究其支付体系起源、现状与发展,与读者共同登堂入室从知其然跨入亦知其所以然境地,期待达到推窗望月、豁然开朗的境界,这也是本书书名的来历。另外,金融系统是个非常复杂且关联的体系,理解的角度可以千人千面,本书围绕“金融支付体系研究”展开,以体系的观点出发,其内容则不仅限于支付。事实上支付作为一个独特的金融视角和学习线索,可以将相关的知识都串接起来。比如银行业的基础设施机构的介绍、货币政策的讨论、会计基本知识的推敲等等,均经由支付主

1

线串联起来并融入了作者自己独特的理解与思考。通过以线带面,力求格物致知,开卷有益。在多年的学习过程中的确体会到有很多概念的存在似乎是不辩自明的,然而事实上却远非如此。追根溯源、思辨求真才是掌握知识的关窍,这也是本书想要追寻的目标。

全书分为上、中、下三编,分别是上编支付时代、中编宏观支付与下编微观支付,全书共十三章。上编主要描述在全球数字贸易背景下,世界的支付体系越来越趋向于贯通一体。传统意义上支付系统的国家边界和低效支付正在被逐步突破,全球支付体系正渐次形成。中编则主要着眼于从宏观角度描述中国国内支付体系、人民币跨境支付体系、支付系统所支持的货币政策、利率走廊等宏观层面的支付体系结构和货币金融规则安排。下编则从银行账户、支付账户角度对于具体的支付行业进行了描画,还选择了三种特色鲜明场景下的具体支付业务,即企业支付、移动支付和跨境支付,进行了详尽的讨论。

从创新性的角度来看,全书首先在体系上有所创新。将支付领域所涵盖的内容创造性地划分为上编支付时代、中编宏观支付和下编微观支付,形成三个既互相独立又以支付为主线贯通、一脉相承的逻辑整体,并配以篇首点题文句引领全篇。在章节的安排上也独具匠心,第一章首先阐释了数字经济和数字贸易的兴起这个宏观的支付背景,尤其是在"全球数字贸易"的大背景下,支付已经跳脱出了一个国家的范畴,放在一个全球的视野中来展开支付原理的讨论,显得更为恰当和顺应时代发展,因而也水到渠成地引入了第二章支付原理的探讨。第二章支付原理与书名遥相呼应,也是全书最为重要的书眼与核心之一,独创性地引入了"支付孤岛"的概念,同时也将互联网技术的发展对于支付的影响提炼为"全球账户体系"的形成,并对此概念进行了深刻的剖析。

在内容创新上,在支付界率先提出了三个时代的观点,即伴随着支付场景的线上化、数字化和国际化,支付的发展历经了"孤岛支付"时代、"互联网金融"支付时代和"区块链支付"时代。正像书中上编支付时代开篇就强调的,金融的基石是支付,金融在互联网元素催化的嬗变中,支付也已由"孤岛支付"时代渐变为"互联网金融"支付时代,现正发力朝着"区块链支付"时代飞驰而去!当然,书中的创新点还有许多,比如中编宏观支付中对于货币政策就厘清了公开市场操作 OMO(Open Market Operation)和货币政策新型工具 SLF、MLF 的区别,而国内多数文章中是将二者混淆为同属 OMO 概念,而且在阐释概念时多以独创自绘图形的方式展现,更易传达理念,比如对于利率走廊、市场和政策的基准利率以及 LPR 形成机制等概念均附有自绘图加以直观说明。再比如介绍中国现代化支付体系时,不但对最新的支付系统运行机制进行了讨论,而且还将其与美国的支付系统进行了类比,从宏观支付的角度更易理解。

　　全书的创新还体现在对于支付实践思考角度的创新。支付并非仅仅只是一个孤立的金融工具或者金融行为,全书将支付放在一个波澜壮阔的时代金融大背景之中,涉及的金融业务也丰富多样,既有央行货币政策的清晰展示,亦有清算体系原理的直观阐述;既有传统支付工具与账户的细致分析,更有全新支付体系和区块链支付技术的深入解析。本书以支付原理为题,意在登高望远,能纵览支付全景,探寻支付真意,我想这个出发点也算是一点创意初心吧。

　　本书在编写的过程中总结了我五年来不断的教学反馈与思考,也包括2021 年对泰国、马来西亚学员们所开展的社会培训服务期间的总结。编写过程由于事务繁忙虽然时间略显仓促,却是有感而发、融入初心的倾心之作。这次的执笔是对自己多年来学习思考的一次阶段性总结,也算是一次心灵苦旅,痛并快乐着,希望能得到同道师友们的帮助、指导和赐教。但在追求知识的过程中难免存在瑕疵,无法做到尽如人意,但求无愧我心。正如范仲淹在《岳阳楼记》中的感慨,知识的辽阔犹如烟波缥缈的洞庭湖面般"浩浩汤汤,横无际涯"。寄望本书的付梓,能让读者们在大千世界的"朝晖夕阴,气象万千"中,对求索所学之识达到"心旷神怡,宠辱皆忘,把酒临风,其喜洋洋者矣"的顿悟意境。

史　浩
2021 年 10 月于杭州

目　录

上编　支付时代

第1章　支付场景:全球数字贸易 ……………………………… 3

　1.1　国际货币的竞争 ………………………………………… 3

　1.2　数字贸易的兴起 ………………………………………… 7

　1.3　数字贸易生态链框架 eWTP ………………………… 10

　1.4　世界支付体系的贯通趋势 …………………………… 12

第2章　支付原理:全球账户体系 …………………………… 15

　2.1　支付的主权特质 ……………………………………… 15

　2.2　支付的孤岛效应 ……………………………………… 16

　2.3　互联网的国际性 ……………………………………… 17

　2.4　支付的本质 …………………………………………… 20

　2.5　清算模式 ……………………………………………… 23

第3章　互联网金融支付时代 ………………………………… 32

　3.1　互联网时代重塑行业形态和商业逻辑 ……………… 32

　3.2　互联网时代金融行业发生巨大改变 ………………… 36

　3.3　传统银行支付演变为互联网金融支付 ……………… 39

第4章　区块链支付时代 ……………………………………… 48

　4.1　区块链基本原理 ……………………………………… 48

4.2 法定数字货币与私人数字货币 ……………………… 52

4.3 区块链支付案例 ……………………………………… 55

中编 宏观支付

第 5 章 金融与货币 …………………………………………… 61

5.1 金融的功能与体系 …………………………………… 61

5.2 货币的支付职能 ……………………………………… 75

5.3 货币数量对宏观经济的影响 ………………………… 82

第 6 章 货币政策 ……………………………………………… 86

6.1 中央银行发行和控制基础货币 ……………………… 86

6.2 银行货币政策发展历程 ……………………………… 92

6.3 新型货币政策工具 …………………………………… 99

6.4 利率走廊 ……………………………………………… 105

6.5 货币政策的实现（利率调控货币数量） …………… 112

第 7 章 支付系统 ……………………………………………… 124

7.1 支付系统与支付体系 ………………………………… 124

7.2 银行业支付系统概论 ………………………………… 126

7.3 中国人民银行支付系统 ……………………………… 135

7.4 银行卡跨行支付系统 ………………………………… 162

7.5 网联 …………………………………………………… 171

第 8 章 跨境支付系统 ………………………………………… 174

8.1 美国 CHIPS、SWIFT 和 Fedwire …………………… 174

8.2 跨境人民币清算 ……………………………………… 178

8.3 人民币跨境支付系统 CIPS …………………………… 183

下编　微观支付

第 9 章　银行账户 ··· 191

9.1　银行账户分类 ··· 191

9.2　有限公司与合伙人企业 ································· 197

9.3　电子银行与银行卡 ······································· 201

第 10 章　支付场景一：企业支付 ····················· 204

10.1　企业账户 ··· 204

10.2　会计原理 ··· 214

10.3　票据支付 ··· 219

第 11 章　支付账户 ··· 228

11.1　第三方支付 ·· 228

11.2　第三方支付的规则逐渐成熟 ······················· 229

11.3　支付账户分类 ·· 231

11.4　预付卡支付 ·· 238

第 12 章　支付场景二：移动支付 ····················· 239

12.1　银联与收单清算 ··· 239

12.2　银行卡支付 ·· 244

12.3　从刷卡到扫码支付 ······································ 248

12.4　银联云闪付 ·· 250

第 13 章　支付场景三：跨境支付 ····················· 254

13.1　信用证支付 ·· 254

13.2　跨境支付发展 ·· 258

13.3　跨境支付模式 ·· 263

13.4　跨境支付创新 ·· 264

上编　支付时代

　　以遍布全球的国际互联网的形成为标志,地球村时代已经到来,它深刻地改变了我们周边的一切!从生活与工作方式到经济与贸易形态,都在发生着翻天覆地的彻底革新。与日常生活和实体经济休戚相关的资本市场、金融行业,同样在互联网理念的指引下、在数字贸易的推动中脱胎换骨、浴火重生。

　　金融的基石是支付,金融在互联网元素催化的嬗变中,支付也已由"孤岛支付"时代渐变为"互联网金融"支付时代,现正发力朝着"区块链支付"时代飞驰而去!

第1章　支付场景:全球数字贸易

1.1　国际货币的竞争

1.1.1　货币的发明与形态

提及支付,往往与货币有着密切的联系,两者虽然并非同一概念,但也做到了由此及彼,互有关联。一般认为货币的功用很多,其中有一类重要的作用就是用于支付职能。了解支付,就不得不追根溯源,先对支付的来源母体——货币进行了解。

货币在当今人们日常生活中早已司空见惯,似乎无须过多解释,一般也不会假以思索,但货币并非自古就有,也并非自然界俯拾可取的天然产物,事实上货币是人类伟大的发明,就像红绿灯的发明、拉链的发明、央行商业银行二元银行制度的发明一样,非常伟大但又常被忽略。

人类文明在长期的进化过程中,逐渐形成了社会大分工。最值得一提的是人类历史上的三次社会职能大分工,分别是畜牧业从农业分离出来,给人类带来了稳定而多样的动物蛋白质来源,强健了人们的体魄;手工业从农业中分离出来,给人类带来了适用的工具以及精致的装饰品甚至艺术品,陶冶了人们的情操。特别重要的是第三次社会大分工,分离出了商人阶级,专职负责大分工社会的商品交换,全面推动了整体社会的生产热情和生活水准。但是商人在商品交换的过程中会发现,所有商品的两两交换将会使标价变得异常复杂,如果有 N 种商品两两交换,其价格标示将需要 $(N-1)$ 到 1 的连加,数学上表示为:

$$(N-1)+(N-2)+\cdots+1=[N\times(N-1)]^2$$

这将是一个随着商品数量 N 的增长,以平方级别增长的大数。显然是非常不利于经济发展的,因此人类发明了货币,使得交换时两两之间的商品标价从平方级别的增长变成了一次方的线性增长。货币的作用就是作为一般等价物,充当交换的中介而存在的一个概念。既然是一个概念,那么货币的具体形态就不重要了。理论上任何能合理表达这个概念的有形物体或者无形介质都可以充当。因而货币就从有形的黄金、白银,发展到了纸币,甚至于到了如今无形的数字货币。无论形态如何,货币对于达成支付使命、推动经济发展都是非常关键的因素。

1.1.2　货币与国际贸易

世界已经成为地球村,产业链也逐渐跨越国境,延伸到了全球。伴随着全球产业链的成形,价值链和支付也同样需要延伸到达全球。然而传统意义上的国际贸易支付结算方式非常复杂,跨国支付的流程和环节也非常冗长,不但带来了高昂的支付成本,同时在时间上也造成了极大的延时。更有甚者,不时会发生支付错误资金丢失,即便发现出错而进行纠错,由于环节过多有时也无法定位。

高昂的支付成本决定了传统国际贸易只能是以批发形式开展,因而在中国,传统意义的国际贸易只有大型的具备进出口资质的公司才有资格对外开展。从支付结算角度来看,传统国际贸易只能在大型公司之间开展的另外一个重要原因关乎银行账户。随着中国国力的增强,人民币的国际化进程正稳步推进。然而国外客户若要使用人民币进行支付,则必须开立人民币银行账户,这对于身处国外的境外客户而言并非一件容易做到的事情。特别是对于个人客户,在有些国家,有些个人客户是根本没有银行账户的,更不用说拥有人民币账户,因而极大地阻碍了中国国际贸易的进一步拓展和转型。

然而中国的央行数字货币可以很好地帮助我们摆脱这个困境。如果中国的央行数字货币能够走出国门,那么国外客户无需注册银行账户就可以接收和支付数字人民币了。这对于一直受制于银行账户的国际贸易支付结算,对于叩开极具潜力的世界贸易大市场,可以算是呈现了一条充满希望的通衢大道。当然也正因为货币对于拓展国际贸易所蕴含的政治经济战略意义,世界各国正紧锣密鼓地进行着一场世界货币的竞争。

1.1.3　国际货币的竞争

货币对人类历史进程的重要性,怎么强调都不为过。众所周知,1944

年在美国新罕布什尔州布雷顿森林举行的联合国国际货币金融会议上，西方 44 个国家的代表通过了布雷顿森林货币体系（Bretton Woods System），在国际社会上正式确认了以美元为中心的国际货币体系。该体系正式将美元与黄金挂钩，借助黄金价值的全球共识，达成了美元价值的全球共识，从而形成了美元的跨境支付能力，构筑了以美元为主体的国际支付体系。在可以促进全球贸易大发展的前提下，事实上对于美国二战后能持续维持强大的意义亦更为重大。

在美元成为黄金唯一替代品并获得国际货币的地位之后，随着经济突飞猛进地发展，有限的黄金必然无法通过有限美元的发行来支撑体量越来越庞大的经济体，于是美元的发行量势必会逐渐脱离有限量黄金的制约，必然要进行超额发行。1976 年国际货币基金组织（IMF：International Monetary Fund）在牙买加举行会议正式确认了浮动汇率制的合法化，史称牙买加协议。也就是说美元和黄金都退出唯一国际货币的角色，国际储备货币从单一美元过渡到了多种国际储备货币，在一定程度上解决了美元的"特里芬难题"[①]，各国货币之间形成了多样化的汇率制度安排。同时，信用货币也开始大行其道，各种形式的支票、支付凭证、信用卡等种类繁多，金融借助信用货币对于经济的影响力也日益深远。

但是我们也要看到国际货币储备多元化使国际上缺乏统一稳定的货币标准，本身就是不稳定因素。货币间汇率的剧烈波动会带来诸多弊端，比如不利于成本和利润的核算，增加了汇率风险，影响了国际贸易和国际投资的发展等等。事实上国际货币的竞争就从未停止，从中国在全球的经济地位和影响来看，人民币完全有理由国际化，完全有实力与美元、欧元、英镑、日元站在同一赛道上。2016 年人民币正式纳入国际货币基金组织（IMF）特别提款权（SDR：Special Drawing Right）货币篮子，这标志着人民币又向着国际化方向迈出了重要一步。此后中国老百姓将可以直接用人民币在境外旅游、购物、投资，降低汇兑成本并避免汇率风险。SDR 是 IMF 于 1969 年创设的一种国际储备资产，用于弥补各成员国官方储备不足，IMF 通常每 5 年对 SDR 进行一次例行审查，主要内容是 SDR 货币篮子的货币构成及权重。2016 年 10 月 1 日，人民币正式纳入 SDR 货币篮子。根据当年权重计

---

① 以一国货币作为最主要国际储备资产的体系有一种内在的不可克服的矛盾：美国以外的成员国经济发展必须依靠不断积累美元财富来体现，因而美元应该外流，美国国际收支应该持续保持逆差；同时，美国若要维持美元的国际地位，美国经济必须持续向好，因而美国国际收支应该持续保持顺差。两种情况下，美元实际上处于两难境地。

算公式，在彼轮 SDR 货币篮子中，美元所占权重为 41.73％，欧元为 30.93％，人民币为 10.92％，日元为 8.33％，英镑为 8.09％。五年之后，2021 年又要对 SDR 进行币种与权重的调整，但由于受新冠疫情影响，此轮审查和调整将推迟到 2022 年 7 月 31 日，届时 2022 年 8 月 1 日将产生并生效新的 SDR 货币篮子构成与权重。

但是我们也要看到在美元主导下的国际货币与金融体系中，人民币的国际地位始终受到美元的打压和边缘化，随着中国经济的超高速增长和国际地位的不断提升，中国很长时间内都是境外美元最大储备国和境外美国国债最大债权人，然而美中之间迄今为止都没有任何货币互换协议的达成。货币互换协议本质上是国家铸币权的有限相互让渡，美国与欧洲、英国、日本、巴西、韩国、墨西哥等其他国家之间均有过货币互换协议，而唯独排除人民币，可以看出美元与人民币之间的竞争态势要大于合作趋势。而且数字美元的计划推出，势必对人民币带来新的挤压。而数字人民币的出现将借助数字技术发展的契机，提升人民币的跨境支付能力，以数字技术实现弯道超车，有助于人民币的国际化。

除了各国央行数字货币之间的国际货币之争，竞争压力还来自一些国际性的大型科技公司。比如 Facebook 初期的 Libra 构想和后期的 Diem 妥协。在 Libra 构想阶段，Facebook 计划打造一款超越主权的世界货币，这对于美元也同样构成了威胁，显然美国首先就不会同意这样的设计，因而该设想基本没有实现的可能。后期 Facebook 妥协性地修改了 Libra，并更名为 Diem。Diem 的想法是充当美元的锚定货币，2021 年 5 月 Diem 协会宣布将其主要业务从瑞士转移回美国，从而有利于 Diem 美元稳定币的发行规划。

可以看到，自二战之后围绕世界货币的竞争始终存在，一国货币取得世界货币的地位既是综合国力的展示，更是国际政治斗争纵横捭阖和战略博弈的结果。世界货币除作为价值尺度之外，还是国际支付手段、国际购买手段和财富的国际转移手段。世界货币作为世界各国经济联系的直接纽带，虽然深层次上对一国的政治、经济、文化格局都会有着广泛影响，但在表层上可以直观地通过国际贸易中的国际结算便利而体现出来。

1.2　数字贸易的兴起

1.2.1　传统国际贸易

传统国际贸易是指不同国家之间商品与劳务基于传统方式开展的贸易行为。传统的国际贸易一般要经历商品信息的搜集、商品和价格的比较、国际贸易谈判和合同签订、货款的支付结算直至最终的货物起运、交货等诸多线下环节，各种繁复的流程和各国间不同的贸易规则，注定了传统国际贸易的时间成本、人工成本等综合贸易成本高企。而在高交易成本的约束下，传统国际贸易往往只适用于大宗贸易，也只有大宗贸易带来的收益才能覆盖贸易过程中所付出的高昂成本。若以当前电子商务的术语来诠释该类模式的特点，一般可以归类为线下 B2B(Business To Business)模式。传统国际贸易可以从不同角度进行分类，按商品流向可分为进口、出口和过境贸易；按是否有第三方参加可分为直接、间接和转口贸易；按国境关境可分为总贸易和专门贸易，我国采用的是专门贸易体系；按商品形态可分为货物贸易（有形商品贸易：Tangible Trade）、服务贸易（无形商品贸易：Intangible Trade）。注意，服务贸易不反映在一国的海关贸易统计上但显示在该国国际收支表上，定期由国家外汇管理局发布相关数据；按海关监管方式可分为：一般贸易（海关代码 0110）、市场采购贸易（海关代码 1039），还有加工贸易、补偿贸易、技术贸易等等，之后随着时代的发展又逐步加入了电子商务的监管内容（传统国际贸易分类要点见图 1-1）。

1.2.2　跨境电商与数字贸易

随着信息互联网时代的到来，国际贸易的进行已经可以脱离线下，而通过线上形式开展商品信息的搜集、商务接洽与谈判、合同订立与付款等一系列商务流程，除了有形商品的物流服务必须通过线下开展之外，几乎可以将所有其他环节线上化。因此对比国内贸易中的电子商务趋势，我们可以称传统国际贸易已经在这个特定的国际互联网时代转型成为跨境电商形态了，或者说跨境电商就是互联网时代的国际贸易。

而数字贸易是跨境电商更为高级的进一步发展。主要体现在数字经济时代对互联网时代的迭代。在数字经济时代，以互联网为底层基础设施，再叠加人工智能、区块链、大数据、云计算、5G 通信、物联网等各类先进科技，

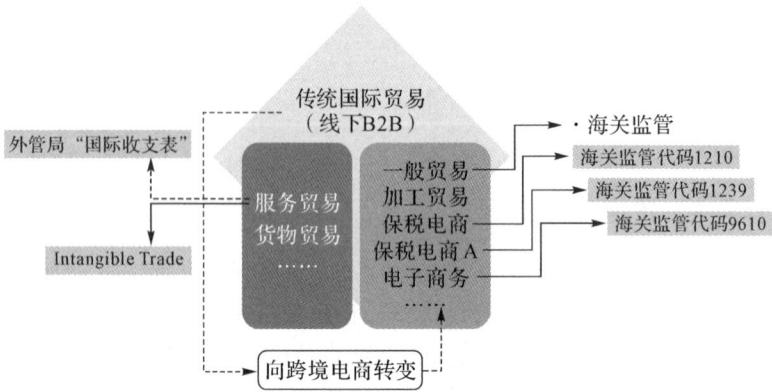

图 1-1 传统国际贸易分类要点

跨境电商已经可以从单纯的网络营商而逐步发展进入以新零售、新制造等为特征的,具体以定制化生产销售、智能制造等为体现的更为高级的数字经济阶段(国际贸易发展的三个阶段见图 1-2)。

图 1-2 国际贸易发展的三个阶段

在传统国际贸易形式向跨境电商形式发展转变的过程中,中小企业的参与度越来越高。在电商平台的驱动下中小企业抹平了竞争劣势,逐渐形成了产业链、生态链上的重要节点。借助于数字技术的发展红利,中小企业跨越制度、体量、信用等诸多贸易鸿沟,在互联网时代的数字贸易价值链上正凸显其独有的链上价值。2019 年在美国亚特兰大举行的 APEC 工商咨询理事会(APEC Business Advisory Council,简称 ABAC)上,B2B 跨境电商平台敦煌网创始人王树彤倡议组建全球首个"中小企业全球价值链网络"(SG Network:Small and Medium-sized Enterprises Global Value Chain Network)。随着消费数据共享升级为产业链数据共享、交易平台化升级为服务平台化、封闭生态系统升级为开放生态链的三大趋势演进,被数字技术推上国际贸易历史舞台的中小民营企业,也同时作为跨境电商的生力军发展壮大,反过来也不断推动跨境电商向数字贸易阶段持续升级转换甚至达到涅槃重生(中小企业借助数字技术跨越贸易鸿沟见图 1-3)。

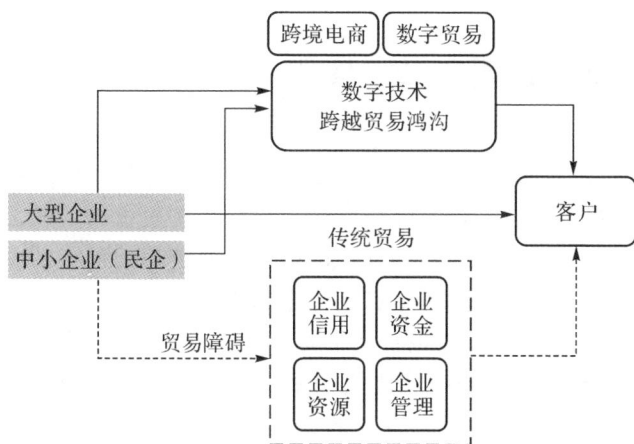

图 1-3　中小企业借助数字技术跨越贸易鸿沟

　　一般来说,中小企业基本属于民营企业范畴,以绍兴海关数据为例来看民企助推外贸的发展,"绍兴首次有进出口记录的企业在 1993 年为 445 家,2002 年突破 1000 家,到 2018 年突破 10000 家。外贸实体 26 年增长近 22 倍,其中民企是绍兴外贸的中坚力量"。互联网时代的外贸已经无法离开跨境电商了,而跨境电商发展的高级阶段必然是全面的数字贸易。在由浙江大学中国跨境电子商务研究院发布的《中国中小企业跨境电商白皮书》中,基于阿里巴巴国际站的数据展望 2025 年,届时跨境电商将进入全球数字贸易阶段。

　　在数字贸易阶段,面对商业基础设施和商务机制的巨大变化,势必重构产业链和生态链,以信息流、价值流最优的角度解构和组合,最终在市场的引导下形成平稳的商业格局。借助数字技术触达客户,数字贸易帮助中小企业站在与大型企业相似甚至相同的起跑线上,其中至关重要的决定性跨越是来自服务生态与金融支持的全面改善和优化。其中,"服务生态"部分构成了数字贸易的生态链,而"金融支持"部分则是该生态链上不可或缺的关键动力。

　　而在对数字贸易的"金融支持"方面,比较重要的基础环节和基础设施就是跨境支付了。

1.3 数字贸易生态链框架 eWTP

与传统国际贸易相比，数字贸易时代的外贸参与方呈现出小型化、分散化、海量化的显著特点。传统国际贸易由少数大型企业构成的简单贸易生态也势必逐步过渡到一个多元化的、由多条产业链编织而成的一种复杂多链结构，可以称之为数字贸易生态链或生态圈。本质上它是一个三维的概念，源自一维的供应链、二维的产业链而再度进行的维度扩张。在当今互联网时代的实务环境中，生态链最为显性的表达就是数字化平台对于资源的强大聚合能力。而在缺乏数字化平台的传统国际贸易环境中，世界贸易组织（World Trade Organization，简称 WTO）是二战以来最具代表性的全球主流贸易资源和规则聚合平台。

1.3.1 从 WTO 到 eWTP

在现实国际贸易层面，WTO 作为世界上最为重要的国际经济组织之一，在维护国际贸易规则方面发挥着巨大的作用。中国于 2001 年 12 月 11 日正式获批加入，并借此契机实现了经济的跨越式发展。加入 WTO，为中国的大企业提供了与世界上其他国家大企业同台竞技的舞台与机会，在这个开放和公平的商业环境中加速推进了中国的改革开放、经济发展以及整个社会的现代化建设进程。

随着时代的发展变化，WTO 也开始将重点聚焦于大企业的注意力逐步进行转移，开始审视数字贸易背景下异军突起发展迅猛的中小企业。2017 年 12 月 WTO 发布《电子商务联合声明》，强调电子商务的重要性，并倡议所有 WTO 成员重视电子商务带来的机遇，支持并投入电子商务的发展。事实上，该声明可以理解为是对 2016 年马云提出的 eWTP 理念的一种回应，是国际主流经济组织对跨境电商的高度认同。

1.3.2 eWTP 的理念

世界电子贸易平台（Electronic World Trade Platform，简称 eWTP）是由马云提出的一个全新的世界贸易框架，于 2016 年在 G20 杭州峰会上被写入联合公报并得到广泛关注及认可。由于现有的传统国际贸易规则滞后于快速发展的数字经济时代，eWTP 理念的愿景是创新拓展现有的国际贸易框架、体制、机制，从而加速推进国际贸易发展乃至推动全球经济的增长。

具体而言，eWTP 能够实现普惠贸易（不仅仅是便利于中小企业，还能够帮助发展中国家甚至欠发达国家参与全球贸易）；eWTP 能够超越政府的传统贸易协定束缚，甚至于形成全球数字海关，从而构造出一个全新的国际贸易框架体系。

该理念的提出是基于当前现实环境所发生的巨大变化。首先以互联网为代表的技术环境已经成熟，中小企业已经可以借助数字技术提升竞争力、打造供应链、形成产业链，从而跨越与大企业间的贸易鸿沟，消弭大企业的贸易垄断。其次，以政府为主导的治理环境尚有不足，尤其是存在于区域贸易组织内部和外部以及各贸易组织之间的贸易壁垒，严重阻碍了全球自由贸易趋势，阻碍了全球产业链的顺畅运转、生态链的和谐发展。因此，作为对原有世界贸易框架的创新，新诞生的 eWTP 理念将秉持数字技术基础上所推行的数字贸易这一核心观点（其中 eWTP 的 e 就很明显地充分强调了数字技术），将所有类型的企业，不仅仅是 20% 的大企业，也必须包括其他80% 的中小企业，均纳入其支持范畴。同时，基于这一贸易框架平台，不拘泥于政府协定的牵绊而是围绕各个企业的个性化需求，自由高效地开展国际贸易，组建数字贸易的产业链和生态圈。从这个意义上来看，eWTP 就是一个现实版数字贸易的世界级平台，是数字贸易产业链、生态链的完美支撑。eWTP 生态链上可以完整聚合数字贸易所有类型的服务要素，例如物流服务、金融服务等形成 eWTP 的基本服务群，其中包括但不限于金融服务，均通过 eWTP 框架服务于外贸企业的供应链、产业链和生态链（电子世界贸易平台 eWTP 框架见图1-4）。

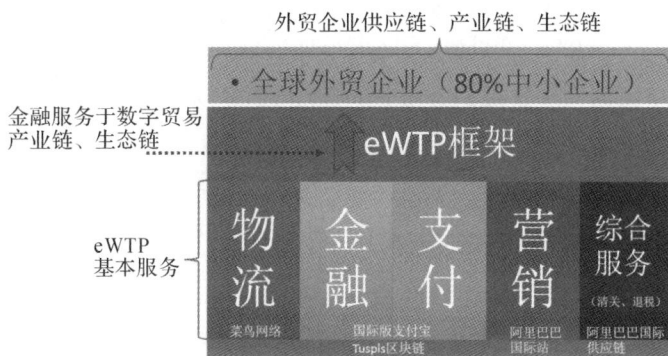

图 1-4　电子世界贸易平台 eWTP 框架

2017 年 3 月，阿里巴巴集团董事局主席马云和马来西亚总理纳吉布宣布，首个 eWTP 试验区在马来西亚落地，同年 11 月双方宣布全面启用并运营该 eWTP 试验区——马来西亚"数字自由贸易区"(DFTZ：Digital Free Trade Zone)。这是中国以外的第一个 eWTP 试验区。eWTP 让小企业享有平等的贸易便利,马来西亚数字自贸区启用后,马来西亚商业基础设施全面升级,惠及数十万马来西亚及东南亚中小企业和年轻人。现在,马来西亚 DFTZ 的货运清关时间已经从 1 天降到 3 小时。2017 年 10 月,阿里巴巴联合杭州跨境电商综合试验区建设 eWTP 杭州实验区。2018 年 10 月和 12 月,阿里巴巴集团又分别与卢旺达和比利时宣布共建 eWTP,这标志着 eWTP 开始进入非洲和欧洲。2019 年 6 月,义乌市政府与阿里巴巴集团签署 eWTP 战略合作协议,全球最大线下市场与最大线上市场携手,双方将探索服务全球中小企业的贸易新规则与新模式。至此,作为全球数字贸易框架的生态链平台已粗具雏形,各国企业尤其是各国中小型外贸企业,均可链入该数字贸易生态圈,为将来进一步实现超越国界和贸易组织边界的全球数字贸易提供了更大的想象空间。

1.3.3　eWTP 的金融支持

现阶段 eWTP 本质上是倡议在国际贸易中对全球中小企业实现更低税收、更快通关等便捷服务,从而最终通过多个 e-Hub 区域节点搭建起一条全球贸易的快速通道 e-Road。在构建数字贸易生态的过程中离不开资金的大力支持,2018 年 5 月 23 日,首只源自中国、定位全球化的基金"eWTP 生态基金"正式在中国香港发布,首期规模高达 6 亿美元,隶属 eWTP 生态基金旗下的首支"eWTP 科技创新基金"也正式面市。因此 eWTP 的定位自诞生之日始就带有浓厚的生态链色彩,eWTP 的构想将带动全球中小企业的新贸易网络都参与其中并获益和发展。也就是说它不是仅面向阿里系的一个狭隘的金融扶持渠道,而是对数字贸易全生态链在全球视角下的金融动力机制。

1.4　世界支付体系的贯通趋势

1.4.1　从 eWTP 到金融服务体系

事实上除了以 eWTP 生态基金为代表的基金形式,能赋能生态链并供给金融服务的形式和机构很多。一般有商业银行、商业保理公司、信托公司、融资租赁公司等金融型企业,另外还有各类非金融型企业。例如供应链金融中的核心企业，商务活动中的物流企业、行业龙头企业、供应链公司、外贸综合服务平台、电商平台企业、金融信息服务平台、金融科技公司等各类企业。这些异质多态的企业类型都可以向供应链、生态链提供丰富多样的金融服务。也就是说除了通过 eWTP 框架可以向数字贸易企业提供金融服务，目前还存在大量的不通过 eWTP 框架，而直接向数字贸易企业提供金融服务的生态，比如银行、保理公司等（数字贸易产业链生态链金融服务见图 1-5）。

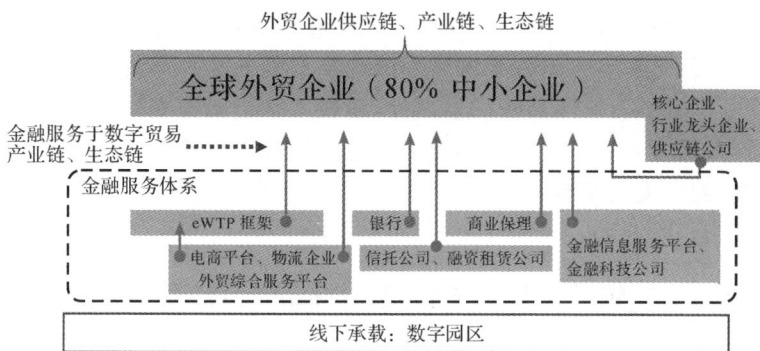

图 1-5　数字贸易产业链生态链金融服务

随着金融科技的迅猛发展，在金融体系的构建过程中，也出现了新型的数字贸易生态链金融服务形式，即区块链金融。也就是说传统的供应链金融将转型为区块链金融。那么相应的数字贸易支付服务也将由传统国际贸易支付转变为区块链支付。

1.4.2　商业银行区块链支付：银行间信息网络 IIN

在传统国际贸易中，支付结算的主力通常是银行，银行信用也是国际贸易中受到全球广泛认可的信用体系，保障着跨境贸易的顺利运转。进入数字贸易时代之后，商业银行的银行信用体系在保障安全的支付结算流程中依然发挥着巨大的作用。在区块链跨境支付发展进程中，银行业的区块链支付也紧紧追随时代脉动，不断进取，并取得一项项创新突破。

2021 年 9 月，中国工商银行（亚洲）公司通过金融科技公司 CONTOUR，成功协助大宗商品贸易平台冀东发展（香港）国际公司完成首笔基于区块链技术的跨境人民币信用证交易。这次交易中 CONTOUR 平台为冀东香港向国外某大型上游矿山企业直接开立数字化人民币信用证，用以支付进口铁矿石款项。

美国华尔街最大的银行摩根大通银行(J. P. Morgan Chase & Co,业界简称其为"小摩"）为抵御来自 TransferWise 和 Ripple 等支付新贵的竞争，与澳大利亚 ANZ 银行和加拿大皇家银行合作，采用基于以太坊的区块链网络 Quorum（链上货币为 JPM Coin）组建了"银行间信息网络（IIN）"。自 2017 年启动后，已有 400 多家银行宣布加入，其中超过 220 家银行正式上线。IIN 旨在利用区块链等新兴技术，为复杂的跨境支付行业提供更好的服务，让款项可以更快速、更便捷地到达收款人账户，参与的银行也成为应用开发生态系统的一部分，可各自开发符合自身需求的解决方案。

而非银行参与区块链跨境支付也是百花齐放，比如主打跨境汇款场景的由 IBM 公司主导的 stellar 网络和由瑞波公司主导的 Ripple 网络。并且很多企业除了银行国际转账场景之外，还融入了指向性更为明确的数字贸易场景，各类型企业推出了多种数字贸易区块链支付平台。比如中国蚂蚁集团的蚂蚁链支付平台，就在蚂蚁链基础之上，进一步拓展构建出其数字贸易生态平台 Tusple。

1.4.3　非银行区块链支付：以 Trusple 为代表

2020 年 9 月 25 日 INCLUSION 外滩大会上，蚂蚁集团隆重发布了数字化国际贸易和金融服务平台 Trusple（名称来源于"因为相信，所以简单"："Trust Made Simple"），而蚂蚁集团一般被认为是具有强大电商背景的金融科技集团。该款全新面世的数字贸易产业链、生态链金融解决方案是以蚂蚁集团旗下的蚂蚁区块链为底层技术的创新型解决方案。Trusple 生态链上集中了各大电商平台、多家商业银行以及各类数字贸易服务商（物流服务商、供应链服务商等），通过生态链上的数字流动和存证，无论企业的大小，均可以实现互信的支付，极大地提高了贸易效率。在金融服务方面企业能够借助蚂蚁链的功能实现订单支付和融资、付款担保和贴现等智能金融服务，助力中小企业建立链上信用、获取金融服务并使之跨越贸易鸿沟参与到国际数字贸易竞争之中。

与支付宝当年推出担保交易的初衷一样，Trusple 也是为了解决支付信任问题。所不同的是，由于区块链技术在解决复杂流程信任中的突出特性，Trusple 更好地契合了解决国际贸易支付信任的需求。

世界正随着国际互联网的不断向纵深发展而发生着深刻的变革，人类命运共同体正在加速形成。国际分工与协作达到了前所未有的高度，不单单是实体经济中的制造业供应链正向全球扩散分布，在数字经济、数字贸易中发挥关键作用的数字金融、互联网支付也提出了全球投融资、全球支付的迫切要求。世界支付体系正呈现出全球贯通的要求与发展趋向。

第 2 章　支付原理：全球账户体系

2.1　支付的主权特质

一个主权国家的显著特征之一是拥有其独立的金融体系。该金融体系与其他不同国家的金融体系本质上在操作层面是完全区隔的。尤其是从支付系统的角度去观察，没有任何一个主权国家的银行支付系统是可以延伸到另外一个主权国家的。举个例子，中国的金融骨干网络上承载着中国的支付系统，该金融骨干光纤网不可能一直布设到和中国有陆地接壤的泰国、越南等国家，更遑论和中国隔海相望的日本、韩国。总之，主权边界确立的同时，事实上也是中央银行边界的确立，同时也就决定着支付系统的事实边界。即支付网络或者支付体系不可能再进一步延伸了。这是由于物理边界的划分确定，限制了物理网络的延伸，同时也就制约着物理网络上所承载的逻辑支付系统的延伸。从这个角度就不难理解支付具有鲜明的主权特质，一个国家中央银行的支付骨干网一般就只能在本国境内实现其功能，而无法跨越国境（支付系统的国家边界见图 2-1）。

因此，中央银行的支付指令，以及依托央行支付骨干网络的所有该国商业银行支付网络都只能在本国境内发挥作用。这是一个显而易见的事实，但往往被忽视。甚至无论一个国家是否拥有独立自主的货币政策，只要它是一个主权国家，拥有国际社会承认的法定边界，其支付体系都一定是自治而独立的。也就是说货币政策的非独立性也不会影响到其支付体系拥有独立自治的主权特质。

对支付主权更为形象直观的描述就是中央银行的网络操控绝对不可能延伸到另外一个主权国家。商业银行最直接的体验就是无法对境外的银行

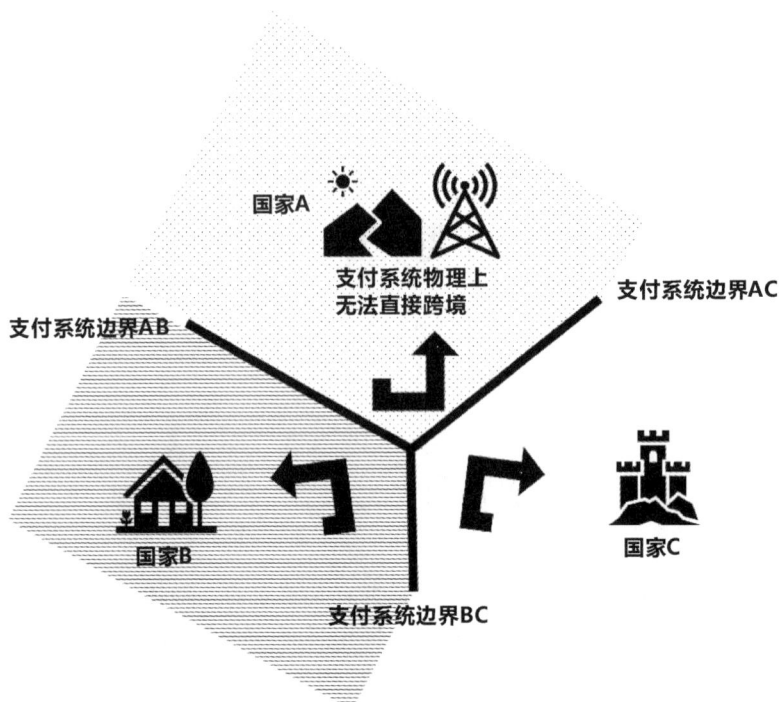

图 2-1　支付系统的国家边界

进行直接转账，当然我们后面会展开讨论，跨越国境的全球互联网的出现逐渐改善了这种状况。

2.2　支付的孤岛效应

　　基于支付的主权特质，任何一家央行代表着该国的主流银行体系，能够且只能够在本国国境范围内布设网络，行使央行运营和监管职责。从全球角度看各国的支付系统，仿佛各个国家各自形成一个个互不相连的支付孤岛，我们可以称之为支付的孤岛效应（各国支付系统形成支付孤岛见图2-2）。

　　也就是支付系统抵达边境后即发生中断，不能穿越边境进入另外一个主权国家。在没有互联网的时代，国际跨境支付一般通过代理行的形式，由其他国家的银行直接到目的地国家的银行系统开立账户，以实现跨境支付，

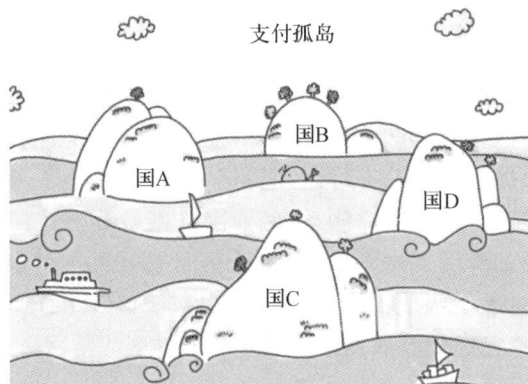

图 2-2　各国支付系统形成支付孤岛

效率非常低下。由于环节较多，操作复杂，不但手续费高昂而且极容易发生误操作，导致到账时间冗长，更甚至于汇款丢失。

为了实现与代理行之间的便捷沟通，随着电报电话网络的普及，SWIFT 系统被设计出来投入使用。事实上 SWIFT 根本不是资金的转移网络，而本质上是一个通信网络，SWIFT 仅仅实现了全球银行间转账汇款信息的沟通，真实的资金转移还是被围困在各国的支付孤岛内，并不能直接转移到国外。

如果转换一个角度，从账户视角来考察支付孤岛就更为清晰。各国的银行账户体系显然是自成一体，各自为政的，比如不可能直接从中国的国家支付网络 CNAPS 中将资金直接转账到美国某个银行的账户中。而只能通过信息传递的方式指示在美国境内的代理行来执行该笔转账操作。

2.3　互联网的国际性

然而一切都随着国际互联网的出现而有了巨大的转机。国际互联网为支付孤岛提供了巨大的沟通机会，也提供了各类支付创新的可能。我们非常清楚一个国家的支付网络和账户体系是不可能延伸到他国的，或者说假设中国的支付网络要延伸到泰国，试问泰国能允许中国的工程人员进入泰国进行网络施工吗？答案显然是否定的，跨越国境去建立别国的基础设施肯定是不被允许的。但是，国际互联网的出现突破了这一切。

2.3.1 全球账户体系

国际互联网让国与国之间有了真正的网络物理连接，相当于在网络底层协议上将支付网络延伸出境了，达到了工程人员出境布线的事实效果。虽然银行的账户体系依然是不可以跨越国境的，但是基于国际互联网已经出现了跨越国境的非银行账户体系，例如互联网科技公司和非银行支付公司所设计并主导的跨境支付体系，比如 PayPal 公司的支付账户体系就是全球范围的，已经突破了国境的限制。再比如瑞波（Ripple）公司的区块链网络，这是一个建立在国际互联网之上的全球性的区块链网络，很显然也拥有直接全球支付的能力，已经可以借助互联网实现全球范围内的直接支付，完全不同于以往的被限制在国境之内的支付孤岛（国际互联网联通支付孤岛见图 2-3）。

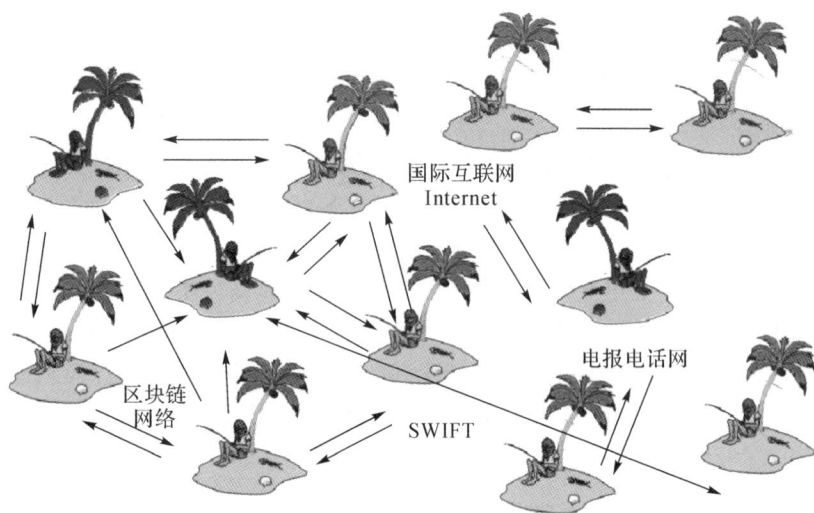

图 2-3 国际互联网联通支付孤岛

2.3.2 非账户体系支付

区块链网络可以认为本质上还是互联网，只不过是加强版的互联网，人们称之为下一代互联网或第三代互联网[①]（Web3.0）。正是互联网的出现，

[①] Web 1.0，也就是第一代互联网，是静态互联网。Web 2.0 第二代互联网，是交互式互联网，主要的应用是社交网络和电商。Web 3.0 第三代互联网以区块链技术为基础，也称互信互联网或价值互联网。

才使得全球账户体系成为可能,当然区块链网络进一步增强了全球账户体系的可靠程度,同时区块链也带来了其他的非账户体系的支付方式,比如比特币的 UTXO(Unspent Transaction Output)支付模型,就可以完全脱离账户的概念,不需要使用账户来进行转账,当然也就没有注册账户的必要,既然没有账户也就不存在是否跨境的区别,全球资金均可通过该区块链网络快速直达。也就是说支付完全采用地址到地址的方式进行,与转账或者支付的双方身处的国家或者地区都没有关系(甚至可以实现一对多、多对多转账)。

非现金支付的本质其实就是记账,而记账的方式可以有两类。一类是我们最常见的直接记录余额的方式,这就必须用到账户的概念了,因为只有依托账户概念才会有余额的归属。另外一类则是不常见的,不记录余额而只记录每笔交易明细的流水账,这类记账方式或者说支付方式被称为UTXO 模型。所谓的 UTXO 模型,它最本质的记账特点是系统中没有账户的概念,全部由一笔笔交易流水构成,交易流水账的格式包含有支付源地址和目的地址。当要核对某个地址的余额时,系统必须将该地址所有流入流出的交易流水账进行轧差汇总。UTXO 最具代表性的支付网络就是比特币网络了。

2.3.3　跨境支付与区块链支付

随着互联网的出现,逐渐诞生出一批跨境支付公司。它们为全球跨境收付款业务提供工具,为全球主流市场的个人或企业用户在全球主要经济体(美国/中国/欧洲/日本)之间提供跨境收付款服务。雨后春笋般涌现的跨境支付公司中最具代表性的有派安盈、万里汇和乒乓等。

1. Payoneer 派安盈

Payoneer Inc. 成立于 2005 年,总部位于美国纽约,是万事达卡组织授权的具有发卡资格的机构,服务全球 400 万客户和 10 万家中国电商卖家,累计下发到中国的 TPV 为 50 亿美元,合作平台 3500 家,服务遍布全球200 多个国家和地区。

2. World First 万里汇

World First,成立于 2004 年,总部位于英国伦敦,在美国、加拿大、澳大利亚等国家和地区均持有相应金融牌照,主要向从事国际贸易的用户、小企业和在线商户提供服务。World First 拥有 8 万多活跃客户,年交易量超过100 亿英镑。World First 的主营业务分三块:国际汇款、外汇期权交易、国际电商平台收款及结汇。2010 年 WF 进入中国,提供国际电商平台收款及结汇服务,为电商卖家提供美元、欧元、英镑、日元、加元和澳元收款服务。World First 已被中国的蚂蚁集团收购,目前已有超过 2 万名中国跨境电商卖家在使用 World First 的服务。

3. PingPong 乒乓

PingPong Global Group,服务于全球跨境电商的新一代金融科技公司。成立于 2015 年,总部位于浙江杭州,在旧金山、纽约、东京等全球三大洲九大城市建有分支机构。PingPong 以创新智能科技为核心,构建了全球合规支付网络,为中国企业提供包括跨境收款业务、Seller OS、境外税务合规及增值税缴纳、出口电商报关及阳光退税等服务。PingPong 覆盖的跨境电商平台达到 64 家,遍布俄罗斯、日本、欧洲、北美、东南亚等 43 个国家和地区,服务卖家数量超过 25 万家,日交易峰值超 2 亿美元,覆盖欧、美、日超过 1/3 的线上消费者,其中使用 PingPong 的年销售过亿企业超过 120 家。PingPong 旗下出口退税产品助力中国出口跨境电商的净利润提升 3% — 6%,时效提高 80% 以上。

除此之外,还有一大批区块链跨境支付网络可供跨境用户选用,最具代表性的有瑞波、ibm stella 等。

2.4 支付的本质

20 世纪 90 年代,国际互联网迅速走向普及化,逐步从大学、科研机构走向企业和家庭,其功能也从信息共享演变为一种大众化的信息传播手段,商业贸易活动逐步进入这个王国。通过使用因特网,既降低了成本,也造就了更多的商业机会,电子商务技术从而得以发展,使其逐步成为互联网应用的最大热点。为适应电子商务这一市场潮流,电子支付随之发展起来。

2005 年 10 月,中国人民银行公布《电子支付指引(第一号)》,规定:"电子支付是指单位、个人直接或授权他人通过电子终端发出支付指令,实现货币支付与资金转移的行为。电子支付的类型按照电子支付指令发起方式分为网上支付、电话支付、移动支付、销售点终端交易(POS:Point Of Sale)、自动柜员机交易(ATM:Automatic Teller Machine)和其他电子支付。"简单来说电子支付是指电子交易的当事人,包括消费者、厂商和金融机构,使用安全电子支付手段,通过网络进行的货币支付或资金流转。电子支付是电子商务系统的重要组成部分,也是现代支付的重要手段和内容。

网上支付是电子支付的一种形式。广义地讲,网上支付是以互联网为基础，利用银行所支持的某种数字金融工具（例如网银平台、短信平台等），发生在购买者和销售者之间的金融交换，而实现从买者到金融机构、商家之间的在线货币支付、现金流转、资金清算、查询统计等过程，由此对电子商务服务和其他服务提供金融支持。

移动支付是使用移动设备通过无线方式完成支付行为的一种新型的支付方式。移动支付所使用的移动终端可以是手机、掌上电脑、移动 PC 等。

与传统支付方式相比，电子支付主要有以下特征：

1）电子支付是采用先进的技术通过数字流转来完成信息传输的，其各种支付方式都是通过数字化的方式进行款项支付的；而传统的支付方式则是通过现金的流转、票据的转让及银行的汇兑等物理实体来完成款项支付的。

2）电子支付的工作环境基于一个开放的系统平台（即互联网），而传统支付则是在较为封闭的系统中运作。

3）电子支付使用的是最先进的通信手段，如 Internet、Extranet，而传统支付使用的则是传统的通信媒介；电子支付对软、硬件设施的要求很高，一般要求有联网的微机、相关的软件及其他一些配套设施，而传统支付则没有这么高的要求。

4）电子支付具有方便、快捷、高效、经济的优势。用户只要拥有一台上网的 PC 机，便可足不出户，在很短的时间内完成整个支付过程。支付费用仅相当于传统支付的几十分之一，甚至几百分之一。

支付源于交易客户之间的经济往来活动，但最终演化为银行与客户或客户的开户银行之间的资金收付活动（支付体系见图 2-4）。

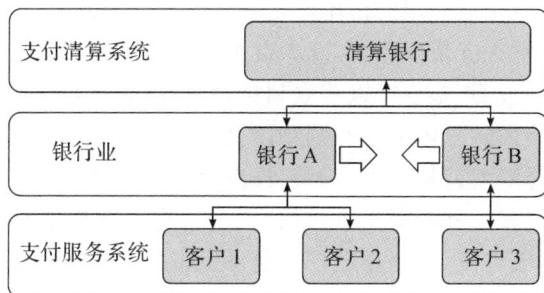

图 2-4　支付体系

现代的支付活动表现为支付服务组织通过银行账户、支付工具、支付系统在不同的经济主体之间完成资金转移的过程。从复杂的支付活动中可以发现,现代支付的本质是支付信息的传输和账户余额的变化,即通过电子信息的传输联动账户余额变更,从而完成资金清算和结算。支付信息清分的过程是清算,对账户余额变动的过程是结算。清算和结算的有机统一,是现代支付很重要的特点。支付信息以纸质票据、卡片和电子形式,通过支付清算系统进行清分和传输,这就是清算的过程。清算重在清,直观的解释就是A银行对一堆票据(或卡片,或电子形式数据)进行分解和归类汇聚,如果是B银行的就划给B,如果是C银行的就划给C,以此类推。

现代非现金支付的本质要素就是账户和鉴权。提到支付就无法绕开账户的概念,所有的非现金支付都是基于账户进行的,账户是支付的起点也是终点。账户一般是银行账户,但也可以是第三方支付机构系统的账户(比如支付宝账户、财付通账户等)。具有支付功能的账户是一切现代支付的基础。账户是支付要素中的静态要素,而支付是一个动态的过程,其动态要素就是鉴权。账户存在的意义在于去使用它,而甄别使用者身份的过程就是鉴权。当支付发起方需要动用账户数额进行实际支付前,需要进行鉴权操作。现代支付手段多种多样,千变万化,但是都脱离不了这两个要素,例如手机中的支付宝钱包,首先在使用之前必须关联好账户,使得支付宝钱包具备连通银行的现实支付基础,然后还要用手势密码或者键盘输入密码来完成鉴权,从而成功达成一次支付。

支付是付款人和收款人之间的货币资金的转移,但是另一方面支付也能体现付款人和收款人之间的借贷关系。支付与融资的结合,是支付的一大特征。如信用卡就是支付与融资结合最典型的代表,既有支付的功能,又有融资的作用。再比如支票的授信业务,企业可以在其账户余额不足的情况下,使用银行给企业核定的信用额度进行支付。一方面,企业可以放心支付,有利于降低空头支票发生数,减少空头支票带来的行政处罚成本和社会交易成本。另一方面,银行可以获取利息,增强商业银行支付结算业务的服务水平和盈利能力。总体上将有利于增强中小企业的支付能力,促进国民经济发展。这样支票就从一个支付工具演变为一个融资工具、信用工具。

商业汇票更是一种融资工具、延付工具。为了解决临时的资金周转困难,获得足够的流动资金,票据债权企业可以将持有的应收票据向银行申请贴现,从而从银行取得一笔款项。这种活动的实质相当于用应收票据这种权属凭证作为质押物向银行取得一笔质押借款,而且这种借款的一个好处就是其利率要比正常的短期借款略低。

支付还具有反映资金流向和账户联系的特点。根据这一特点可以用来加强金融监督、防范金融风险。通过监控资金流动的来源账户与目的账户,以及账户余额的变动情况,可以及早发现风险、预防风险。还可以根据这一特点评估账户的状态以及信用,为其他的金融活动提供必要的信息和参考。

现代金融支付系统是构建于自动化设备和信息系统之上的电子支付,体现出一些区别于传统支付的特征。

1. 电子支付的实时性高

资金通过电子手段进行网络化的支付,能够做到实时清算和结算,大大提高了支付效率,消灭了在途资金,提高了企业对资金的支配能力,也使得商业银行可在更低的准备金余额下满足更大规模的支付需要。

2. 电子支付的流动性强

电子支付方式使得各类金融资产的流动性增强,相互之间的转换变得异常方便。如活期存款和定期存款之间、存款和股票债券之间的转换可以瞬时完成。

3. 电子支付的方式灵活

在传统的实物货币和纸币票据支付时代,支付过程基本是交易双方之间或通过银行、票据交换所来进行的,其模式是基本固定不变的。而在电子支付时代,支付服务多元化,市场不断进行细分,形成了支付服务的产业链。在交易者和银行之外,还增加了网络运营商和第三方支付机构。网络运营商如中国移动、联通等,推出了各具特色的手机新型支付服务。第三方支付机构有的只提供信息转接服务,即纯粹的第三方支付网关;有的还提供融资担保服务,比如阿里巴巴公司的小额贷款业务。

支付随着电子支付的逐步完善和发展,再加上不断融入互联网等科技创新元素,其对金融业的改造和重塑力度将是前所未有的。支付现代化对金融服务业产生着巨大而深刻的影响。若从区块链金融这个角度来看,由于在数字时代支付与数字货币、区块链激励机制有着天然的联系,拥有金融、信息双重基因的金融支付体系,将借助区块链技术的发展,以分布式金融、数字金融的不断创新,正成为未来金融变革的核心。

2.5　清算模式

账户的状态可以分为动态和静态两种。动态的账户状态主要指其交易记录,每笔交易记录都记载了其变动的时间和内容轨迹。静态的账户状态主要指其账户余额,也即当前时点下的账户数值。动态的支付交易时刻刷新着账户的静态余额。

每次支付都代表着一笔交易的进行，在多次支付过程中，账户发生多笔交易，有借有贷，那么需要对其多笔交易进行汇总计算以反映账户的状态。这样的汇总计算操作可以理解为结算。以中国的银行系统为例，简单说结算就是某银行系统内的一种账务结算，它只限于本系统。而清算则是相对于本系统或者是为本系统服务的相关机构，通常它是介于两个独立结算系统之外的第三方有偿清算服务。比如说工、农、中、建这四大银行就具有独立结算的系统，那么怎样通过一个中介机构来把各家的结算业务连接起来呢？中国人民银行清算总中心（http：//www.cncc.cn）担任了这一重要的角色。结算是指银行对自己所有账户（对公和个人）进行的核算业务，包括现金存取、转账收付、汇兑业务、中间业务、代理业务，存款、贷款、票据业务等；而清算业务是指银行间的资金结算业务，一般为同业之间业务。简单来说结算是指对自己所有客户账（对公和个人）进行的核算业务，清算业务是指银行间的结算业务。一般而言，支付活动的过程包括交易、清算和结算。其中，清算和结算均是清偿收付双方债权债务关系的过程及手段。在支付活动中，同行内账户资金往来直接结算便可，而涉及不同行之间账户资金往来的，则需先清算再结算。

清算主要是指不同银行间的货币收付，可以认为是结算进行之前，发起行和接收行对支付指令的发送、接收、核对确认，其结果是全面交换结算工具和支付信息，并建立最终结算头寸。

结算是指将清算过程产生的待结算头寸分别在发起行、接收行进行相应的会计处理，完成资金转移，并通知收付双方的过程。当前，大多数银行结算业务的完成主要通过两类账户：一是银行间互相开立的代理账户；二是开立在央行、独立金融机构如银联或者第三方支付机构的账户。

结算是清偿商务活动中债权债务的最终结果，清算是结清银行间资金账户往来债权债务关系最终结果的一种过程。

支付从表象上来看，带来的是个人或者组织的账户上，其货币数量上的变化。当然要正确地实现这样的变化，还需要一系列的流程、工具和系统的保障。在支付系统中，非现金支付的全过程包括三种处理：即支付（Payment）、清分轧差（Clearing）和清算（Settlement）。清分轧差是指收、付款银行交换支付信息，把支付指令按接收行进行分类，并计算借、贷方差额的过程，为最终清算做准备。

清算模式可以分为净额结算的清算模式和全额结算的清算模式两大类别。

2.5.1　净额结算与 DNS(Deferred Net Settlement)

净额结算指结算机构以结算参与人为单位,对其买入和卖出交易的余额进行轧差(Netting),以轧差得到的净额组织结算参与人进行交收的制度。净额结算又可以分为双边净额结算和多边净额结算两种形式。

双边净额结算是指结算机构对交易双方之间达成的全部交易的余额进行轧差,交易双方按照轧差得到的净额进行交收的结算方式。这种结算方式下,交易对手就是交收对手。

多边净额结算是指结算机构介入交易双方的交易关系中,成为“所有买方的卖方”和“所有卖方的买方”,然后以结算参与人为单位对其达成的所有交易的应收应付资金予以冲抵轧差,每个结算参与人根据轧差所得净额与结算机构这一个交收对手进行交收的结算方式。多边净额结算模式的优点是提高结算效率,但加大了结算机构的风险。

为了得到净额,一般会采用延期(Deferred)的策略。也就是说清算中的结算并不立即实时开展,而是留出一定的延迟时间,之后再进行统一结算。这种方式一般被称为 DNS(Deferred Net Settlement)。当然这样操作的好处是可以提升结算效率,节省系统开销。对于实时性要求不高的业务均可以考虑此类清算模式。

2.5.2　全额结算与实时全额结算 RTGS

全额结算(Gross Settlement)支付系统对各金融机构的每笔转账业务进行一一对应结算,而不是在指定时点进行总的借、贷方净额结算。

按结算发生时间的不同,全额结算又分为:(1)定时结算。支付结算集中在营业日系统运行期间的一个指定时刻,如这一时刻为日终,则称为日终结算。(2)实时结算。支付结算在营业日系统运行期间的任何时刻都可进行,支付指令随时发送随时处理,属于资金转账指令处理和资金结算同步、持续进行的实时全额结算(Real Time Gross Settlement)。

下面我们来探讨一下各类清算模式的特点。先从一个简单的模型出发,假定整个银行清算体系中仅有四家银行,银行之间的箭头和方括号中的数字分别代表需要清算(归还)的方向和资金量。比如工商银行需要归还中国银行 80 亿元,而中国银行需要归还工商银行 10 亿元,这类清算模式被称为“全额结算”(见图 2-5)。

在全额结算的清算模式中,每家银行都必须逐一处理付出与收入清算资金,因此每一笔交易都必须通过系统进行执行,图 2-5 中共有 9 个箭头,

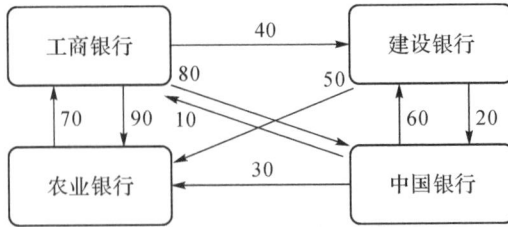

银行间潜在交流渠道的数量:6
银行间交换支付信息的数量:9
银行间资金转账的实际笔数:9
银行间资金转账的实际总额:450

图 2-5 全额结算

也就是支付系统要为资金清算执行 9 次支付操作。

那么是否可以做到减少支付动作以节省系统开销呢? 答案是可以利用轧差操作。也就是每家银行对于付出与收入的资金先进行减法运算,即轧差或者称净额操作,这类清算模式亦被称为双边净额结算(见图 2-6)。

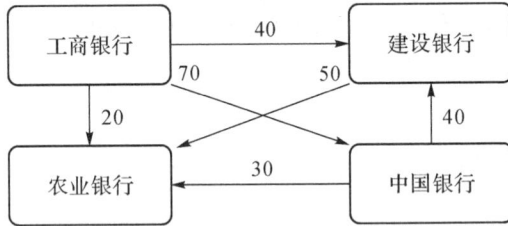

银行间潜在交流渠道的数量:6
银行间交换支付信息的数量:9
银行间资金转账的实际笔数:6
银行间资金转账的实际总额:250

图 2-6 双边净额结算

可以看到在双边净额结算模式下,图 2-6 中共有 6 个箭头,也就是说支付系统只要为资金清算执行 6 次支付操作。那么是否还有空间可以做到减少支付动作以实现系统更少开销? 答案是肯定的。做法是引入一个第三方的机构,我们称之为"清算所"(转账多边净额结算见图 2-7)。

任何有清算需求的银行都只与清算所进行支付对接,即付款只付给清算所,收款也只从清算所获得资金。也可以说所有的清算参与方都以清算所为唯一交易对手方,或者说清算所成为中央对手方(CCP:Central Counter Party)。在拥有 CCP 的多边净额结算模式下,支付系统只要为资金清算执行 3 次支付操作(见图 2-7)。清算所只需要将每家银行的债权与

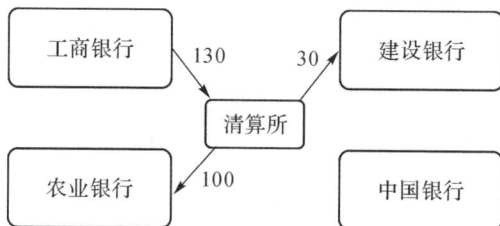

银行间潜在交流渠道的数量：4
银行间交换支付信息的数量：9
银行间资金转账的实际笔数：3
银行间资金转账的实际总额：130

图 2-7　转账多边净额结算

债务进行轧差，然后就可以在清算所与银行两两之间执行支付操作，不涉及银行与银行之间的复杂的账务联系。假定以图 2-8 所示的建设银行为例，建设银行所有债权之和为 +170 亿元，债务之和为 -70 亿元（以正号表示债权，负号表示债务）。清算所只需要对建设银行进行轧差，得到 170 - 70 = 100 亿元。因此，清算所需要支付给建设银行 100 亿元。当然，同理可以计算得到工商银行支付给清算所 130 亿元，其中 100 亿元给建设银行，30 亿元给农业银行。理论上最终清算所付出和收到的资金恒定为 0，保持账务平衡。其具体的操作可以参考如图所示账簿记录（贷记转账系统多边净额结算的账簿记录见图 2-8）。

以上的多边净额结算引入了清算所充当 CCP，成功实现了将复杂多边清算简化为只与 CCP 进行清算的清晰模式。这背后蕴含的原理也类似于货币的发明对于商品交换的简化（货币的作用与清算所的作用类比见图 2-9）。

2.5.3　场外金融衍生品清算：上海清算所

金融衍生品（derivatives）：是指一种金融合约，其价值取决于一种或多种基础资产或指数，合约的基本种类包括远期、期货、掉期（互换）和期权。金融衍生产品是与金融相关的派生物，通常是指从原生资产（英文为 Underlying Assets）派生出来的金融工具。其共同特征是保证金交易，即只要支付一定比例的保证金就可进行全额交易，不需实际上的本金转移，合约的了结一般也采用现金差价结算的方式进行，只有在满期日以实物交割方式履约的合约才需要买方交足贷款。因此，金融衍生产品交易具有杠杆效应。保证金越低，杠杆效应越大，风险也就越大。

贷记转账系统多边净额结算的账簿记录

1.净额处理前的全额支付

接受支付指令的银行

发出支付指令的银行		工商银行	建设银行	农业银行	中国银行		债务总额
	工商银行	–	40	90	80		210
	建设银行	0	–	50	20		70
	农业银行	70	0	–	0		70
	中国银行	10	60	30	–		100
	债权总额	80	100	170	100		450

2.每家银行在清算所的净债权(+)或净债务(−)
(用上表的债权−债务,例如工商银行债权80−工商银行债务210,得到下表加总项)

银行	工商银行	建设银行	农业银行	中国银行	净额
加总	−130	30	100	0	0

图 2-8　贷记转账系统多边净额结算的账簿记录

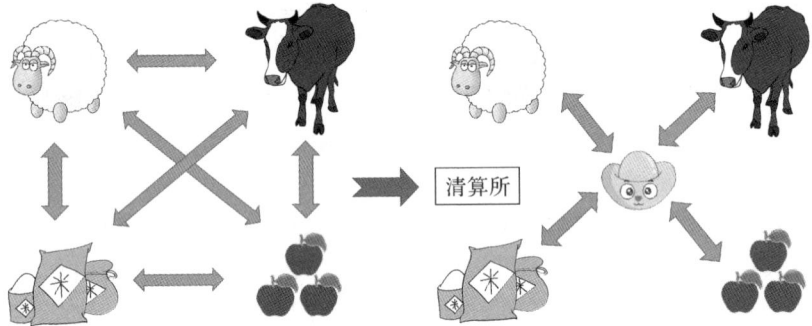

图 2-9　货币的作用与清算所的作用类比

　　场外金融衍生品:根据产品形态,可以分为远期、期货、期权和掉期四大类;根据原生资产大致可以分为四类,即股票、利率、汇率和商品;场外金融衍生品,就是上述这些东西在没有规范交易的情况下所进行的交易。金融衍生品(Derivatives):是指一种金融合约,其价值取决于一种或多种基础资产或指数,合约的基本种类包括远期、期货、掉期(互换)和期权。金融衍生产品是与金融相关的派生物,通常是指从原生资产(英文为 Underlying Assets)派生出来的金融工具。其共同特征是保证金交易,即只要支付一定比例的保证金就可进行全额交易,不需实际上的本金转移,合约的了结一般也采用现金差价结算的方式进行,只有在满期日以实物交割方式履约的合约才需要买方交足贷款。因此，金融衍生产品交易具有杠杆效应。保证金越低，杠杆效应越大，风险也就越大。

假定买家从货主处以 100 元购买某商品，然后将其以售价 120 元卖出，可以赚 20 元，利润率 20%。如果现在和货主商量只用 5 元先定好 100 元的货（一般要有信用担保）但并不交货，然后只付了定金的买主又把它卖给别人（售 120 元），让货主把货直接发往买主，同样是赚了 20 元，但利润率是400%。这就是利用了杠杆的结果，可以大幅度提高利润率。在实际生活中我们购买商品房的首付制度，也是一种应用金融杠杆的形式，只以 20% 的首付资金撬动了 100% 的商品房，杠杆率为 5 倍，也就是加了 5 倍的杠杆。而衍生品交易往往都会使用杠杆来开展交易，因此收益相对较高，当然高收益也蕴含着高风险。

场内交易市场又称证券交易所市场或集中交易市场，是指由证券交易所组织的集中交易市场，有固定的交易场所和交易活动时间，在多数国家它还是全国唯一的证券交易场所，因此是全国最重要、最集中的证券交易市场。证券交易所接受和办理符合有关法令规定的证券上市买卖，投资者则通过证券商在证券交易所进行证券买卖。

证券市场，除了交易所外，还有一些其他交易市场，这些市场因为没有集中的统一交易制度和场所，因而把它们统称为场外交易市场，又称柜台交易或店头交易市场，指在交易所外由证券买卖双方当面议价成交的市场。它没有固定的场所，其交易主要利用电话进行，交易的证券以不在交易所上市的证券为主。

两者区别在于是否有统一的交易制度和场所。

中央对手方（Central Counter Party，以下简称 CCP），是指在证券交割过程中，以原始市场参与人的法定对手方身份介入交易结算，充当原买方的卖方和原卖方的买方，并保证交易执行的实体，其核心内容是合约更替和担保交收。合约更替是指买卖双方的原始合约被买方与 CCP 之间的合约以及卖方与 CCP 之间的合约所替代，原始合约随之撤销；担保交收，是指 CCP 在任何情况下都必须保证合约的正常进行，即便买卖中的一方不能履约，CCP 也必须首先对守约方履行交收义务，然后再向违约方追究违约责任。

银行间市场清算所股份有限公司（简称：上海清算所）于 2009 年 11 月28 日成立，是人民银行认定的合格中央对手方，获得美国商品期货交易委员会许可，可向美国清算会员自营交易提供清算服务，同时是我国公司信用债券登记托管结算中心。

上海清算所以"规范化、市场化、国际化"为目标，为金融市场直接和间接的本外币交易及衍生产品交易提供登记、托管、清算、结算、交割、保证金管理、抵押品管理以及信息服务、咨询业务等服务。

上海清算所积极落实金融服务实体经济的本质要求，同步推进中央对手清算与登记托管结算业务，现已建立我国场外金融市场中央对手清算服务体系，覆盖债券、利率、外汇和汇率、大宗商品、信用衍生品市场，同时为公司信用债和货币市场工具等近 20 种创新金融产品提供登记托管和清算结算服务。

作为全球金融危机后防范系统性风险的重要金融市场基础设施，上海清算所严格按照国际清算银行与国际证监会组织联合发布的《金融市场基础设施原则》(PFMI)国际标准，建立了完整、高效、先进的风险管理体系，在 2016 年《金融市场基础设施原则》评估报告中获得最高评级（第四级），已与全球主要经济体处于同一水平；风险防控作用和地位不断凸显，2015 年成为全球中央对手方协会(CCP12)执委会委员，随后成功推动协会 2016 年落户上海、2017 年 1 月实体运营，参与并促成协会 2017 年 11 月发布了首个清算行业国际标准——CCP12 量化披露实务标准（"外滩标准"）。CCP12 是第一个注册我国的国际性行业协会，也是继金砖银行、亚投行后第三个落户我国的国际金融组织，有利于提升我国金融软实力，助力上海国际金融中心建设。

2.5.4　中国特许支付清算组织

中国人民银行已经批准设立了约 12 家特许支付清算组织，分别是：中国人民银行清算总中心；中国银联股份有限公司；银行间市场清算所股份有限公司；中央国债登记结算有限责任公司；中国证券登记结算有限责任公司；城市商业银行资金清算中心（升级为城银清算服务有限责任公司）；农信银资金清算中心有限责任公司；上海票据交易所股份有限公司；跨境银行间支付清算（上海）有限责任公司；网联清算有限公司；连通（杭州）技术服务有限公司；万事网联信息技术（北京）有限公司（获准筹备）。

其中将清算机构分为六类，包括人民银行清算总中心（简称"清算总中心"）、跨境银行间支付清算有限责任公司、银联、网联、农信银资金清算中心（简称"农信银中心"）、城银清算服务有限责任公司（简称"城银清算"）等（中国清算机构见图 2-10）。

上述六类清算机构的业务定位和业务范围各有不同。其中，银联和网联不得开展银行间无交易背景的贷记业务，但仍可处理有交易背景的贷记业务，如商户资金结算、投资理财赎回、农林牧副渔等收购、营销返现及云闪

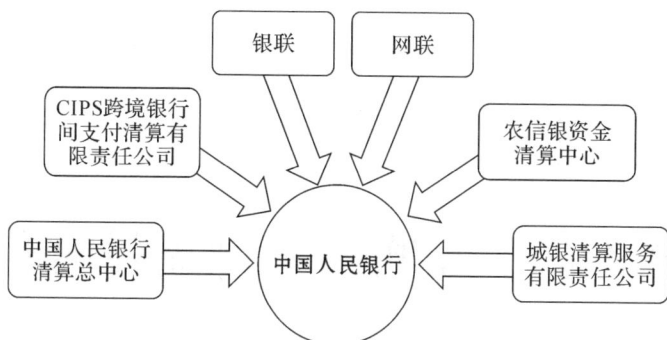

图 2-10 中国清算机构

付业务等。非消费类银行间支付业务由清算总中心处理，比如转账汇款、保险理赔（分红）、政府服务、工资发放和信贷发放等银行间无交易背景贷记业务（"云闪付"业务和 ATM 转账业务除外）由清算总中心处理。城银清和农信银不再开展超过特定成员机构间和 100 万元以上的贷记业务。

具体来说，清算总中心服务于银行业金融机构和金融市场基础设施，负责处理人民银行履职相关支付清算业务。负责建设、运行、维护、管理的支付清算系统包括：大额实时支付系统（HVPS）、小额批量支付系统（BEPS）、网上支付跨行清算系统（IBPS）、境内外币支付系统（CFXPS）。

跨境银行间支付清算有限责任公司（CIPS Co., Ltd.，简称跨境清算公司）服务于银行业金融机构和金融市场基础设施，负责处理银行间跨境人民币支付清算业务，并为金融市场基础设施等的跨境人民币支付清算业务提供资金结算服务。

银联和网联都服务于银行业金融机构和非银行支付机构，负责处理银行业金融机构、非银行支付机构之间的支付业务（银行间无交易背景的贷记业务除外）。

需要注意的是自 2021 年 1 月 1 日起，大额支付系统不再处理银行间跨境人民币支付业务，相关业务统一通过人民币跨境支付系统处理；农信银中心、城银清算对成员机构发起的单笔金额超过 100 万元的无交易背景的贷记业务，逐笔转送至大额支付系统处理。

第3章　互联网金融支付时代

3.1　互联网时代重塑行业形态和商业逻辑

3.1.1　伟大的互联网时代

2021 年一则新闻引发了人们的强烈关注:据 CNN 等媒体报道,英国当地时间 2021 年 6 月 15 日,因发明万维网而被封为爵士的英国计算机科学家蒂姆·伯纳斯-李(Tim Berners-Lee)宣布,他将把万维网的源代码在苏富比拍卖行进行拍卖。

1989 年英国科学家蒂姆·伯纳斯-李爵士撰写出全球信息网(WWW)原始代码,发明出国际互联网的雏形,更改变了整个世界,如今这段程式语言将以 NFT 的形式在苏富比拍卖会出售,引发各界讨论。这场名为"这改变了一切"(This Changed Everything)的独立线上 NFT 拍卖会,于 2021 年 6 月 23 日举行,起标价为 1000 美元,苏富比表示拍卖所得将用于蒂姆·伯纳斯-李夫妇所支持的议题。

简而言之,蒂姆·伯纳斯-李发明了世界上第一种网络浏览器和"能让网络实现扩展的基础协议和算法",由此改变了人类沟通的方式,为人类推开了信息时代大门的第一道缝。而在万维网出现的 30 多年后的今天,如今全球有超过 46 亿活跃的互联网用户,每天访问着超过 12 亿个网站。

互联网诞生并在世界范围延伸,使得全世界人类的生产生活正在经历着翻天覆地的重大变革。互联网、人工智能和科技信息化时代的今天,互联网带给人们生活工作各方面更为方便和快捷的变化与体验。互联网的出现是时代进步的必然阶段,也是人类科技发展的重要标志。如今,互联网已经融入世界的每一个角落,世界也从此成为地球村。人们的情感理念、工作模式、商业逻辑、思维方式、行为习惯等等,都在互联网的普及和影响下发生了巨大而深刻的变化。

3.1.2　电子商务的崛起

1. 中国接受互联网并发展电子商务

第一阶段:1984—1999 年 信息交互阶段

美国惠多网 FidoNet 是全世界第一个 BBS 网络。1991 年惠多网中国的长城站开通。互联网产品就是"门户网站"和"BBS",前者的代表是新浪、搜狐、网易,而后者的代表,则是天涯、猫扑、西祠以及各大门户网站下属的论坛。它们差不多都集中出现在 1995—1999 年。那个阶段的网上在线服务也相对单一,基本上除了门户、BBS 之外,就是少量的软件下载网站,典型的就是华军软件园。

第二阶段:1999—2005 年 电子商务阶段

1999 年以马云为首的 18 人在浙江省杭州市创立阿里巴巴公司,是中国电子商务开始兴起的代表。2003 年 5 月马云又创立了淘宝网。

2. 电子商务的四流

电子商务分为信息流、商流、资金流和物流。

1) 信息流:既包括商品信息的提供、促销行销、技术支持、售后服务等内容,也包括诸如询价单、报价单、付款通知单、转账通知单等商业贸易单证,还包括交易方的支付能力、支付信誉等。

2) 商流:是指商品在购、销之间进行交易和商品所有权转移的运动过程,具体是指商品交易的一系列活动。

3) 资金流:主要是指资金的转移过程,包括付款、转账等过程。在电子商务下,以上的三种流的处理都可以通过计算机和网络通信设备实现。

4) 物流:作为四流中最为特殊的一种,是指物质实体(商品或服务)的流动过程,具体指运输、储存、配送、装卸、保管、物流信息管理等各种活动。

3. 电子商务对于支付的必然要求

其中电子商务对于资金流的要求,决定了支付必须能够在线完成,而当时的网上银行虽然能够满足在线支付需求,但是用户体验并不好,于是马云在 2004 年成立支付宝公司,开始尝试提供非银行的在线支付服务。

4. 电子商务的简单分类

在中国,由于电子商务直接导致了互联网支付的兴起,我们也不妨简单地了解一下电子商务类型,一般电商模式可以分为 B2B/B2C/C2C/O2O/

OTA 等五类。

以阿里系为例,B2B 的典型代表就是阿里巴巴网站,B2C 的典型代表就是天猫网站,C2C 的典型代表就是淘宝、闲鱼网站,O2O(Online to Offline)的典型代表就是饿了么网站,而 OTA(Online Travel Agency)的典型代表是飞猪网站。

这些五花八门的电子商务细分赛道无一不是建立在电子支付高度发展的坚实基础之上,同时也推动支付科技发展更进一步提速。

3.1.3 互联网效应的扩散

随着桌面互联网进一步发展到移动互联网,各类新型的电商业务方式也层出不穷,例如在线直播营销、抖音(TicTok)视频社交营销逐步替代了传统的淘宝网网页营销和传统的微信营销。互联网对于各行各业的影响也越来越深远,范围也变得越来越广泛。

2009 年上半年全国网络购物消费金额总计为 1195.2 亿元,而 2020 年中国网上零售额则达到了 11.76 万亿元,在疫情影响下依旧实现逆势同比增长 10.9%。截至 2020 年 12 月,中国网络购物用户规模达 7.82 亿。网络直播成为"线上引流＋实体消费"的数字经济新模式,实现了蓬勃发展。直播电商成为广受用户喜爱的购物方式,66.2% 的直播电商用户购买过直播商品。

滴滴打车是最为典型的互联网颠覆传统行业的例子。以前打车都必须在线下看到出租车招手打车,而现在恰恰相反,一般看到的车基本都是被线上预定的,而无法招手叫到。另外,从业人员的范围也由于互联网的影响,而不再局限于特定的获得特别许可的人群。可以说,该行业的规则已经完全被颠覆,呈现出一个跟以前完全不同的运营模式。

当然出租车行业只是我们生活中比较常见的一个场景,事实上,几乎没有一个行业不受到互联网发展的影响甚至是冲击和颠覆,包括金融行业,它也无法成为特例。互联网的效应一直在以更加广泛、更为深入的方式进行扩散。

2021 年 2 月 3 日,中国互联网络信息中心发布第 47 次《中国互联网络发展状况统计报告》。报告显示,截至 2020 年 12 月,我国网民规模达 9.89 亿,互联网普及率达 70.4%(图 2-11),人均每周上网时长 26.2 小时(图 2-12)。

图 2-11 我国网民规模达 9.89 亿,互联网普及率达 70.4%

图 2-12 人均每周上网时长 26.2 小时

3.1.4 商业模式的进化

由于互联网的迅速发展,更多的商业活动可以通过网络超越时空来进行。借助虚拟现实技术和增强现实技术,包括金融在内,我们的商业模式更倾向于虚拟化和去时空化,从而使得商业模式更加敏捷(以适应更快的变化,例如个性化的产品定制)。

理解了虚拟化这一点,我们就能更进一步理解金融行业的很多现象,甚至可以预测其发展趋势。以支付为例,我们可以很容易地了解今后实体银行卡必然要被虚拟化的银行卡所代替,因为实体的产品不适合我们的互联网世界，实体产品在网络世界不够方便，无法快速传输和方便地下载。甚至实体的纸币也将最终消亡而代之以央行的法定数字货币，还是同样的原因，互联网时代会选择虚拟的产品，一个观点变得越来越清晰，那就是互联网时代将重塑金融行业，当然也包括金融中的支付子行业。

例如，中国银联联合产业各方于 2020 年发布了首款数字银行卡——银联无界卡，其在安全创新的同时，为持卡人提供全面、便捷的数字金融服务。银联无界卡赋予了银行卡数字化的形态，优化了银行卡的服务，实现了从申卡、领卡等环节全流程的数字化，并联动各大商业银行、主流手机厂商参与到银联无界卡的建设当中（银联发布数字银行卡见图 2-13）。

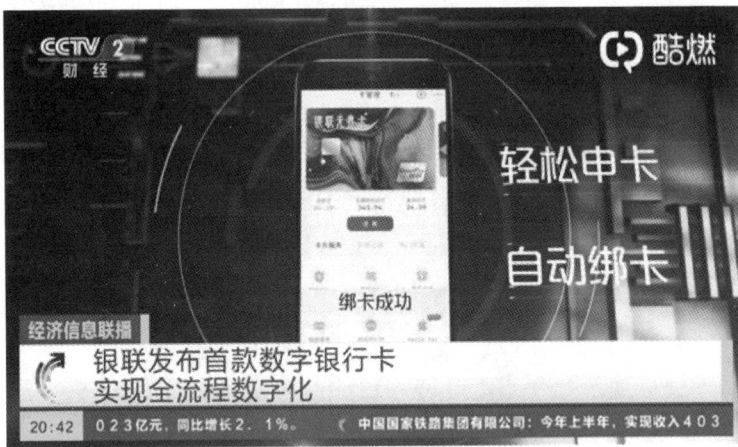

图 2-13　银联发布数字银行卡

至 2021 年 6 月，已经有 21 家银行发行了 28 款无界卡产品，发卡量超过 550 万张，这将服务于更多的线上场景，有效扩大了银行卡产品的使用覆盖面。比如，2020 年，中信银行和银联为华为用户专属打造的数字信用卡——中信华为无界信用卡 Huawei Card。

3.2　互联网时代金融行业发生巨大改变

正像前面提到的金融行业在互联网时代也不可避免地要进行变革，因为互联网的力量是作为一个时代特征而显现出来的，其带来的影响绝对是根本性的变化，而不仅仅是一些小小的修正。

3.2.1 银行、证券、保险行业的巨变

1. 网络银行

首先让我们来看看网络银行的出现与发展。世界上第一家纯网络银行SFNB(Security First Network Bank,安全第一网络银行)于 1994 年诞生于美国,SFNB 是一家真正意义上的网络银行,脱离了传统的具有物理介质的实体银行模式,完全依赖 Internet 进行运营。客户不受物理空间及时间限制,只要能登录其网站并拥有其网络账号便能享受其便捷的服务。这种完全依托互联网的银行颠覆了我们以往对银行的传统认知,当然现在我们对这种形式不会觉得有任何的惊讶,但是试着想一想 1994 年的人们是怎么想象银行的样子。

在中国,也逐渐引入了网上银行的概念,不过一开始大多是线下网点与线上网络银行的结合,我们在互联网初期依然依靠着广泛分布的营业网点来开展业务,网上银行只是一个小小的点缀,但是之后情况很快就有所改观。随着非银行第三方支付的发展,例如支付宝的快速扩张,传统银行对于它们的网上银行的用户体验也开始重视起来。目前中国的网上银行、手机银行都发展起来了,也都像支付宝一样采用了最先进的技术参与到支付行业的竞争中来。

2. 互联网证券交易的普及

互联网对于证券行业的影响有目共睹,与支付相关而且特别值得一提的是余额宝的出现,这是一款货币基金前端销售方式的互联网变革,通过支付宝钱包所带来的高流量,同时使参与货币基金的门槛降低到 1 元钱,使得一款原本在中国默默无闻的基金,规模直接成长为全球最大的货币基金。这些都源自互联网带给行业的巨大变化。

3. 互联网保险的发展

作为金融行业不可或缺的一分子的保险行业也已经全面拥抱互联网。作为中国第一家也是全球首家获得互联网保险牌照的纯互联网保险公司,众安在线引起了人们的好奇。这家公司的股东背景非常具有代表性,分别是阿里的马云、腾讯的马化腾以及中国平安的马明哲,我们往往称之为三马卖保险,这家拥有强大互联网背景的保险公司的成立,宣告了互联网保险时代的来临。自此之后,中国几乎所有的保险公司都开展了互联网保险业务,互联网对于保险行业发展的推动也是巨大的和革命性的。

综合以上金融业的几个方面的发展,可以看到互联网对于金融业的渗透和影响是积极而全方位的,在互联网时代,包括支付在内的整个金融行业

都在发生巨大的变化。

3.2.2 互联网金融发展到金融科技

不仅仅是互联网，随着科技的进一步发展，在近几年时间里又以互联网为依托，发展出了更多的科技手段，并且都被积极地应用到了金融行业，应用到了支付场景。

1. 大数据、人工智能

首先来看看大数据和云计算，在金融服务业迅速增长的推动下，由于大数据分析可促进信贷评级及有效实现精准营销等，金融服务业迅速将大数据和人工智能技术应用于金融风险及客户管理。近几年来，金融大数据分析行业市场规模快速增长，行业前景光明。

以支付行业为例，由于互联网技术，特别是移动互联网的快速发展，推动了金融行业在支付领域的快速发展，以往以线下网点渠道为核心的业务模式，迅速转变为线上渠道模式，以互联网技术为根基，通过手机银行、直销银行、网上银行、第三方支付等渠道，实现了支付方式的多样化、灵活化。但也正因为支付模式的多样化，给从业机构开展支付业务带来了各类风险。2020年12月3日，中国人民银行正式发布《基于大数据的支付风险智能防控技术规范》，用于指导与支付相关的商业银行、非银行支付机构和清算机构等开展支付风险防控体系建设、运用智能防控技术搭建风险智能防控系统、提供支付风险防控服务等工作。

类似地，中国人民银行2021年4月还发布了金融行业标准《人工智能算法金融应用评价规范》，可见这些技术的未来发展都已经得到金融行业的充分重视与考虑。

2. 云计算以及金融云的应用

金融云、云计算是指利用云计算模型构成原理，将各金融机构及相关机构的数据中心互联互通，构成云网络，以提高金融机构迅速发现并解决问题的能力，提升整体工作效率，改善流程，降低运营成本，为客户提供更便捷的金融服务和金融信息服务。金融云的服务商类型可以分为三类：一是大型金融机构成立子公司，向同业金融机构提供金融科技输出，例如建设银行、平安银行等；二是腾讯、阿里巴巴等互联网机构，通过其公有云平台也已成立金融云业务团队，例如腾讯金融云、阿里金融云等；三是IBM、用友等传统软件转型的金融云服务商。

同样，中国人民银行也发布了一系列的金融云规范，例如2020年11月发布的《云计算技术金融应用规范》等。

3. **区块链技术的快速发展**

区块链技术是按照时间顺序将数据区块顺序相连组合成链式数据结构，并以密码学方式保证不可篡改和不可伪造的分布式账本技术。作为金融科技的重要技术之一，区块链对金融体系的运行将产生重大影响。同样，中国人民银行也对区块链技术进行了一系列卓有成效的研究和监管。2020年 2 月，中国人民银行发布《金融分布式账本技术安全规范》《分布式账本贸易金融规范》，此外积极推进《金融分布式账本技术应用技术参考架构》《金融分布式账本技术应用评价体系》等相关规范的建立与完善。

总之，互联网时代对于金融行业的改变并没有仅仅停留在互联网金融层面，它还在继续以金融科技的形式向前不断发展着。

3.3　传统银行支付演变为互联网金融支付

如果从支付的角度来观察，在这个互联网时代，我们传统的银行支付也已经经历了巨大的变革。支付从广度上扩展到了非银行机构，从深度上发展出了"中国现代化支付系统 CNAPS"等。下面我们先来看看传统银行的支付内容。

3.3.1　从传统银行支付到"互联网金融"支付

1. **传统银行的支付方式三票一卡**

传统上，银行除了支持现金支付之外，还有多种非现金支付方式或者说支付工具可以选择。总结起来就是三票一卡，即银行汇票、银行支票、银行本票和信用卡。一般来说，存款人通过银行结算账户使用三票一卡的支付工具完成支付操作。这里银行结算账户是指在经办银行开立的办理资金收付结算的人民币活期存款账户，注意这里排除了定期账户和外币账户，只有人民币活期账户才被称为银行结算账户。

这里不具体展开来介绍三票的区别，只简单说一下其特点。汇票分为银行汇票和商业汇票。银行汇票是由银行签发的，而商业汇票是由出票人签发的。这点有些类似于银行本票（银行签发）和银行支票（出票人签发）。更复杂一点的知识是：商业汇票依据承兑人的不同，又可以分为商业承兑汇票和银行承兑汇票。而承兑汇票除了拥有支付功能之外，还有融资功能（汇票的分类和使用见图 2-14）。

这里值得着重介绍商业活动中应用广泛的银行承兑汇票。它是由客户

银行承兑汇票是客户签发,向银行提示承兑。银行审批通过后进行承兑,即承诺到期兑付该票据。同时向客户扣收手续费。一般来说银行是要向客户收取保证金的。

自行签发 企业签发 商业汇票 银行承兑汇票 商业(企业)承兑汇票

同城或异地结算

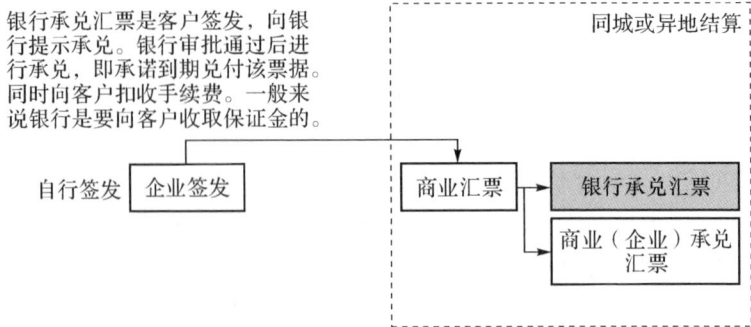

图 2-14 汇票的分类和使用

签发,向银行提示承兑的一种商业票据。银行审批通过后进行承兑,即承诺到期兑付该票据,同时向客户扣收手续费。一般来说开立过程中银行是要向客户收取保证金的,具体过程可以参考图 2-15 银行承兑汇票与银行汇票的区别。

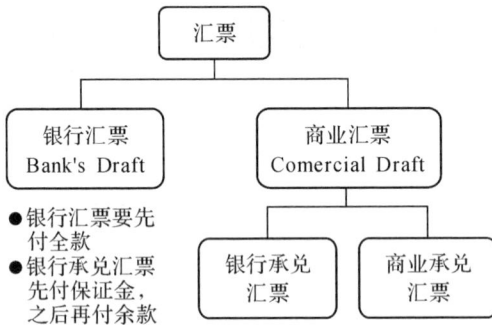

汇票

银行汇票 Bank's Draft 商业汇票 Comercial Draft

● 银行汇票要先付全款
● 银行承兑汇票先付保证金,之后再付余款

银行承兑汇票 商业承兑汇票

图 2-15 银行承兑汇票与银行汇票的区别

2. 银行卡支付

在非现金支付发展的过程中,最有里程碑意义的就是银行卡的发明了。银行卡通过 POS 终端支付在人类历史上第一次实现了个人的电子支付。银行卡的发展极大地丰富和促进了支付行业的发展,支付效率的提高对于提升整个社会经济效率起到了极大的推动作用。并且还在基本支付功能的基础上发展出信用借贷功能,进一步增强了其金融属性。当前在西方发达国家,银行卡支付仍然占据着不可忽视的重要地位。这里有关银行卡支付的细节就暂时不进行展开。

3. 扫码支付

随着科技的进一步发展,移动支付逐渐兴起并成为支付主流。而在以手机为代表的移动支付中,二维码支付逐渐引发人们的关注。为什么会出现二维码呢? 原因就在于二维码可以解决手机的快速输入问题。大家知道,要往手机里输入支付链接是非常费时间的,有时甚至是错误百出和几乎难以忍受和完成的操作,而二维码支付可以将这些烦琐的链接转换为二维码图像,通过手机的摄像头快速输入,从而实现快速支付的目的。为了理解这个概念,我们可以通过 cli.im 这个网站来进行一次实验(例如类似这样的付款链接 https://qr.alipay.com/bax04659wociie67ugya204a,如果没有二维码,就要手工输入手机了)。

事实上,随着移动互联网时代的到来,传统的银行支付逐渐发展为互联网金融支付,即互联网金融时代的支付。无论是票据还是银行卡,都焕发出崭新的支付形式,甚至进化出全新的支付方式。

3.3.2　从"互联网金融"支付到"金融科技"支付

互联网时代基础之上再进一步对技术进行迭代,支付的面貌更是日新月异,超出我们固有的模式。

1. 刷脸支付(人工智能支付)

以刷脸支付为代表的支付方式宣告了生物识别技术与支付的结合,人们的移动支付并不一定非要借助手机来进行了。这的确可以称得上是一个具有里程碑意义的支付方式,人们从此可以摆脱手机而进行无感支付了。2019 年 4 月,支付宝发布"蜻蜓 2 代",并宣布为推动刷脸支付普及,"补贴无上限";8 月,微信支付"青蛙 Pro"正式发布,实现刷脸即会员,连接微信大生态;2019 年 10 月,银联商务联合六大行等 60 余家机构,发布全新刷脸付产品"蓝鲸"。随着 5G 商用进程加快,刷脸支付将迎来大爆发的机会,在 AI 技术的加持下,人脸识别技术应用场景广阔,刷脸支付将成为物联网、大数据、人工智能支付应用中的重要场景。

2. 空付技术(增强现实支付)

然而,支付技术并未因刷脸支付的成就而止步不前,展望不久的将来,空付技术或将大行其道。所谓"KungFu"(空付),它的核心功能是,通过对任一实物扫描授权赋予支付能力。在商家处出示该实物,经过独有的技术快速识别后,即可成功完成支付。这一产品采用了 Alipay X Lab 创新的 APR(Augmented Pay Reality,增强支付现实技术)与 IRS(Information Recall Secure,信息回溯保障系统技术),可以提升支付能力与安全性。今后出门不用说手机,就是刷脸也不一定使用了(比如由于个人隐私原因),总之,简而言之空付技术就是刷什么都可以的支付,它能够直接跳过需要硬件才能支付的阶段,进入无硬件支付时代。(有兴趣的可以观看支付宝官方发

布的空付宣传视频进行更详细的了解)

3. 央行数字货币 DCEP(区块链支付)

前边讲了人工智能、增强现实技术等,下面再来看看区块链支付的一个实际应用,那就是近年来中国央行主推的"央行数字货币 DCEP(Digital Currency Electronic Payment)"。央行数字货币相当于是电子化的纸币,纸币电子化之后会带来很多的优点:比如 1)发行成本大大降低;2)便于反洗钱反腐败;3)能够进行定向精准信贷;4)能够方便无账户支付,尤其是在跨境贸易中。

从以上一些科技手段在金融中的应用可以看出,互联网金融范畴的支付(习惯上我们称其为"互联网金融支付"[①])只是一个开端,我们正在发展着金融科技范畴的支付,为了与前一阶段以互联网金融为背景的支付区分开来,我们不妨统称这一阶段的支付形态为"金融科技支付"。当然有时为了方便起见,我们也会不加区分地混用这两个词"互联网金融支付""金融科技支付",用以指代互联网时代下新形态的支付方式。

3.3.3　中国的互联网金融支付

自 2016 年起,移动支付开始取代银行卡收单成为第三方支付行业规模最大的业务类型,用户支付账户主导权也由银行转移到以阿里、腾讯为代表的头部互联网机构手中。2021 年中国支付清算协会发布了移动支付用户问卷调查报告,报告显示,2020 年全国移动支付业务 1232.20 亿笔,同比增长 21.48%。从移动支付用户属性与行为偏好上看,购买生活品、公共出行支付、缴纳水电煤气供暖费等公共事务费的比例最高,移动支付在小额便民领域场景使用的频率越来越高。二维码支付是最常用的支付方式,占比超 95%,闪付及跳转第三方客户端支付的比例有所下降。2020 年,用户最常使用的移动支付产品是微信支付、支付宝和银联云闪付。下面我们来简短说明一下这三种中国当前最具代表性的互联网金融支付工具。

1. 微信支付

2021 年 5 月 13 日,腾讯发布 2021 年第一季度财报。报告显示,2021 年 Q1 腾讯微信及 WeChat 的合并月活账户数约为 12 亿,QQ 智能终端月活跃账户数约为 7 亿。从这些数字中可以想象使用微信支付的活跃人群有多么庞大。

---

① 中国金融出版社出版有图书《互联网金融支付》(史浩,2016 年)、《互联网金融支付(第二版)》(史浩,2020 年)可供参考。

2. 支付宝支付

来自 2020 年蚂蚁集团向上交所科创板和香港联交所递交的上市招股说明书数据显示：蚂蚁集团是中国最大的移动支付平台支付宝的母公司，也是领先的金融科技开放平台。截至 2020 年 6 月 30 日，12 个月时间，通过公司平台完成的总支付交易规模达到 118 万亿元，通过公司平台完成的国际总支付交易规模达到 6219 亿元。支付宝 APP 服务超过 10 亿用户和超过 8000 万商家。

简而言之，支付宝用户数已经达到 10 亿，其中国内用户数约 8 亿，海外约 2 亿。当然，由于篇幅原因，我们这里并不展开来介绍支付宝钱包的功能特色，但是我们都清楚支付宝钱包已经并不单纯是一个简单的钱包。

3. 银联云闪付

银联云闪付是在中国人民银行的指导下，由中国银联携手各商业银行、支付机构等产业各方共同开发建设、共同维护运营的一款移动支付 APP，于 2017 年 12 月 11 日正式发布。

之前提到的银联无界卡，均可通过云闪付 APP、商业银行 APP 或手机厂商钱包等多个平台线上申办。需要注意的是，通过网络渠道，且为首次办理该家银行的信用卡产品的申卡人，必须前往该行的网点柜面办理激活手续，才能正常地使用银联无界卡（中国工商银行、中国建设银行无界数字信用卡见图 2-16）。

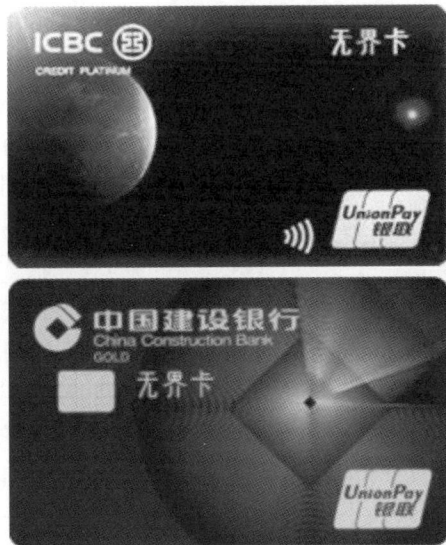

图 2-16　中国工商银行、中国建设银行无界数字信用卡

3.3.4　世界各国拥抱互联网金融支付

1. 美国、欧洲的支付

美国的互联网金融支付方式最具代表性的有 PayPal 和谷歌支付 GPay。美国的银行卡支付非常发达，另外线下还有一些非常有名的全球汇款公司，比如西联(Western Union)、速汇金(MoneyGram)和智汇(Wise/以前称为 TransferWise)等等。

在欧洲，信用卡并不是唯一的支付方式。许多其他的在线支付方式也同样受到消费者的喜爱。但值得一提的是，信用卡仍是欧洲目前最受欢迎的在线支付方式，像英国、法国、德国和西班牙几个国家的消费者都习惯于信用卡支付。具体的欧洲在线支付方式这里就不展开介绍了[①]。

2. 东南亚、印度的支付

（1）泰国

东南亚的支付工具也是丰富多样，在泰国首先毋庸置疑银行卡(VISA、MasterCard、JCB)是较为主流的支付方式。互联网支付方面 Lazada 支持的 Rabbit Line Pay、PayPal、hellopay，还有其他一些电商网站支持的 Paysbuy(与阿里巴巴合作)、mpay、TrueMoney、Payssion 和 AirPay 等，当然也能接受 alipay、wechatpay。总结起来，泰国移动支付市场参与者主要包括三类，一类是以当地银行为主导的移动支付方案(PromptPay、网银)，一类是泰国本地钱包类移动支付工具，还有一类是其他国家在泰国推出的本地化支付产品。

另外，泰国的电子商务非常发达，排名前三的电商平台分别是：Shopee TH(Shopee 于 2015 年在新加坡成立，是东南亚头部电商平台之一，隶属于腾讯系)、Lazada TH(Lazada 隶属阿里系，是东南亚头部电商平台之一)、JD Central(JD 与 Central 集团成立的合资企业 JD Central，于 2018 年 9 月在泰国推出)。

泰国是东南亚第二大经济体和第四大人口国家，人口总数超过 6900 万，人均 GDP 达 7200 多美元。同时，泰国也是中国创投的热门地区，是中国企业拓展东南亚市场的重要枢纽。2019 年中国的连连集团(总部在杭州)对外宣布，其旗下"连连泰国公司"已正式获得泰国央行(BOT)颁发的"银行卡支付"和"授权支付"牌照。据悉，这是泰国历史上首家以纯外资公司身份申请到支付牌照的中国企业。

---

① 浙江大学出版社出版有图书《跨境支付》(史浩，2022 年)可供参考。

（2）马来西亚

为减少使用支票和纸币现金,马来西亚正推行企业扣账卡措施,逐步迈向更全面的电子付费社会。该卡可让企业机构或企业家,在相关政府机构柜台或指定银行分行向政府机构付款,无须使用支票或现金。目前马来西亚正朝着"无现金"时代快速迈进,除了针对企业家的电子付费措施,近年来,针对普通消费者的电子支付系列动作也很快。首先毋庸置疑银行卡（VISA、MasterCard、AME、JCB）是较为主流的支付方式。互联网支付方面,早在 2017 年 5 月,支付宝就在马来西亚上线,超过 2000 间 7－11 便利店已使用支付宝支付系统。联昌集团旗下的一触即通（TNG：Touch N Go）和阿里巴巴旗下蚂蚁金服合作,已推出马来西亚版本的支付宝。

当然腾讯也有积极的举措,与丰隆银行（Hong Leong Bank）合作的微信支付已经在马来西亚获得电子支付执照,并开放给马来西亚公民使用。马来西亚财政部部长林冠英 2019 年曾公开表示,微信支付等中国企业推出的数字支付手段有助于马来西亚打造无现金社会、帮助中小企业发展,并促进马来西亚数字化建设和相关领域创新。另外,在马来西亚还有来自新加坡的 GrabPay,主要面向出租车司机收款和交通支付,新加坡电子钱包 EZ-Link 同马来西亚电子钱包 Touch'n Go 合作开发双币种卡片 Combi Card,同时支持 EZ-Link 和 Touch'n Go,用于支付新、马两地的道路交通费、停车费,未来将扩展至购物和餐饮领域等。还有来自美国的 Stripe、英国的 TransferWise 等支付方式。

马来西亚本地的互联网支付方式有马来西亚银行第一大行（Maybank）的 QR Pay 扫码付款,只要扫一扫即可完成付款。Maybank 是马来西亚最大的银行和金融集团。Maybank2U 是马来西亚常用的在线支付方式,常用于在线购物,Maybank QR Pay 直接嵌入 Maybank2u 的应用中,用户可以直接通过银行账号进行付款,无须充值,更方便。马来西亚第二大银行联昌国际银行是由 9 间银行合并而成的银行,是马来西亚最大的伊斯兰银行,也是全国第二大银行。联昌国际银行提供了马来西亚在线网银转账支付 CIMB clicks。另外值得介绍的是马来西亚亚航的 BigPay。由于亚航的网络遍及整个东南亚地区,各国流通货币不同成了交易支付的大问题,其中的欺诈风险也不容忽视。为此,亚航于 2017 年推出了新支付平台 BigPay,BigPay 可以让乘客和用户绑定 Visa、Mastercard、Amex 和 JCB 卡,通过移动支付购买产品,并获得外汇兑换服务。如今,BigPay 已成长为东南亚领先的金融科技公司之一,并已成功地在其产品中添加许多受监管的金融产品。BigPay 的目标是成为一站式金融需求解决平台,让消费者能够以更低的成本和更高的效率访问零售银行通常提供的所有主流金融产品。

除此之外，马来西亚的移动服务提供商 DIGI 提供了通信相关的支付服务，还有马来西亚本地的一些电子钱包服务，例如马来西亚电信集团 Axiata 的 Boost 电子钱包、联昌集团的 Touch nGO eWallet、myfave 集团旗下的 FavePay 等。

随着这些电子支付系统的推进，马来西亚"无现金"社会的到来指日可待。

总结起来，马来西亚移动支付市场参与者主要包括三类，一类是以当地银行为主导的移动支付方案（Maybank2u、CIMB clicks 网银支付），一类是马来西亚本地钱包类移动支付工具，还有一类是其他国家在马来西亚推出的本地化支付产品。

另外，马来西亚的电子商务非常发达，一直以来，马来西亚电商市场几乎被 Shopee 和 Lazada 两大国际巨头平台所主导。在马来西亚电商平台的 TOP10 中，以上两者共占据了近 86% 的网站流量。在 2020 年，Shopee 逐渐拉开了与 Lazada 的距离，月均流量已达到后者的两倍以上。与此同时，众金网 PG Mall 也在 2020 年的竞争中战胜 Zalora 与 Lelong，稳固了第三名的市场地位。也就是说排名前三的电商平台分别是：Shopee MY、Lazada MY 和 PG Mall。Shopee MY（Shopee 于 2015 年在新加坡成立，是东南亚头部电商平台之一，隶属于腾讯系）、Lazada MY（Lazada 总部也在新加坡隶属阿里系，是东南亚头部电商平台之一）、PG Mall（京东 JD 与马来西亚大众金行 Public Gold Marketing 集团合作平台，于 2017 年在马来西亚成立，有大量产品入驻京东国际）。发达的电子商务必然带来繁荣的支付市场。

在全球经济增长趋缓的当下，东南亚是逆势增长、潜力无限的新兴市场。根据谷歌研究报告东南亚互联网经济增长速度超过预期，2025 年，东南亚数字经济规模或突破 2400 亿美元。2021 年 9 月马来西亚国家银行（BNM）和新加坡金融管理局（MAS）在一份联合声明中表示，马来西亚实时支付系统 DuitNow 将与新加坡实时支付系统 PayNow 在 2022 年实现互联互通，该合作将使这两个邻国的居民能够通过他们的手机号码进行资金转账。除了使用手机号码转账外，任何一个国家的消费者都可以通过扫描商家商店显示的新加坡 NETS 或马来西亚的 DuitNow 二维码来支付购买的费用。马来西亚是东南亚第三大经济体和第六大人口国家，人口总数超过 3200 万，人均 GDP 达 1.03 万美元。根据世界银行发布《2020 年全球最佳经商环境报告》，马来西亚在 190 个经济体中，以 81.5 的评分，进入世界排名前 20 的经济体行列,其排名上升至第 12 位。同时,马来西亚也是中国创投的热门地区,是中国企业拓展东南亚市场的重要枢纽。中马是亲密友好邻邦,是共谋发展的好伙伴,更是守望相助的好朋友。中国已连续 12 年成为马来西亚最大的贸易伙伴,连续 5 年成为马来西亚制造业最大的投资国,凸显两国经济巨大互补性和合作潜力。例如中国与马来西亚展开的东海岸铁路、吉隆坡地铁 2 号线、马来西亚城项目的合作,项目建成后还将持续带来相关应用场景中的支付合作,如银联卡、云闪付、二维码支付以及智能终端和自助终端、数字人民币的应用等等,互惠合作前景巨大。

第4章 区块链支付时代

4.1 区块链基本原理

4.1.1 公有链、私有链、联盟链

1. 什么是区块链

把多笔交易的信息以及表明该区块的信息打包放在一起,经验证后的这个包就是区块。每个区块里保存了上一个区块的 hash 值,使区块之间产生关系,也就是所说的链了,合起来就叫区块链。

区块链可以分成公有链、联盟链、私有链三类。

2. 公有链(Public Blockchain)

公有链是指任何人都能参与的区块链。公有链是去中心化程度最高的区块链,不受机构控制,整个账本对所有人公开透明。任何人都能在公有链上查询交易、发送交易、参与记账。加入公有链不需要任何人授权,可以自由加入或者离开,所以公有链又称为非许可链(公有链见图 4-1)。

人人都能参与记账的公有链,是在陌生的、缺乏信任的竞争环境下记账的,所以公有链需要有一套共识机制来选出记账节点,也就是我们平常说的通过“挖矿”竞争记账权。因为需要挖矿,所以公有链记账有延时高、成本高、效率低的特点。

我们接触到大多数区块链项目都是公有链,知名的公有链项目有:比特币、以太坊、EOS 等。

3. 私有链(Private Blockchain)

和公有链的账本对所有人公开透明和人人皆可记账的情况相反,私有

图 4-1　公有链

链是指区块链记账权限仅在一个人或者一个机构手里,并且参与记账的权限由机构内部制定,读取权限可以对方开放也可以任意程度地限制。

比如一家公司的财务预算,参与记账的人可能只有财务部门的领导和公司的老板,而读取权限可以根据公司需要,选择只让公司决策层或者全员知道。

私有链由于参与记账节点少,而且没有"挖矿"竞争这一过程,所以私有链有记账速度快、没有记账成本、隐私性高等优点。由于私有链都是内部的节点,记账环境是可信的;区块链技术能够防止机构内单节点篡改数据,即便发生错误,也能快速发现。

私有链适用于公司或者组织内部,很多大型的金融机构倾向于使用私有链。

4. 联盟链(Consortium Blockchain)

联盟链的账本的公开程度,介于公有链和私有链之间。联盟链是指多个机构共同管理维护的区块链,参与区块链的节点是事先选定的。联盟链也只对联盟内部成员开放全部或部分功能,链上信息的读取、写入以及记账规则都按照联盟共识来设定。

比如有 100 所大学建立了某个区块链,共识规定,必须有 67 所以上的大学同意才算达成共识。和私有链一样,节点加入需要得到授权许可,所以联盟链和私有链都称为许可链。

由于节点之间有很好的连接和可信的网络环境,所以联盟链有记账效率高、共识时间短、记账成本低还能兼顾隐私的特点。

联盟链主要适用于行业协会,大型连锁企业对下属单位和分管机构的交易和监管。比如 2015 年成立的 R3 区块链联盟,是一个银行业的联盟链,至今已吸引了 40 多家巨头银行的参与,其中包括富国银行、美国银行、纽约梅隆银行、花旗银行等。

总之,公有链是任何人都能参与读取、交易、写入的区块链,完全去中心化,账本信息公开透明,不受任何机构控制。公有链一般都需要挖矿来达成共识,因此带来了交易延时高、成本高和效率低等缺点。公有链的典型代表有比特币、以太坊、EOS 等。

私有链是指记账权由单独的个人或机构掌握的区块链项目。有记账中心化、效率高、无记账成本、隐私性极好等特点。使用场景为机构内部的审计。

联盟链,是指参与节点事先确定好的区块链,只对联盟内部成员开放全部或部分功能。其特点介于公有链和私有链之间,账本半公开化,交易确认速度较快,记账成本低,数据有一定的隐私性。其典型代表是一个名为 R3 的银行业联盟链。

4.1.2 去中心化和分布式

去中心化或者多中心化(Distributed or Decentralized)是区块链最大的特性。就是使用分布式计算和存储,从而减少甚至消除中心化的硬件或管理机构。在区块链上,任意节点的权利和义务都是均等的,系统中的数据块由整个系统中具有维护功能的节点来共同维护。

"去中心化"和"分布式"的区别大概可以总结为:去中心化是分布式网络结构中的一种,所有的去中心化都是采用分布式网络结构的,而分布式网络结构可能是"中心化"也可能是"去中心化"的(区块链拓扑结构见图 4-2)。

4.1.3 不可篡改、匿名性和可控匿名

1. 不可篡改

是指一旦信息经过验证并添加至区块链,就会永久存储起来,单个节点上对数据库的修改是无效的,因此此区块链的数据稳定性和可靠性极高。

交易记账由分布在不同地方的多个节点共同完成,而且每一个节点都记录的是完整的账目,因此它们都可以参与监督交易合法性,同时也可以共同为其作证。不同于传统的中心化记账方案,没有任何一个节点可以单独记录账目,从而避免了单一记账人被控制或者被贿赂而记假账的可能性。

另一方面,由于记账节点足够多,理论上讲除非所有的节点被破坏,否

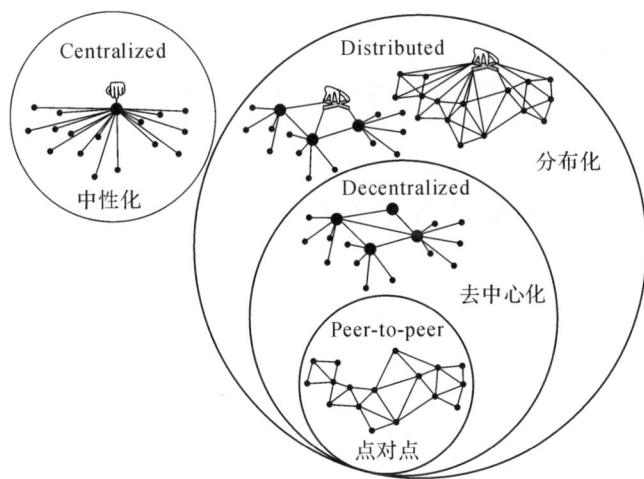

图 4-2　区块链拓扑结构

则账目就不会丢失,从而保证了账目数据的安全性。

2. 匿名性(Anonymous)

由于节点之间的交换遵循固定的算法,其数据交互是无需信任的(区块链中的程序规则会自行判断活动是否有效),因此交易对手无须通过公开身份的方式让对方对自己产生信任。特别是在公有链环境下,区块链运用密码学技术保证数据传输和访问的安全,用户加入区块链网络时无须用户注册环节,因而也就无须公开自己的身份。每个账户身份用密码学字符来代替,别人可以了解到这个账户的信息,但是不知道账户所对应的身份。因此区块链中交易双方不会知道对方的任何私人信息,交易在非实名的情况下进行,所以公有区块链是天然具有匿名性的。

3. 可控匿名

关于中国央行数字人民币将采用"可控匿名"的机制,数字人民币的用户身份认证采用前台自愿、后台实名的原则,用户信息及交易记录将由央行完全掌握,对其他机构和个人则匿名,央行能够通过大数据识别特定交易特征并快速比对锁定账户真实身份,既保证用户隐私,又能规避洗钱、恐怖融资等违法犯罪活动。

不可篡改性对于匿名性是致命的,一旦某个账户泄露,也无法抹去,该用户所有交易记录将对所有人永久公开。

4.2 法定数字货币与私人数字货币

4.2.1 法定数字货币:以中国央行数字货币为代表

中国人民银行对于央行数字货币 CBDC(Central Bank Digital Currency)的研究早在 2014 年就已经启动,2016 年央行成立数字货币研究院全面开展中国法定数字货币的研究并且成果不断。特别是央行近年来启动的一个被称为 DC/EP(Digital Currency Electronic Payment)的中国央行数字货币项目吸引了全球的广泛关注。央行前行长周小川曾在 2020 年 11 月 27 日北京大学"数字金融创新及其启示:中国及国际经验"研讨会上表示:"DC/EP 是一个双层的研发与试点项目计划,本身并不是数字货币的称谓。在 DC/EP 项目的执行计划中应该包含有多种可供试验和推广的数字货币产品,一般来说将这些产品称之为 e-CNY,即数字人民币。"

央行数字货币是指由一国中央银行发行的,与法币有同等地位的具备法偿性的以电子形态存在的合法货币。随着金融科技的发展,尤其是密码学和区块链技术的快速推进,目前世界各主要国家央行均在不同程度上开展着 CBDC 的研究。但这里要注意一点 CBDC 并不等同于 e-CNY,按照周小川的解读,中国的 CBDC 应该是特指用于央行批发阶段的数字货币名称,而 e-CNY 则特指商业银行等各代理投放机构投放到用户手中的真正的零售阶段的数字货币名称。

中国央行自 2020 年以来就先后在国内多个城市开展了多轮央行数字货币 DC/EP 项目的应用试点工作,在深圳、苏州、成都、雄安等不同地区不同场景的试点测试中进一步夯实了数字人民币的应用推广基础和技术保障能力。

中国的央行数字货币(又简称 e-CNY)对于测试者而言,在使用感观和体验上与我们之前日常使用的支付宝钱包支付、微信支付、银联云闪付等电子支付方式似乎并无区别。然而从本质上来看,其区别是非常大的。首先,央行的数字货币属于现金范畴,也就是纸币的替代品,是纸币的电子形式,理论上来说是脱离了银行体系的资金,因此银行对持币者不付利息,而银行卡中的资金隶属于银行体系内资金,具有生息的基础与可能。其次,e-CNY持有时也像纸质现金一样,不依赖于任何账户。这一点很显然与高度依赖账户的银行卡支付、支付宝支付等第三方支付完全不同。另外,从法偿性来看,e-CNY 与纸币一样属于法币范畴商家不能拒收,而第三方支付可以被拒收而不违法。最后,从使用成本来看,基于账户的支付都可能需要缴纳手续费,然而作为纸币替代品的 e-CNY 目前是无需交易手续费的(银行体系货币与非银行体系货币见图 4-3)。

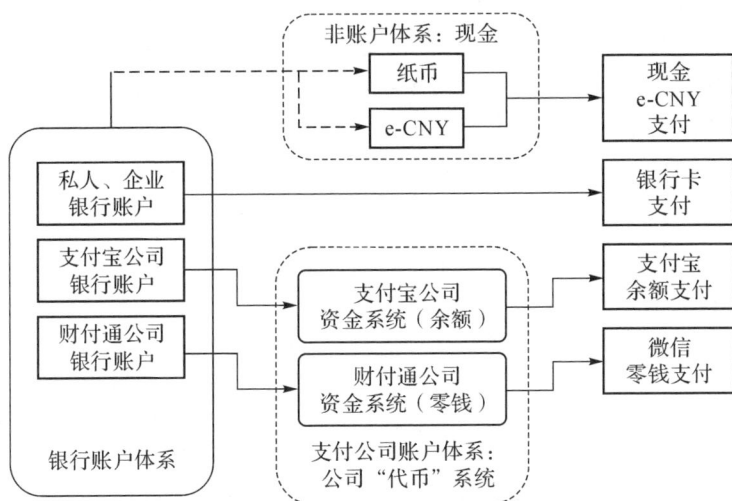

图 4-3　银行体系货币与非银行体系货币

因此,从无利息、无账户、无拒收、无手续费这四个角度来解读,e-CNY 的确是非常独特的一款产品,非但与常见的电子支付有着明显的区分,而且将带来的崭新应用场景和想象空间极大,必将对金融行业带来创新,并通过它对整个经济发展带来深远的影响。

4.2.2　私人数字货币:以比特币、以太坊为代表

比特币是基于比特币区块链而发行的数字通证(token)。在该区块链中,有两种类型的广播:一种是交易的广播,另外一种是记账的广播。每次交易都需要进行链上广播,所有记账节点会搜集这段时间的交易数据进行记账打包,并启动记账广播。多个记账广播会带来分叉问题,为防止区块链分叉,只有 6 次确认后的记账广播才被认为是主链。通常是每 10 分钟产生一个 1MB 大小的区块,一般每笔交易需要 250B 来存储数据,计算可以知道 1MB 只能存放 4194 个交易数据(Transaction),再除以时间,也就是比特币网络一秒钟最多处理 7 笔交易。比特币系统每 10 分钟左右会进行一次记账,而记账是由某一个节点来特许进行的,比特币挖矿是指争夺该记账的权利,然后获得比特币奖励。用户需要用自己的挖矿机争夺这个记账的

权利。简单来讲就是全网矿工一起来做一道题目，谁先做出来，谁就会得到记账的权利和比特币奖励。

以太坊区块链 Ethereum 在 2015 年 7 月 30 日诞生，以太坊的区块链和比特币是不一样的。比特币的区块链只登记了"交易历史"UTXO。以太坊的区块链同时登记了"交易历史"和"余额状态"两种数据。在以太坊上，所有操作都需要消耗手续费（也称 gas 费），手续费的多少与执行操作所需的工作量成比例。购买 gas 中引入了一个计量单位 gwei，$1ETH = 10^9gwei$，也就是 1gwei 是 1ETH 的十亿分之一。

以太坊的区块大小虽然没有限制，但是形成每个区块的交易手续费是有上限的，每个区块耗完 gas 就不能再写入数据了。我们可以把 gas 上限视为以太坊的区块大小，它限制了单个区块中可以容纳的交易数量。因此以太坊交易区块的大小可以用 Gas 计算，在区块中收集交易，大约每 13 秒一个区块。每个区块所容纳的交易数量（或者说 gas）空间有限，也就是 gas 上限。目前每个区块大约有 1,500 万 gas 交易空间。每一笔纯 ERC-20 代币转账大约需要耗费 5 万 gas，也就是每个区块可容纳最多 300 笔代币转账，约每秒 23 笔转账。

对发生在以太坊上的交易，以前的收费方案是拍卖机制。由用户出价，矿工选择出价最高的交易，将其打包进区块。这种方法简单且高效，但也存在一些问题。2021 年 6 月以太坊进行了伦敦升级，其中 EIP-1559（Ethereum Improvement Proposal）是以太坊最受期待的更改之一。EIP-1559 采用固定价格售卖（fixed-price sale）模式。不再由用户出价，而由协议报价（基础费用：BaseFee）。在拥堵时用户为了加速交易，也可以通过打赏的方式给矿工额外费用（小费：Tip）。

矿工记账所获得的收益被称为 MEV（Miner Extractable Value，矿工可提取价值）。交易用户把支付的费用分为两个部分，即 User Paid Fee = BaseFee + Tip（MEV），其中 BaseFee 会被销毁而 Tip = −MEV。而且 BaseFee 在每个区块中会进行调整，目标是使平均区块 gas 使用量保持在 1250 万。除了基础费用＋小费模式之外，EIP1559 还提出了弹性的区块空间。它会根据供需平衡进行市场调节。区块空间最多可以翻倍。EIP-1559 将把以太坊区块的 gas 上限（区块空间）增加一倍，但目标是将区块容量保持在 50％左右。也就是说，如果目标是 1000 万 gas，区块上限可以是 2000 万 gas。如果目标 1250 万 gas，区块上限可以是 2500 万 gas，基本费用不是一直固定的，它会根据供需进行调节。如果以太坊区块的容量超过 50％，那么打包交易的 gas 成本（也即 BaseFee）就会增加，从而抑制对区块空间的需求;如果低于 50％,gas 成本(BaseFee)就会降低,从而推动对区块空间的需求。

区块链每秒交易量的最大的限制是源自需要 51％的节点确认,影响交易速度的最大原因是共识机制,这也是区块链技术最核心的部分,如何提高交易速度,通过提高区块容纳量,扩大每个区块容量使之包含更多的交易是一种方法,采取闪电网络做链下交易是一种方法,也可以使用分片技术,或者参考 EOS 使用的人大代表 DPOS 共识机制等。

4.3　区块链支付案例

【案例】

蚂蚁金服跨境汇款速度降至秒级 区块链技术实现跨机构协同

2018 年 6 月 25 日,蚂蚁金服宣布全球首个基于区块链的电子钱包跨境汇款服务在中国香港上线,港版支付宝 AlipayHK 的用户可以通过区块链技术向菲律宾钱包 Gcash 汇款。这是继公益捐款、食品溯源、租房管理之后,蚂蚁金服在区块链应用场景的又一项落地应用。作为蚂蚁金服此项跨境汇款服务的合作银行,渣打银行将为 AlipayHK 以及 Gcash 提供结算服务,并提供即时外汇汇率和流动性。

跨境汇款服务中国香港发布会现场,在中国香港工作 22 年的菲律宾人 Grace 完成了第一笔蚂蚁金服区块链跨境汇款。与日常用支付宝转账一样,仅数秒时间,Grace 在菲律宾的家人便收到了她的汇款。因传统的跨境汇款业务涉及更多的参与机构、法律法规及汇率等问题,过程很复杂,到账通常要 10 分钟到几天不等,晚 7 点后汇款一般最早也要次日才到账,中间出现状况退钱要更久,还有可能出现转丢的情况。过去 Grace 汇款经常要排队一个多小时。而区块链技术让跨境汇款从过去各家机构之间串行的处理方式变成了并行处理,确认汇款的时候,所有的参与方都能够得到消息,并行处理所有信息,将处理速度变成了秒级。

区块链与支付的融合中特别值得一提的是跨境支付，它是区块链支付应用中的一个非常典型的场景。区块链技术在跨境支付中的应用主要可以分为两大类，一是基于私人数字货币的跨境支付。该方式使用数字货币作为货币兑换的润滑剂，即将私人数字货币作为跨境支付中的不同货币的交易媒介，从而理论上做到任意两种货币间的无缝、快速兑换。二是基于区块链报文的跨境支付。该方式将区块链技术视为支付机构与商业银行之间的接口技术，即将跨境汇款中的汇款报文上链传递给各个参与方，从而实现多方协同信息处理，将原本机构间的串行处理并行化，提高信息传递及处理效率。

蚂蚁金服于 2018 年 6 月 25 日下午宣布全球"首个"基于区块链的电子钱包跨境汇款服务在中国香港上线，轰动了当时的金融圈。但是在蚂蚁金服跨境支付中并没有使用数字货币，也就是说区块链支付中除了通证模式之外，还可以有其他的一些模式与做法。在区块链支付的模式中，主要有两类：一类是基于私人数字货币的支付，另一类是基于区块链报文的支付。

4.3.1 基于私人数字货币的跨境支付

该模式实际是通过私人数字货币充当各类法定货币之间兑换的中间品，在进行跨境汇兑的时候需要先将法定货币转为数字货币，再由数字货币转为目标法定货币。该模式最具代表性的应用当属瑞波（Ripple）公司的瑞波币（XRP）了。瑞波币是瑞波系统内的桥梁货币，由 XRP 来充当各类法定货币之间兑换的中间品。瑞波币的价格完全由市场决定，即供大于求时价格下跌，反之则上升。

4.3.2 基于区块链报文的跨境支付

该模式实际是通过区块链技术实现支付报文的传输与共享，实际账务处理依然在商业银行内部完成。也就是说区块链上仅有信息流的传输，并无资金流的传输。该模式又可以分为资金协作方式和信息协作方式两种子模式。最具代表性的应用有"招商银行与香港永隆银行之间的直联支付业务"（属于资金协作方式），"中国银行与中国银联之间的跨境金融服务平台"（属于信息协作方式）等。

招商银行与香港永隆银行之间的直联支付业务可实际进行资金汇款，在这种场景下区块链系统仅承担不同机构之间的数据传输媒介，实际的资金协作和账务处理依然在跨国商业银行内部或银行间完成。如招商银行与永隆银行的直连支付业务中，在客户从招商银行向永隆银行汇款时，永隆银行会在日间进行垫资从而做到支付操作可以在数秒内到账，而永隆银行垫资的原因是其本为招商银行集团的一员。

而中国银行与中国银联之间的跨境金融服务平台业务则是在银联速汇（MoneyExpress）的基础上解决原本支付信息不透明的问题，仅仅限于信息协作。

总体来看，蚂蚁金服公布的港版支付宝 AlipayHK 向菲律宾钱包 Gcash 跨境汇款业务更类似于招行与永隆之间的直接支付场景，属于资金协作方式。在蚂蚁金服跨境支付中没有使用数字货币，由新加坡金管局等五方组成一个联盟链，并且 AlipayHK 和 Gcash 均需要在渣打银行开设准备金账户并保证充足的头寸。

针对当前跨境支付的痛点，区块链支付技术正在从架构上改变传统资金流与信息流的运作模式，并以区块链独特的优势改善传统跨境汇款费时、高成本、透明度低及交易风险的问题。区块链支付正在掀起一场革命浪潮，颠覆传统支付领域。

2018 年美国 EDP 集团在新加坡创立了 EDT（异地通）区块链跨界支付基金会。如今，EDT（异地通）区块链跨界支付平台已经成为一个开源、分布式的支付协议，支持美元、欧元、人民币、日元等多种货币以及数字货币的 P2P 兑现和支付。其将眼光瞄向中小企业和跨境电商、普通消费者，将区块链技术用于跨境支付，可实现 3－5 秒的跨境转账速度。

除了 EDT（异地通）区块链跨界支付平台之外，蓝色巨头 IBM 于 2019 年也推出了其基于区块链的新支付系统 Blockchain World Wire（BWW），其中使用了其 Stellar 协议，大大提升了跨境支付效率。这是一个专为受监管金融机构设计的实时全球支付网络，目前该网络已经在全球 72 个国家和地区上线。

总之，随着全球化的不断推进，各国之间的经济往来越来越密切，跨境支付的市场规模也慢慢变得庞大。在这场区块链的风口上，区块链跨境支付的新时代正在到来。

中编　宏观支付

　　货币和支付具有天然联系。自古以来,货币一个最重要的功能就是用于支付,而支付的载体一般而言也就是货币,这里货币所指往往并非现金。支付是社会与经济活动中不息跳动的脉搏,而货币就是承载并传递支付脉搏的流动血液。

　　简而言之,支付是金融的脉搏,货币是金融的血液。

第5章 金融与货币

5.1 金融的功能与体系

金融是货币资金融通的总称,在我国主要指与货币流通和银行信用相关的各种活动。主要内容包括:货币的发行、投放、流通和回笼;各种存款的吸收和提取;各项贷款的发放和收回;银行会计、出纳、转账、结算、保险、投资、信托、租赁、汇兑、贴现、抵押、证券买卖以及国际贸易和非贸易的结算,黄金白银买卖、输出、输入等。也可以被概括为货币的发行与回笼,存款的吸收与付出,贷款的发放与回收,金银、外汇的买卖,有价证券的发行与转让,保险、信托、国内、国际的货币结算等。即金融可以简单概括为银、证、保业务,而经典的银行业务又具体可以概括为存、贷、汇(支付结算)业务。

一般认为"金融就是货币资金的融通,指通过货币流通和信用渠道以融通资金的经济活动"。从这个角度金融可以认为是关于资金进出的经济活动。一方面,资金充裕的一方需要将资金投资出去,以获得资产的保值增值甚至赚取更高利润;另一方面,资金缺乏的一方需要获得资金的注入,以维持

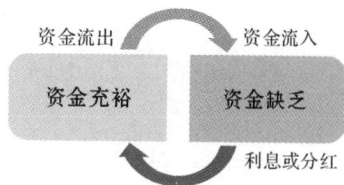

图 5-1 资金融通

正常商业运作甚至赚取更高利润。可以看到赚取更高的利润是双方投入或吸纳资金的动力所在(资金融通见图5-1)。

资金充裕的一方,往往会寻求投资理财业务来获取更高收益;而资金缺乏的一方往往会寻求贷款融资业务来获得资金,从而在此基础上获取更高收益。下面就先谈谈投资理财业务,即与资金流出相关的金融业务。

5.1.1 投资理财业务

投资理财是指投资者通过合理安排资金,运用诸如储蓄、银行理财产品、债券、基金、股票、期货、商品现货、外汇、房地产、保险、黄金、P2P、文化及艺术品等投资理财工具对个人、家庭和企事业单位资产进行管理和分配,达到保值增值的目的,从而加速资产的增长。

人们再也不满足于单一的存银行拿利息的理财方式了,毕竟银行定期利息才 3% 左右,活期利息才 0.5% 左右。随着国家一系列财经政策的逐步实施到位,为投资理财市场开辟了更为广阔的发展空间,个人投资理财可谓热点众多,除了直接实业投资(如投资建厂之外),归纳起来主要有以下几个方面。

1. 银行储蓄

银行储蓄是几乎每一个家庭都会选择的理财方式,这也是最安全的理财方式,但是利润极低。银行的存款利率由两方面构成:央行的基准利率以及商业银行的浮动比例。自从 2015 年 10 月 24 日下调金融机构人民币存贷款基准利率之后,中国人民银行(即央行)再未调整过基准利率了,2019年 7 月我国的基准利率表如图 5-2 所示。

单位：年利率 %

调整时间	活期存款	定期存款					
		三个月	半年	一年	二年	三年	五年
2015.10.24	0.35	1.10	1.30	1.50	2.10	2.75	--

调整时间	六个月以内 (含六个月)	六个月至一年 (含一年)	一至三年 (含三年)	三至五年 (含五年)	五年以上
2015.10.24	4.35		4.75		4.9

自2014年11月22日起,人民银行不再公布金融机构人民币五年期定期存款基准利率。
注：自2014年11月22日起,金融机构人民币贷款基准利率期限档次简并为一年以内(含一年)、一至五年(含五年)和五年以上三个档次。

图 5-2 2019 年 7 月我国的基准利率表

商业银行的浮动比例由各家银行自主决定,根据银保监会发布的数据显示,截至 2018 年年底,我国的商业银行机构数量有 4000 家以上,各家银行均有自主的定价权,所以没有一个绝对的统一值。按照目前的市场普遍情况来说,2019 年大部分银行的普通定期的浮动比例并没有调整,各大银行的大额存单利率略有小幅提升,但是提升幅度并不高,绝大部分都在 4.25% 以内。

如果以目前市面上较高的利率,即按月取息大额存单的 4.18% 为例进行计算,假定 30 万元本金,则每个月的收益为:30 万元×4.18%/12=1045 元/月。

如果以最新商业银行普通的定期存款利率来说,1 年期定存利率才 2.25%,而历年来 1 年期定存利率从未超过 4%,更不用说活期了。历史来看,消费者物价指数 CPI 平均在 3%,2008 年曾一度达到过 8%,所以把钱存到银行的机会成本很高,而很多时候保值都困难。当然,储蓄不完全是为了获取收益,更主要的是资金可以灵活调配。

2. 国债

目前我国的国债主要分两类,一类是凭证式国债,一类是记账式国债。前者是指国家采取不印刷实物券,而用填制国库券收款凭证的方式发行的国债。它是以国债收款凭单的形式来作为债权证明,不可上市流通转让,但可以提前兑付。提前兑付时按实际持有时间分档计付利息。记账式国债又称无纸化国债,是指将投资者持有的国债登记于证券账户中,投资者仅取得收据或对账单以证实其所有权的一种国债。由于国债的安全性与储蓄类似,收益略高于储蓄,因此选择国债的以老年投资者为多,尤其偏好凭证式国债。

3. 稳健型理财产品:银行债券、票据、信贷类产品

银行目前推出的稳健型理财产品主要以债券、票据类产品以及信贷类理财产品为主。这类产品结构简单,收益稳定并略好于同期债券。债券、票据类产品募集的资金主要投资于银行间债券市场国债、央行票据和政策性银行金融债等投资工具等,能够获取相对稳定的收益。

信贷类理财产品通常是银行把已经放出去的贷款做成理财产品,这类贷款企业一般信用良好,产品说明书上一般会写"国企或者大型央企"等字样,通常内部信用评级很高,当然有时也会因为资金的安全度太高而导致收益率很低。

4. 信托

信托理财就是银行将投资者的钱以理财产品的形式汇集起来,再通过信托公司向指定对象发放贷款,收益率就是这些贷款的利息减去产品手续费。投资者在选择这类产品前要注意三个主体的实力:产品发行银行、信托公司、信托贷款的借款人。信托理财是一种财产管理制度,它的核心内容是

"受人之托，代人理财"。具体是指委托人基于对受托人的信任，将其财产权委托给受托人，受托人按委托人的意愿以自己的名义为受益人的利益或者特定目的，进行管理或者处分的行为。根据中国信托登记有限责任公司（简称：中信登）信托受益权定期报送数据显示，截至 2019 年 5 月末，全行业信托存续规模为 21.67 万亿元。信托业务种类中除了集合资金信托计划之外，还有一些特色信托业务，例如家族信托、小微金融信托、员工持股信托、保险金信托和慈善信托等。我们将在本书后续内容中详细介绍。

5. 基金、保险

基金的种类非常多，除了货币基金、指数基金、债券基金、科创板基金等等之外，还有很多其他类型，比如 QDII 基金、各种主题基金。保守型基金是比较好的选择，属于中低风险类型。保险方面也有养老、教育等分红型保险，不仅每年分红，后期还可以间断性拿本息，同时出现意外也有赔偿。

6. 房地产

一般来说抵御通货膨胀的"工具"之一，房地产投资主要还是要看地段、价格、增值空间。

7. 股票、期货、黄金、外汇、金融衍生品等

需要投资人有一定金融专业知识和实践操作能力，风险较大。

8. 结构性理财产品

结构性理财产品就是嵌入衍生品的固定收益类证券产品，可以分为静态和动态两种。静态就是产品发行后设计结构就不发生变化；动态则会有资产管理部分，针对市场情况作相应的资产调整。基本上，目前的结构性产品都是本金有一定保障的，浮动收益则决定于产品挂钩标的的表现以及产品的结构设计。结构性产品挂钩的标的涉及股票、基金、利率、汇率、大宗商品和期权等，这类产品的结构设计较复杂，设定的条件也比较苛刻，一方面无法判断实现预期收益的可能性有多大，另一方面也看不懂到底是如何实现预期收益的。因此普通投资者对此往往望而却步。

9. 互联网金融理财产品

例如 P2P 理财，常见的平台有宜人贷、拍拍贷、人人贷、微贷网、玖富普惠、小赢网金、麻袋财富、桔子理财、翼龙贷等，收益率稳定、安全，比存银行活期收益率高多了。但是目前国家的监管政策对于 P2P 网络借贷基本上是处于禁止状态，而对于网络小贷也处于严格监管状态。

以上五花八门的理财产品归纳起来分析，可分为三大类，分别是保本固定收益类理财产品、保本浮动收益理财产品、非保本浮动收益类理财产品。

第一大类是保本固定收益类的理财产品。常见的有银行理财产品、信

托理财产品。银行的保本固定收益类产品的资金一般会投向安全级别较高的国库券、货币市场产品等,收益率相对较低,安全有保障。而信托理财产品,一般有明确的投资方向和资金保障措施,但投资起点高,一般投资者无法参与。

第二大类是保本浮动收益理财产品。以银行发行为主,虽本金有保障,但收益不能得到有效的保障,收益一般较保本固定收益类产品高。

第三类是非保本浮动收益类理财产品。主要分为银行理财产品和证券投资理财产品。银行非保本浮动收益理财产品的资金投向非常多元化,例如证券投资理财产品主要包括基金和定向增发理财产品等。

5.1.2　资产托管业务

伴随着投资理财业务的蓬勃发展,到了 20 世纪 70 年代后期,资产托管业务才日渐兴起,经过近 50 年的演变,托管业务已发展成为商业银行重要的中间业务,成为商业银行经营战略转型后重要而又稳定的收入来源。

资产托管在中国是一项新兴业务,但在 10 多年的时间里,资产托管在我国获得了长足的发展,目前已经发展成为一项创新力强、极为活跃的新兴中间业务,业务领域遍及基金、证券、保险、信托、QFII 年金、社保基金、QDII 等多个门类,正在为商业银行培育中间业务、调整利润结构、加快经营转型起到积极的推动作用。

商业银行资产托管业务属于中间业务的一种,是指有托管资格的商业银行接受基金管理公司、证券公司、信托公司、保险公司等机构客户的委托,依照有关法律法规对托管资产持有人的财产进行安全保管,保证资产持有人的财产完整与独立,并根据资产管理人的指令,负责办理托管财产的权益登记、转账过户、资金划拨、清算交割等事宜,同时负责监督资产管理人对持有人财产的投资运营等事务。通常资产托管人由有实力的商业银行担任(资产托管业务原理简图见图 5-3)。

不同资产托管业务当事人略有不同,主要包括三方面当事人:资产管理人、资产保管人与资产委托人。它们之间职责明确、相互独立、相互制约。除以上主要当事人外,还有为托管业务提供各种服务的中介或代理机构,包括证券登记结算公司、证券投资咨询公司、律师事务所、会计师事务所、资产评估机构和信用评级机构等,这些中介机构对资产托管业务的顺利运行也起着重要的作用。

1. 业务范围

商业银行资产托管业务范围包括:安全保管委托资产;委托资产名下的

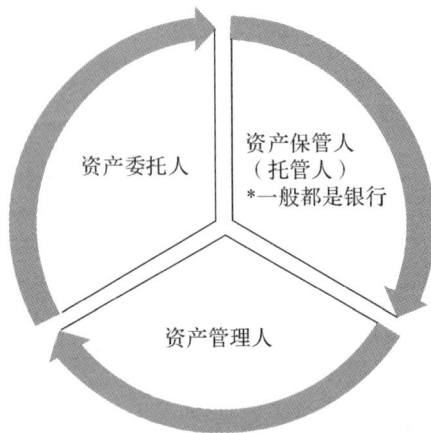

图 5-3　资产托管业务原理简图

资金清算和证券交割;监督委托资产的投资运作;及时向有关部门和委托人报告委托资产的投资运作情况和相关信息;对委托资产的资产、负债及投资情况进行会计记录;按有关要求对委托资产持有的有价证券进行估值;客观、公正地分析委托资产的投资运作情况,并向委托人提供相关分析信息;其他与委托资产托管相关的业务。

2. 业务特点

作为一项重要的制度安排,引入托管机制本身是出于风险防范方面的考虑,对投资者来讲是投资风险,而对托管银行来讲本质上是在运作风险。通过引入托管机制,委托投资资产的保管人(托管人)和管理人这两个原本集于一身的角色便分别由两个独立机构来承担了。资产管理人更加专注于投资研究、投资决策和交易,资产托管人则专注于交易后线和投资监督服务。这是一种新的制度安排,通过法律规范的形式明确托管人的作用和地位,主要是为了保障资产的安全,防止和避免对资产委托人利益的侵蚀(有监管的资产托管业务运作模式见图 5-4)。

那么监管、存管和托管之间的区别是什么? 以 P2P 的资金管理为例,可以加以说明。首先根据监管层面的要求,P2P 平台是不能设立资金池的,那如何管理投资者的资金就成了一个非常重要的问题。在这种情况下,P2P 平台开始和第三方机构合作,由第三方机构对平台资金进行管理。常见的模式有存管、托管和风险金监管。那么存管、托管和监管,三者有什么区别呢?

首先,对资金的动用权限不同。监管仅限平台的风险备用金,不包括投资者的投资资金,这是与其他两者最大的区别。而存管是指平台可以随时

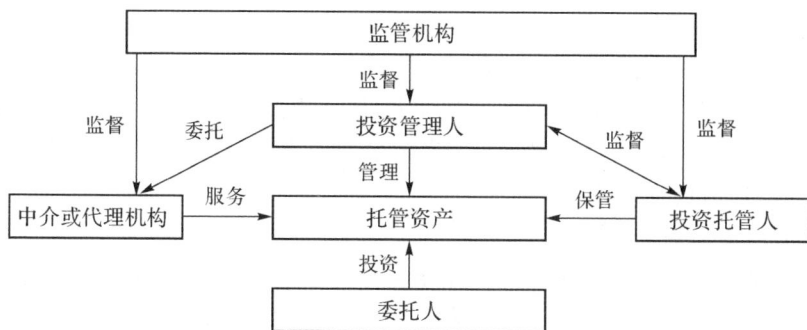

图 5-4　有监管的资产托管业务运作模式

动用资金,托管则表明平台完全不接触资金。

其次,第三方对资金的管理不同。存管第三方机构没有监督资金流向的义务,托管第三方直接管理、监督投资资金的去向和用途,监管第三方会定期出具监管报告,对风险备用金的总额、流向、用途等信息进行披露。

2017 年 7 月 18 日出台的《关于促进互联网金融健康发展的指导意见》中首次明确:"除另有规定,从业机构应当选择符合条件的银行业金融机构作为客户资金存管机构。"

特别值得指出的是:存管是指 P2P 平台将交易资金、风险备用金等存放在第三方账户中,常见的有银行账户和第三方支付平台的账户。也就是说,如果只是资金存管,第三方不会对资金的存取做任何限制。因此,存管并不能有效保障投资者的资金安全,也无法避免平台跑路情况的发生。

存管和托管的最大区别在于,在托管模式下,平台不能随意动用资金,而是由第三方托管机构对资金进行管理,这样可以大大降低平台倒闭或跑路对投资者造成的损失。例如民生银行进行的是"托管"而非"存管"。投资者需要注意的是,托管对银行的职责要求更加严格一些,要对项目真实性进行调查。如果 P2P 平台选择的是存管,银行要对 P2P 做到真正 100% 的项目调查是很难的,存管银行是不会对投资人进行本息保障的。

以上基本就是与资金流出相关的投资理财业务,资金的融通中,更为重要的是筹措资金,即获得资金的流入。下面我们再谈谈与资金流入相关的业务,最为常见的一种就是银行贷款业务。

5.1.3　贷款业务

我们获取资金最常见的途径就是银行贷款了。银行信贷业务又被称为信贷资产或贷款业务,是商业银行最重要的资产业务,通过放款收回本金和利息，扣除成本后获得利润，所以信贷是传统商业银行的主要赢利手段。

由于放款脱离了银行的控制，不能按时收回本息的风险较大，所以对信贷应在遵守合同法和贷款通则的基础上，建立严格的贷款制度，其主要内容是：建立贷款关系、贷款申请、贷前调查、贷款审批及发放、贷后检查、贷款收回与展期、信贷制裁等制度。

1. 贷款业务分类

根据贷款主体的不同，贷款可分为自营贷款、委托贷款和特定贷款三种。其中委托贷款指委托人提供资金，银行作为受托人按委托人指定的对象、用途、金额、期限和利率等条件办理贷款的手续，只收取手续费，不承担贷款的风险。特定贷款是指经国务院批准并对贷款可能造成的损失采取相应的补救措施后，责成国有独资银行发放的贷款。

根据借款人信用的不同，贷款还可分为信用贷款、担保贷款（保证贷款、抵押贷款、质押贷款）、票据贴现等种类。

根据贷款用途的不同，可分为流动资金贷款、固定资产贷款、工业贷款、农业贷款、消费贷款和商业贷款等种类。无论何种贷款，除了经贷款人审查、评估，确认借款人资信良好，确能偿还贷款的，可以不提供担保外，其他的借款人均应提供担保。

根据借款人的不同，银行贷款一般分为个人贷款与公司贷款。

其中个人贷款又可以分为：

i. 个人住房贷款

个人住房贷款是个人贷款最主要的组成部分，主要包括个人住房按揭贷款、二手房贷款、公积金个人住房贷款以及个人住房组合贷款等。

ii. 个人消费贷款

个人消费贷款一般包括个人汽车贷款、助学贷款、个人消费额度贷款、个人住房装修贷款、个人耐用品贷款、个人权利质押贷款等。

iii. 个人经营贷款

个人经营贷款是指银行对自然人发放的，用于合法生产经营的贷款。个人申请经营贷款，一般需要有一个经营实体作为借款基础。经营实体，一般包括个体工商户、个人独资企业投资人、合伙企业合伙人等。

iv. 个人小额信用贷款

个人小额信用贷款（包括信用卡贷款，或称为信用卡分期业务）是银行或其他金融机构向资信良好的借款人发放的无须提供担保的人民币信用贷款。以个人信用及还款能力为基础，额度一般不会超过 20 万元，借款期不等。

而公司贷款又可以分为：

i. 流动资金贷款

是为了弥补企业流动资产循环中所出现的资金缺口，满足企业在生产经营过程中临时性、季节性的流动资金需求，或者企业在生产经营过程中长期平均占用的流动资金需求，保证生产经营活动的正常进行而发放的贷款。

ii. 固定资产贷款

又称为项目贷款，是为了弥补企业固定资产循环中所出现的资金缺口，用于企业新建、扩建、改造、购置固定资产投资项目的贷款。

iii. 房地产贷款

是指与房产或者地产的开发、经营、消费活动有关的贷款，主要包括房地产开发贷款、土地储备贷款、法人商用房按揭贷款和个人住房贷款四大类。

iv. 贸易融资

可以分为国内贸易融资和国际贸易融资两大类。国内贸易融资是指在国内商品交易中产生的存货、预付款、应收账款等资产进行的融资。国际贸易融资按进口方银行提供的服务对象不同，可以分为两大类：一类是进口方银行为进口商提供的服务，另一类是出口方银行为出口商提供的服务。

2. 金融机构资金来源

金融机构又是通过什么途径来获取资金的呢？一般来说，银行等金融机构的资金有五大来源，即股本投入、吸收存款、同业拆借、发行债券和资金业务。

（1）股本投入

就是金融机构成立时，股东投入的资金，这个占比不大。

（2）吸收存款

也称为对客户的负债，即个人和企业存入的资金，这是金融机构资金的主要来源。

（3）同业拆借

同业拆借是某一金融机构为了应付短时间资金不足而向其他金融机构的借款，时间很短，占比很小。

（4）发行债券

金融债券是由银行和非银行金融机构发行的债券。在英、美等欧美国家，金融机构发行的债券归类于公司债券。在中国、日本等国家，金融机构发行的债券称为金融债券。金融债券能够较有效地解决银行等金融机构的资金来源不足和期限不匹配的矛盾。

存款资金的特点之一，是在经济发生动荡的时候，易发生储户争相提款的现象，从而造成资金来源不稳定。而向其他商业银行或中央银行借款所得的资金主要是短期资金，金融机构往往需要进行一些期限较长的投融资，这样就出现了资金来源和资金运用在期限上的矛盾，发行金融债券比较有效地解决了这个矛盾。

债券在到期之前一般不能提前兑换，只能在市场上转让，从而保证了所筹集资金的稳定性。同时，金融机构发行债券时可以灵活规定期限，比如为了一些长期项目投资，可以发行期限较长的债券。因此，发行金融债券可以使金融机构筹措到稳定且期限灵活的资金，从而有利于优化资产结构，扩大长期投资业务。由于银行等金融机构在一国经济中占有较特殊的地位，政府对它们的运营又有严格的监管，因此，金融债券的资信通常高于其他非金融机构债券，违约风险相对较小，具有较高的安全性。所以，金融债券的利率通常低于一般的企业债券，但高于风险更小的国债和银行储蓄存款利率。

（5）资金业务

资金业务是除贷款之外最重要的资金运用渠道，也是银行重要的资金来源渠道。银行通过吸收存款、发行债券以及吸收股东投资等方式获得资金后，除了用于发放贷款以获得贷款利息外，其余的一部分用于投资交易以获得投资回报。

资金业务按照业务种类的不同可以分为：长短期资金业务、债券业务、外汇业务、衍生品业务、货币业务、票据业务等。

其中长短期资金业务包含：央行票据、短期国债、短期融资券、回购/逆回购、同业资金拆借、投资担保、货币市场基金。

其中债券业务包含：国债、公司债、企业债、金融债。国债是指中央政府（通常是财政部）为筹集资金而发行的一种债券，政府向投资人承诺还本付息。

目前，我国的公司债所包含的范围是特定的，并非广义上的公司债，即不包括企业债和金融债。我国的公司债是指有限公司和股份公司发行的债券。

企业债特指我国境内具有法人资格的非上市公司企业发行的债券。

金融债是指我国的政策性银行、商业银行、企业集团、财务公司及其他金融机构发行的债券。

资金业务是银行资金的运用渠道，同时也是银行资金的来源渠道，资金的获取和运用有时是循环交替进行的。资金的融通水乳交融，互为前提，交替进行。

5.1.4 金融体系

了解了资金的流入与流出之后,我们再来介绍一下资金流动的管道与框架,即一个国家的金融体系。金融体系是一个经济体中资金流动的基本框架,它是资金流动的工具(金融资产)、市场参与者(中介机构)和交易方式(市场)等各金融要素构成的综合体,同时,由于金融活动具有很强的外部性,在一定程度上可以视为准公共产品。因此,政府的管制框架也是金融体系中一个密不可分的组成部分。

准公共产品的概念来自公共物品理论。公共物品理论认为,公共物品可以被划分为纯公共物品和准公共物品。

纯公共物品一般具有规模经济的特征。纯公共物品消费上不存在"拥挤效应",不可能通过特定的技术手段进行排他性使用,否则代价将非常高昂。国防、国家安全、法律秩序等属于典型的纯公共物品。

准公共物品的范围十分广泛,它介于私人物品和纯公共物品之间。纯公共产品的范围是比较狭小的,但准公共产品的范围较宽。如教育、文化、广播、电视、医院、应用科学研究、体育、公路、农林技术推广等事业单位,其向社会提供的属于准公共产品。此外,实行企业核算的自来水、供电、邮政、市政建设、铁路、港口、码头、城市公共交通等,也属于准公共产品的范围。

在现实中,世界各国具有不同的金融体系,很难应用一个相对统一的模式进行概括。各国金融体系呈现出不同的特点,有由银行主导支配的金融体系,比如德国,几家大银行起支配作用,像德国商业银行、德意志银行、德国邮政银行、德国中央合作银行、德雷斯登银行、德国发展银行等等,金融市场很不重要;另一个极端是美国,金融市场作用很大,而银行的集中程度很小。在这两个极端之间是其他一些国家,例如日本、法国传统上是以银行为主的体制,但是近年来金融市场发展很快,而且作用越来越大;加拿大与英国的金融市场比德国发达,但是银行部门的集中程度高于美国。由于现实中不同国家的金融制度差异较大,因此很多研究认为,存在着不同的金融体系。一是以英、美为代表的市场主导型金融体系,二是以法、德、日为代表的银行主导型金融体系。

在美国,银行资产对 GDP 的比重为 53%,只有德国的三分之一;相反,美国的股票市值对 GDP 的比重为 82%,大约比德国高三倍。因此,美国、英国的金融体制常常被称为"市场主导型",而德国、法国、日本则被称为是"银行主导型"。

尽管世界各国金融体系的差异性较大,然而从一般性意义上来分析,一个金融体系通常包括几个相互关联的组成部分。

第一,金融部门(Financial Sector),各种金融机构、市场,它们为经济中的非金融部门提供金融服务;

第二,融资模式与公司治理(Financing Pattern and Corporate Governance),居民、企业、政府的融资行为以及基本融资工具,协调公司参与者各方利益的组织框架;

第三,监管体制(Regulation System)。

但是,金融体系并不是这些部分的简单相加,而是相互适应与协调。因此,不同金融体系之间的区别,不仅是其构成部分之间的差别,而且是它们相互关系与协调关系的不同。

金融体系包括金融调控体系、金融企业体系(组织体系)、金融监管体系(金融监管体制)、金融市场体系(资本市场)、金融环境体系五个方面。

1. 金融调控体系

金融调控体系既是国家宏观调控体系的组成部分,包括货币政策与财政政策的配合、保持币值稳定和总量平衡、健全传导机制、做好统计监测工作、提高调控水平等,又是金融宏观调控机制,包括利率市场化、利率形成机制、汇率形成机制、资本项目可兑换、支付清算系统、金融市场(货币、资本、保险)等。

2. 金融企业体系

金融企业体系,既包括商业银行、证券公司、保险公司、信托投资公司等现代金融企业,又包括中央银行、国有商业银行上市、政策性银行、金融资产管理公司、中小金融机构的重组改革、发展各种所有制金融企业、农村信用社等。

3. 金融监管体系

金融监管体系包括健全金融风险监控、预警和处置机制、实行市场退出制度、增强监管信息透明度、接受社会监督、处理好监管与支持金融创新的关系、建立监管协调机制(银行、证券、保险及与央行、财政部门)等。

例如分业经营分业监管(银保监会、证监会),以及混业经营统一监管等。

4. 金融市场体系

金融市场体系包括扩大直接融资,建立多层次资本市场体系,完善资本市场结构,丰富资本市场产品,推进风险投资和创业板市场建设,拓展债券市场、扩大公司债券发行规模,发展机构投资者,完善交易、登记和结算体系,稳步发展期货市场。

5. 金融环境体系

金融环境体系包括建立健全现代产权制度、完善公司法人治理结构、建设全国统一市场、建立健全社会信用体系、转变政府经济管理职能、深化投资体制改革等。

按我国金融机构的地位和功能进行划分,中国金融体系如图 5-5 所示。

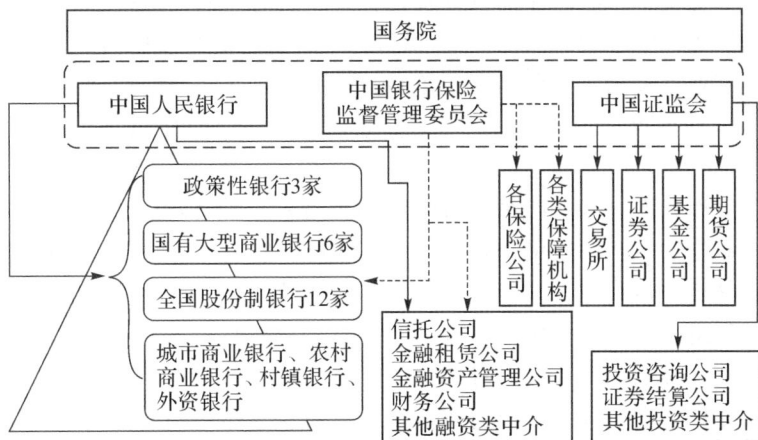

图 5-5　中国金融体系

中央银行。中国人民银行是我国的中央银行,1948 年 12 月 1 日成立。在国务院领导下,制定和执行货币政策,防范和化解金融风险,维护金融稳定,提供金融服务,加强外汇管理,支持地方经济发展。中国人民银行与中国银行的主要区别为:中国人民银行是政府的银行、银行的银行、发行的银行,不办理具体存贷款业务;中国银行则承担与工商银行、农业银行、建设银行等国有商业银行相同的职责。

金融监管机构。我国金融监管机构主要有:中国银行业监督管理委员会,简称中国银监会,2003 年 4 月成立,主要承担由中国人民银行划转出来的银行业的监管职能等,统一监督管理银行业金融机构及信托投资公司等其他金融机构;中国证券监督管理委员会,简称中国证监会,1992 年 10 月成立,依法对证券、期货业实施监督管理;中国保险监督管理委员会,简称中国保监会,1998 年 11 月设立,负责全国商业保险市场的监督管理。按照我国现有法律和有关制度规定,中国人民银行保留部分金融监管职能。

2018 年 3 月 21 日正式印发的《深化党和国家机构改革方案》提出,将中国银行业监督管理委员会和中国保险监督管理委员会的职责整合,组建中国银行保险监督管理委员会,作为国务院直属事业单位。中国银行保险监督管理委员会的主要职责是，依照法律法规统一监督管理银行业和保险业，保护金融消费者合法权益，维护银行业和保险业合法、稳健运行，防范和化解金融风险，维护金融稳定等。

国家外汇管理局。成立于 1979 年 3 月 13 日，当时由中国人民银行代管；1993 年 4 月，根据八届人大一次会议批准的国务院机构改革方案和《国务院关于部委管理的国家局设置及其有关问题的通知》，国家外汇管理局为中国人民银行管理的国家局，是依法进行外汇管理的行政机构。

国有重点金融机构监事会。监事会由国务院派出，对国务院负责，代表国家对国有重点金融机构的资产质量及国有资产的保值增值状况实施监督。

政策性金融机构。政策性金融机构由政府发起并出资成立，为贯彻和配合政府特定的经济政策和意图而进行融资和信用活动的机构。我国的政策性金融机构包括三家政策性银行：国家开发银行、中国进出口银行和中国农业发展银行。政策性银行不以营利为目的，其业务的开展受国家经济政策的约束并接受中国人民银行的业务指导。

商业性金融机构。我国的商业性金融机构包括银行业金融机构、证券机构和保险机构三大类（中国金融体系与实体经济的联系见图 5-6）。

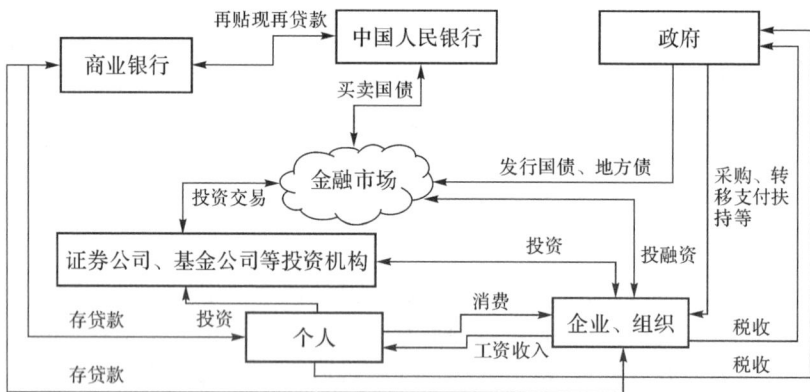

图 5-6　中国金融体系与实体经济的联系

银行业金融机构包括商业银行、信用合作机构和非银行金融机构。商业银行是指以吸收存款、发放贷款和从事中间业务为主的营利性机构，主要包括国有商业银行（中国工商银行、中国农业银行、中国银行、中国建设银行）、股份制商业银行（交通银行、中信实业银行、中国光大银行、华夏银行、中国民生银行、广东发展银行、深圳发展银行、招商银行、兴业银行、上海浦东发展银行、恒丰银行等)、城市商业银行、农村商业银行以及住房储蓄银行、外资银行和中外合资银行。信用合作机构包括城市信用社及农村信用社。非银行金融机构主要包括金融资产管理公司、信托投资公司、财务公司、租赁公司等。

证券机构是指为证券市场参与者(如融资者、投资者)提供中介服务的机构,包括证券公司、证券交易所、证券登记结算公司、证券投资咨询公司、基金管理公司等。这里所说的证券主要是指经政府有关部门批准发行和流通的股票、债券、投资基金、存托凭证等有价凭证,通过证券这种载体形式进行直接融资可以达到投资和融资的有机结合,也可以有效节约融资费用。

保险机构是指专门经营保险业务的机构,包括国有保险公司、股份制保险公司和在华从事保险业务的外资保险分公司及中外合资保险公司。

5.2　货币的支付职能

5.2.1　金融体系的功能

美国哈佛大学著名金融学教授罗伯特·默顿认为,金融体系具有以下七大基本功能。

1. 清算和支付功能

在经济货币化日益加深的情况下,建立一个有效的、适应性强的交易和支付系统乃基本需要。可靠的交易和支付系统应是金融系统的基础设施,缺乏这一系统,高昂的交易成本必然与经济低效率相伴。一个有效的支付系统对于社会交易是一种必要的条件。交换系统的发达,可以降低社会交易成本、促进社会专业化的发展,这是社会化大生产发展的必要条件,可以大大提高生产效率和技术进步。所以说,现代支付系统与现代经济增长是相伴而生的。

2. 融资功能

金融体系的融通资金功能包含两层含义:动员储蓄和提供流动性手段。

动员储蓄:金融市场和银行中介可以有效地动员全社会的储蓄资源或改进金融资源的配置。这就使初始投入的有效技术得以迅速地转化为生产力。在促进更有效地利用投资机会的同时,金融中介也可以向社会储蓄者提供相对高的回报。金融中介动员储蓄的最主要的优势在于,一是它可以分散个别投资项目的风险;二是可以为投资者提供相对较高的回报(相对于耐用消费品等实物资产）。金融系统动员储蓄可以为分散的社会资源提供聚集功能,从而发挥资源的规模效应。

提供流动性手段:金融系统提供的流动性服务,有效地解决了长期投资的资本来源问题,为长期项目投资和企业股权融资提供了可能,同时为技术进步和风险投资创造出资金供给的渠道。

3. 股权细化功能

将无法分割的大型投资项目划分为小额股份,以便中小投资者能够参与这些大型项目进行的投资。通过股权细化功能,金融体系实现了对经理的监视和对公司的控制。在现代市场经济中,公司组织发生了深刻的变化,就是股权高度分散化和公司经营职业化。这样的组织安排最大的困难在于非对称信息的存在,使投资者难以对资本运用进行有效的监督。金融系统的功能在于提供一种新的机制,就是通过外部放款人的作用对公司进行严格的监督,从而使内部投资人的利益得到保护。

4. 资源配置功能

为投资筹集充足的资源是经济起飞的必要条件。但投资效率即资源的配置效率对增长同样重要。对投资的配置有其自身的困难,即生产率风险、项目回报的信息不完全、对经营者实际能力的不可知等。这些内在的困难要求建立一个金融中介机构。在现代不确定的社会,单个的投资者是很难对公司、经理、市场条件进行评估的。金融系统的优势在于为投资者提供中介服务,并且提供一种与投资者共担风险的机制,使社会资本的投资配置更有效率。中介性金融机构提供的投资服务可以表现在:一是分散风险;二是流动性风险管理;三是进行项目评估。

5. 风险管理功能

金融体系的风险管理功能要求金融体系为中长期资本投资的不确定性即风险进行交易和定价,形成风险共担的机制。由于存在信息不对称和交易成本,金融系统和金融机构的作用就是对风险进行交易、分散和转移。如果社会风险不能找到一种交易、转移和抵补的机制,社会经济的运行不可能顺利进行。

6. 激励功能

在经济运行中激励问题之所以存在,不仅因为相互交往的经济个体的目标或利益不一致,而且因为各经济个体的目标或利益的实现受到其他个体行为或其所掌握的信息的影响。即影响某经济个体的利益的因素并不全部在该主体的控制之下,比如现代企业中所有权和控制权的分离就产生了激励问题。解决激励问题的方法很多,具体方法要受到经济体制和经济环境的影响。金融体系所提供的解决激励问题的方法是股票或者股票期权。通过让企业的管理者以及员工持有股票或者股票期权,企业的效益也会影响管理者以及员工的利益,从而使管理者和员工尽力提高企业的绩效,他们的行为不再与所有者的利益相悖,这样就解决了委托代理问题。

7. 信息提供功能

金融体系的信息提供功能意味着在金融市场上,不仅投资者可以获取各种投资品种的价格以及影响这些价格的因素的信息,而且筹资者也能获取不同的融资方式的成本的信息,管理部门能够获取金融交易是否在正常进行、各种规则是否得到遵守的信息,从而使金融体系的不同参与者都能做出各自的决策。

对金融体系产生影响的因素中,交易成本和信息不对称起着非常重要的作用。金融体系的几大功能都与这两个因素有关。

交易成本指金融交易中所花费的时间和金钱,是影响金融体系功能效率的主要因素。对个人来说,发放贷款的交易成本是非常高的。为了保护自己的资金,在发放贷款前需要调查项目、调查借款人的信用水平,聘请专门的法律人员设计完备的借款合同等。高额交易成本的存在成为资金在借、贷双方流动的阻碍。银行等金融中介机构在解决这个问题上存在较大的优势。他们具有规模经济效应,因此可以节约交易成本。金融中介从个人和企业聚集资金,再将其放贷出去。由于形成了规模经济,金融中介可以减少交易成本。

信息不对称在交易之前会造成逆向选择问题,在交易之后会导致道德风险问题。如果想在贷款市场上尽量减少逆向选择问题,就需要贷款者从不良贷款的风险中识别好的项目。道德风险的存在降低了还款的可能性,使贷款者的预期收益降低,从而降低了他们提供贷款的愿望。股东和经理人之间也存在这个问题。股东期望公司实现利润的最大化从而增加其所有者权益。而实际上,经理人的目标常常与股东的目标有所偏差。由于公司的股东人数众多且比较分散,无法对经理人进行有效的监控,经理人掌握私人信息,股东无法避免经理人隐藏信息,实施对自己有利而对股东不利的行为。

金融中介在解决信息不对称带来的道德风险和逆向选择时,也显示出了自身的优势。由于其在生产公司信息方面是专家,因此在某种程度上可以分辨信贷风险的高低。银行等金融中介从存款者那里获得资金,再将其贷给好的公司,这就保证了银行的收益。贷款发放以后,银行代表存款者对项目进行监督。一旦银行与企业签订长期贷款合同,那么其对企业的监控成本要比直接去企业监督的成本低。金融中介机构的作用是"代理监督"。可以在一定程度上解决债务人和债权人之间的委托——代理问题。当然,银行并不能完全解决信息不对称所带来的问题。银行掌握信息的优势是相对于存款者来说的,而借款者拥有的有关自身情况、项目性质等的信息是最多的。因此银行也常常面临道德风险和逆向选择问题,银行的不良资产就说明了这一点。

证券市场,特别是股票市场的相关制度安排与机制会降低代理成本,部分克服存在于资本分配中的道德风险和逆向选择。而且,股票市场的发展也有利于对公司的控制。所有者会将公司在股票市场上的表现与经理人员的报酬结合起来,从而有效地将经理人员与所有者的利益联系起来。同时,流动性使金融资产的交易成本和不确定性都会下降。一些高回报的项目要求长期资本投资,但储蓄者不可能将其储蓄押在长期投资上,因此,如果金融体系不能增加长期投资的流动性,长期项目的投资就会不足。

由此可见,利用银行融资和利用资本市场融资的主要差别集中在解决交易成本以及信息不对称所带来的道德风险、逆向选择问题上。银行在降低交易成本方面比证券市场更有优势;在信息不对称的条件下,银行解决委托和代理问题的能力也强于证券市场。这也正好可以解释为什么人们一度认为银行导向型金融体系比市场导向性金融体系更为有利于经济的发展。然而,近20年来,市场导向型体系国家,特别是美国出现了持续的经济高涨,而银行导向型体系国家相对而言竞争力明显减弱。不仅如此,银行导向型国家还在大力发展市场机制,出现了向市场导向型体系融合的趋势。其中技术进步,尤其是以互联网的成熟应用为代表的互联网金融和金融科技的发展,所起的作用是不容忽视的。

5.2.2 科技发展对金融体系的影响

20世纪70年代以来,国际金融市场上最显著的三个变化是:资产证券化、金融市场国际化和网上交易。计算机技术的进步以及互联网的高速发展是这些变化的重要物质基础。

1)资产证券化。证券化是将非流动性金融资产转变为可交易的资本市场工具。由计算机纪录,金融机构发现他们可以将多种形式的债务组合绑在一起,集合利息和本金,再将其卖给第三方。证券化开始于70年代的汽车贷款,1985年证券化的汽车贷款只发行了90亿美元,1986年就发展到了100亿美元。计算机技术还使得金融机构可以为市场的特殊需求量身定做有价证券,集合抵押债务就是例子。计算机化使集合抵押债务可以划分为几级,每级根据不同的风险等级获取不同的收益。

2)计算机技术是网上交易的关键。网上交易可以使大宗的股票及其他有价证券买卖通过网络进行。大大节省了交易成本。同时它还打破了参与交易者在地理上的局限性,使得交易者无论身处何地都可以即时参与交易。虽然网络安全问题仍然存在,但证券市场的网上交易与其他类型的电子商务一样都被认为是有着广阔前景的发展方向。

3)计算机和先进的电子通信技术还是金融市场国际化的重要动力。技术的进步使得交易者可以在全球传递股票价格和即时信息。交易者可以不受市场营业时间的限制,国际交流的低成本使对外投资更为容易了。证券市场的电子化开始于 1971 年,美国全国证券交易商协会自动报价系统即NASDAQ 成为世界上第一个电子化证券市场。在欧洲,证券市场电子化进程从 1986 年开始。英国建立了最新的“证券交易所自动报价系统”,以卫星线路与纽约、东京相连的电子计算机进行,实现了一天 24 小时的全球证券交易。

1. 技术进步对金融体系的影响

上述变化使金融体系也相应发生了改变,包括:

(1)债务市场规模更大、越来越多的债务工具开始可交易了

信息技术的进步减少了金融市场中的信息不对称,减轻了逆向选择和道德风险问题。使得不透明的资产变成了信息充分的有价证券,交易成本也下降了。交易成本的下降增加了这类债务的供给并加强了他们的流动性。因此,债务市场发展起来。而这种债务已经不仅仅以银行贷款的形式出现了,它通常作为新兴的金融产品在证券市场上进行交易,如 CMO 债券(Collateralized Mortgage Obligation,抵押担保债券)等。

(2)衍生产品市场发展起来,企业交易的市场风险成本降低

衍生品市场在 70 年代出现,目前网络交易衍生品市场迅速发展。它们是应供求两方面的需要而出现的。需求方面,波动的宏观经济,与此相关的汇率和利率也不稳定,这提高了企业对更好地管理系统风险的需要;供给方面,金融理论的发展使得金融机构可以以较低的成本在这些市场上运作,特别是金融工程学为资本定价和风险管理提供了理论依据。

(3)支付体系向电子体系发展,显著降低了交易成本

与传统的支付方式相比,电子支付有许多优势:第一,电子支付是通过网络以先进安全的数字信息技术来完成的支付行为,满足现代化社会高效便捷的商务活动需求,加快资金周转速度,降低企业的资金成本。第二,网

上支付使用开放的互联网平台,使商家和消费者很方便地加入电子支付系统。电子支付系统可以跨越时空,提供全球 7 天 24 小时的服务保证,使交易者能够足不出户,随时随地在很短的时间内进行消费支付活动。第三,电子支付通过网络和计算机实现,可以使银行节省许多办公场地、物资和人力,有助于降低交易成本。

互联网的出现还带来了第三方支付的飞速发展。第三方支付前端直接面向网上客户,后端连接各家银行,因此,在交易过程中承担着资金数据的接收、处理、传递、跨行结算等职能,俨然就是一个非银行支付清算组织。新型的非银行支付清算组织与传统的银行支付清算组织开展竞争,也大大降低了交易成本。

2. 互联网时代:银行优势被削弱

技术进步对金融体系的影响是通过对交易成本和信息不对称问题的解决而实现的。它对交易成本的影响在于:计算机的出现以及便宜的数据传输导致了交易成本的锐减。通过增加交易的数量,以及让金融机构以低成本提供新的产品和服务,而使得金融体系的效率更高。计算机和通信技术合称信息技术(IT, Information Technology),它对金融市场信息对称产生了深远的影响。投资者可以更容易地识别不良贷款的风险,或去监督企业,从而减少逆向选择和道德风险的问题。结果是,发行可交易证券的障碍减少,从而鼓励了发行。由此导致的必然结果是人们对银行的依赖程度降低,银行在金融体系中的重要性被削弱;与此同时,证券市场在解决以上两个问题时相对于银行的劣势在很大限度上也得到了弥补,而在流动性上的优势得以发挥,其重要性也日益凸显出来。因此,银行主导型金融体系表现出向市场主导型金融体系融合的趋势。

5.2.3 间接融资与直接融资

在传统的融资过程中,一开始人们只能凭借自身的亲情网、关系网获得融资,其中的信用关系是建立在血缘关系或者社会关系基础之上的原始信用。随着融资需求的扩大,当信用通过朋友的朋友(个人中介)进行传递时,就出现了间接融资的雏形。随着金融体系的不断发展,银行的出现就成为最具代表性的资金中介或者说是信用中介(机构中介)。由此,间接融资形态就大规模地发展起来,在一段时间内逐渐成为资金融通的社会主流。

间接融资一般包括公开债务融资和非公开债务融资。

非公开债务融资包括银行贷款、政府贷款、信托贷款和企业与个人借贷。银行贷款是以银行为经营主体,按信贷规则运作,要求资产安全和资金回流,风险取决于资产质量。公开债务融资指的是在证券市场上公开发行债券,目前国内包括企业债、短期融资债券和未来即将放开的公司债。发行债券的优缺点介于上市和银行借款之间,是一种实用的融资手段,但关键是选好发债时机。这里之所以称企业债为间接融资,是因为它发行的债券不是自己直接销售的,而是交给银行或者其他第三方金融机构代为销售。所以企业如果直接销售债券可以认为属于直接融资,而银行、证券公司代为销售企业债券则属于间接融资。

直接融资不同于间接融资,是没有金融中介机构介入的资金融通方式。在这种融资方式下,在一定时期内,资金盈余单位通过直接与资金需求单位协议,或在金融市场上购买资金需求单位所发行的有价证券,将货币资金提供给需求单位使用。商业信用、企业发行股票和债券,以及企业之间、个人之间的直接借贷,均属于直接融资。直接融资是资金直供方式,与间接金融相比,投融资双方都有较多的选择自由。而且,对投资者来说收益较高,对筹资者来说成本又比较低。但由于筹资人资信程度很不一样,造成了债权人承担的风险程度很不相同,且部分直接金融资金具有不可逆性。

5.2.4　货币的五大职能

无论是直接融资还是间接融资,一般均通过支付的形式进行资金的划转,而支付的数量的上限则来自整个国家全社会的货币总量。

在发达的商品经济条件下,货币具有价值尺度、流通手段、贮藏手段、支付手段和世界货币五大职能。价值尺度和流通手段是货币的基本职能,其他三种职能是在商品经济发展中陆续出现的。

货币作为价值尺度,就是货币以自己为尺度来表现和衡量其他一切商品的价值。为什么货币能衡量其他商品的价值呢?这是因为人们对于货币形成了价值共识,价值共识并不一定需要货币本身具备价值,比如远古时候的货币可以是一块巨大的石头,或者是一串贝壳。只要有了价值共识,在共识的基础上就可以以货币为尺度衡量其他任何物品的价值。这就如同尺子之所以能衡量其他一切物品的长度,是因为人们定义了长度单位,对于尺子的长度达成了共识。

货币作为流通手段,也就是货币充当商品交换的媒介。在货币执行流通手段这一作用的情况下,商品与商品不再是互相直接交换,而是以货币为媒介来进行交换。商品所有者先把自己的商品换成货币,然后再用货币去交换其他的商品。这种有货币作媒介的商品交换,叫作商品流通。由物物交换过渡到商品流通,意味着商品经济的效率有了进一步的提升。因为,在这种条件下商品的卖与买可以被分解为两个独立的过程，可以各自独立开展。如果两者不能分离（比如物物交换中买方需要卖方的货物而且恰好卖方也正好需要买方的货物），则要恰好匹配买卖双方，是比较困难和低效的。

因此货币是人类社会的一个伟大发明和巨大进步。除了人类，可以说地球上任何其他物种都没有货币这个概念。货币是人们从生活中抽象出来的一个概念。它能使我们的经济效率得到飞速提高，就像红绿灯也是人们抽象出来的一个概念，它能使我们的交通效率得到极大提高。

货币作为支付手段，在融资借贷、支付工资以及交纳税款等场合，由于很多商品生产者互相欠债，他们之间很容易就会形成债务链。而债务链往往会锁死经济的发展，让整个社会的经济发展陷入低迷状态。因为欠债或者说借贷无法立即偿还，导致缺乏资金去推动进一步的经济活动，而没有进一步的经济行为，就更加无法获得资金，从而导致资金缺乏的恶性循环，经济陷入放缓甚至停滞状态。

5.3　货币数量对宏观经济的影响

据称我国经济学家马寅初曾经讲过这样一个故事："有个赶考的书生到旅店投宿，拿出十两银子要挑最好的房间。店主立刻用它到隔壁的米店付了欠单，米店老板转身去屠夫处还了肉钱，屠夫拿着钱去找猪农还了猪钱，猪农马上去付清了赊欠的饲料款，饲料商赶紧到旅店还了房钱，就这样，十两银子又到了店主的手里。这时，书生来说房间不合适，要回银子就走了。虽然店主一文钱也没赚到，大家却把债务都还清了，所以钱的流通越快越好，这就是经济学。"从这个朴素的故事中，我们可以体会到货币的数量以及流通速度的确对于经济的发展有着至关重要的作用。

5.3.1　货币乘数效应

在现代的金融制度和体系中，中央银行是从现代商业银行中分离出来逐渐演变而成的。首先，中央银行的产生是集中统一银行券发行的需要；其次，中央银行的产生是统一票据交换及清算的需要；再次，中央银行的产生是"最后贷款人"的需要；最后，中央银行的产生是对金融业统一管理的需要。正是由于银行券发行的集中、票据清算、最后贷款人和监管的需要，一些大的商业银行逐渐从商业银行体系中分离出来，演化成为中央银行。

随着中央银行制度的不断发展和完善，中央银行在整个金融体系中已居于核心地位,它不仅具有管理和服务的双重职能,而且代表政府制订和执行货币政策。

中央银行的职责之一是发行法定货币。但是我们注意到货币通过央行的发行进入银行体系之后,通过商业银行的信贷和吸储的放大作用会表现出所谓的货币乘数效应。也就是说流通中的货币数量将大于央行释放出的基础货币,也就是发生了存款创造。

存款创造的前提条件是部分准备金制度和非现金结算制度。部分准备金制度又称存款法定准备金制度,是指为防止信用过度创造,国家以法律形式规定商业银行的存款必须按一定比例上缴中央银行作为法定存款准备金,商业银行不得动用,其余部分可以用于放款的制度。故提高法定存款准备金对银行信贷能力有很强的制约作用。假定商业银行收到 1000 元货币,总要按照 20% 的存款保证金要求而保留 200 元,仅能向社会贷款 800 元。而得到 800 元的公司或者个人,又会将其全部存入商业银行,因此商业将会第二次获得 800 元货币存款,同理又可以将 800 元的 80% 全部贷款给社会,如此往复(货币供给乘数是法定存款准备金的倒数见图 5-7),就形成了乘数效应。

$$1000+1000(1-20\%)+1000(1-20\%)^2$$
$$+1000(1-20\%)^3+\cdots$$
$$=1000\times\frac{1}{1-(1-20\%)}$$
$$=1000\times\frac{1}{20\%}$$
$$=5000$$

$$\Delta D=\Delta R\cdot\frac{1}{rr}$$

原始存款 ΔR
派生存款 $=\Delta D-\Delta R$
存款准备金率 rr
支票存款总额 ΔD

图 5-7　货币供给乘数是法定存款准备金的倒数

货币乘数论的模型大体可以分成简单乘数模型和复杂乘数模型两类。以简单乘数模型为例:

$$m=\frac{1}{r}$$

其中 m 代表 multiplier,是货币乘数,它等于存款准备金率 r 的倒数。这个简单模型的结论是建立在两个基本假设基础上的:假定商业银行经营中不保留超额准备金,基础货币也不以任何形式漏出存款领域。

在实际中这里隐含的两个假定通常会被违反:第一,商业银行没有超额储备,而每一个商业银行考虑到要应付客户的经常性地提取现金往往会保留有一部分超额储备。第二,银行客户将一切货币存入银行,支付完全以支票进行。显然这种假定很难符合现实经济生活。在现实经济生活中,每一位银行客户都会考虑到日常生活中的零星支付而保留一部分现金,这样的结果必须使货币乘数下降。

非现金结算制度是指个人可以通过开出支票进行货币支付,银行之间的往来通过转账结算,无须有现金。这样,银行可以通过记账的方式发放贷款,从而进行信用扩张。如果贷款被提现,那么等量的资金就会漏出银行系统。但只要这部分漏出的准备金再存入银行,被银行系统吸收,那么存款货币的创造就会重新开始,并持续下去。只有当人们所提取的现金不再存入银行的时候,存款货币的创造才会停止,而非现金结算制度的出现正是保证了这一情况不会发生。非现金结算制度是银行制度的重要组成部分,它使得支票存款具有了货币的交易媒介职能和支付手段的功能。于是人们在取得贷款后,不再提现,从而确保准备金保留在银行体系内部不断循环,存款货币创造过程才得以继续。

假定存款总量为 Dpst,现金水平为 Cash 和超额准备金为 ER(Excess Reserve),则,由于银行体系的准备金总额 R 等于法定准备金 RR 和超额准备金 ER 之和:

$$R = RR + ER$$

而基础货币 MB (Monetary Base)等于现金 Cash 和准备金 R 之和:

$$MB = Cash + RR + ER$$
$$MB = c \times Dpst + RR + e \times Dpst$$

而法定准备金总额 RR 等于法定准备金率 r 乘以存款总量 Dpst:

$$MB = c \times Dpst + r \times Dpst + e \times Dpst$$
$$Dpst = \frac{1}{r+e+c} \times MB$$

由于货币供给 Ms 等于现金 Cash 加上存款总额 Dpst,

$$Ms = Cast + Dpst = c \times Dpst + Dpst = (1+c) \times Dpst$$
$$= (1+c) \times \frac{1}{r+e+c} \times MB$$
$$Ms = \frac{1+c}{r+e+c} \times MB$$
$$M = \frac{Ms}{MB} = \frac{1+c}{r+e+c}$$

因此,复杂乘数模型可以表达为:

$$M = \frac{1+c}{r+e+c}$$

事实上,我们如此关注社会中货币的流通数量,是因为货币数量将对经济的发展产生巨大的影响,而费雪方程式将可以清楚地展现出货币及支付系统与经济的联动关系。

5.3.2　费雪方程式

货币供应量和物价的关系可以用费雪方程式 $MV=PQ$ 表示,其中 M 为货币供应量,V 为货币流通速度,P 为平均价格水平,Q 为交易的商品总量,MV 的乘积称为货币流量或货币流通量。该方程式说明在 V、Q 比较稳定时,货币供应量 M 决定物价 P。其中 V 为货币流通速度又代表了社会支付系统的效率,效率越高,则 V 越大,所需要的货币数量 M 就相应较少。

例如:某国商品 2000 亿件,单价 15,货币流通 3 次,但国家实际发行货币多出了 2500 亿,问货币贬值多少? 物价上涨多少?

根据费雪方程 $MV=PQ$,即发行货币总量×货币流通次数＝商品数量×平均价格。

投入货币之前的货币总流通量,$2000×15/3=10000$ 亿

投入货币之后的货币总流通量,$2000×15/3+2500=12500$ 亿

原来的 10000 亿与后来的 12500 亿,$10000/12500=80\%$,因此贬值 20%。

投入货币之后的商品均价,$12500×3/2000=18.75$　$18.75/15=125\%$,因此物价上涨 25%。

新货币主义学者弗里德曼曾认为,由于货币流通速度决定于一国的支付习惯、有关交易的财政金融制度等原因,使它具有一种高度的稳定性和规律性。他根据美国近百年来的经济统计资料,算出美国货币流通速度每年递减约百分之一,但在正常情况下,相近年度货币流通速度变化甚微。据此,为防止货币本身成为经济失调的主要源泉,弗里德曼提出了"单一规则"的货币政策,即货币供应量增长率与经济增长率相一致,把货币供应量(货币存量)作为货币政策中间目标。我们可以看出"单一货币规则",是以货币流通速度稳定为前提。但是货币流通速度并不一定总是保持稳定的。中国也是把货币供应量(货币存量)作为中间目标的国家,而中国的货币流通速度是否稳定,是仅监控货币供应量,还是须控制货币流通量却值得考察。

由于央行发行的基础货币数量将会被商业银行体系加以放大,而货币数量的多少又与经济发展息息相关,因此央行在制定其货币政策的时候必须考虑到货币数量的乘数效应。

第6章　货币政策

一国中央银行的货币政策通过货币的乘数效应决定了货币供应量,而由费雪方程式可知货币供应数量将极大影响经济发展。同时货币政策的实施也越来越依赖于支付系统,支持货币政策的实施这也是支付系统重要的功能之一。

6.1　中央银行发行和控制基础货币

6.1.1　央行资产负债表

1. 其他国外资产:外汇缴准

央行的资产主要包括国外资产和国内资产两大类,央行资产负债表见图 6-1。

其中国外资产中以外汇(即外汇占款)为主要形式。外汇占款是指国内企业通过出口贸易赚取外汇之后获得的外币无法直接在国内市场使用,而根据监管规定必须兑换为人民币在国内使用。在此规则下,央行将通过各大商业银行归集企业赚取的外币,同时发行人民币作为向企业购买外汇的资金,这部分由于换取外汇而增发的人民币被称为外汇占款,外汇占款来源及用途见图 6-2。

其他国外资产主要包括央行持有的国际货币基金组织(IMF)头寸、特别提款权(SDRs)、其他多边合作银行的股权、其他存款性公司以外汇缴存

图 6-1　央行资产负债表

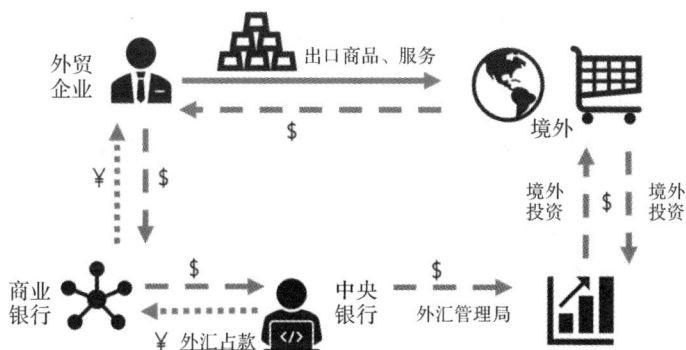

图 6-2　外汇占款来源及用途

的人民币准备金①（简称外汇缴准）等。注意这里要区分"外汇缴存的人民币准备金（它是针对商业银行人民币存款的，是用来换取央行释放人民币给商业银行，类似于外汇占款，因此外汇缴准属于央行资产）"和"以外汇形式缴存准备金（它是针对商业银行外汇存款的，央行没有释放人民币给商业银行，属于央行负债）"这两个不同的概念。

首先来分析国内商业银行的外汇缴准。在高通胀和人民币强升值的矛盾下，外汇缴准可以兼顾双重目标。比如 2021 年 2 月央行资产负债表中

---

① 这是一个临时政策。2007 年 9 月 25 日央行要求全国性商业银行须用外汇缴纳上调的存款准备金。这样回笼人民币流动性的同时，减少外汇储备压力。

"其他国外资产"项增长较为明显,很有可能商业银行采用了外汇缴准这一操作,其效果上类似一次小额的"降准"操作,一定程度上可以带来较为宽松的市场资金局面。外汇缴准是一项容易被忽略的流动性投放渠道。理论上,以外汇形式的资金缴纳法定存款准备金,在效果上等同于为相应数量的人民币解冻,而由流动性较差的境内外汇资产代替,有缴准之名而无缴准之实。所以其结果既可以维持人民币流动性,又能缓解商业银行外汇资产流动性管理压力或是外汇资产负债匹配压力。

而外汇存款准备金(简称外汇存准)是指金融机构按照规定将其吸收外汇存款的一定比例交存中国人民银行的存款。其中,美元、港币存款按原币种计算缴存存款准备金,其他币种的外汇存款折算成美元缴存。外汇存款准备金率则指金融机构交存央行的外汇存款准备金与其吸收外汇存款的比率。外汇存款准备金率是央行应对人民币升值的工具之一,自 2021 年 12 月 15 日起,外汇存款准备金率由之前的 7％已提高到了 9％。

事实上"外汇缴准"和"外汇存准"这两种操作间也存在一定的关联关系。比如央行上调外汇存款准备金率,减轻人民币升值压力,但也意味着外汇缴准释放流动性的空间同时也被压缩了。

2. 特别国债

注意到央行资产负债表上中国人民银行持有的国债并不是普通国债,而是特别国债,即中央政府为了特定用途而发行的国债。

由于参与公开市场操作的普通国债规模极小,为增加基础货币投放,但市场上却没有足够多的国债来供中央银行购买,因此公开市场上一般对国债采取质押式回购(封闭式回购)的操作方式。而这种质押式回购的债券所有权并没有发生改变,只是作为质押品,所以并不体现在央行资产负债表上的"对政府债权"科目,而是作为表外科目另行记录。

为了公开市场操作,似乎应当扩大国债发行规模。一般认为国债余额占 GDP 的比例应当维持在 50％的警戒线水平以下。但国债发行规模还受到财政状况的制约,一般认为当年国债发行量与财政支出的比例应当保持在 20％的警戒线水平以下。

6.1.2　负债端监控指标:M2

为了统一金融管理、统一货币发行、实现政府对货币财富和银行业的控制,同时也为了银行间资金周转和进行账务处理的需要,通常各国都会设立一个银行的银行,即中央银行。中央银行是"货币发行的银行",对调节货币供应量、稳定币值有重要作用。中央银行还是"银行的银行",它集中保管银行的准备金,并对它们发放贷款,充当"最后贷款者"。中央银行所从事的业务不是为了营利。其主要业务有:货币发行、集中存款准备金、贷款、再贴现、黄金占款和外汇占款、为商业银行和其他金融机构办理资金的划拨清算和资金转移的业务等。《中华人民共和国中国人民银行法》于 1995 年颁布实施,第一次以法律的形式明确了中国人民银行专门行使中央银行的职能。

　　总之,中国人民银行作为中国的中央银行发行基础货币给商业银行和政策性银行,对于不同的商业银行实施不同的法定存款准备金率(央行发行货币的示意流程见图 6-3)。

DR（Deposit Reserve）
● 存款准备金率2020.1
大型商业银行13%→12.5%
中小型商业银行11%→10.5%
农商行、村镇银行7%→6%
● 存款准备金利率
法定1.62%
超额0.72%→0.35%

银行体系

实体经济
用M0、M1、M2等指标来衡量货币数量，用利率来衡量货币价格。

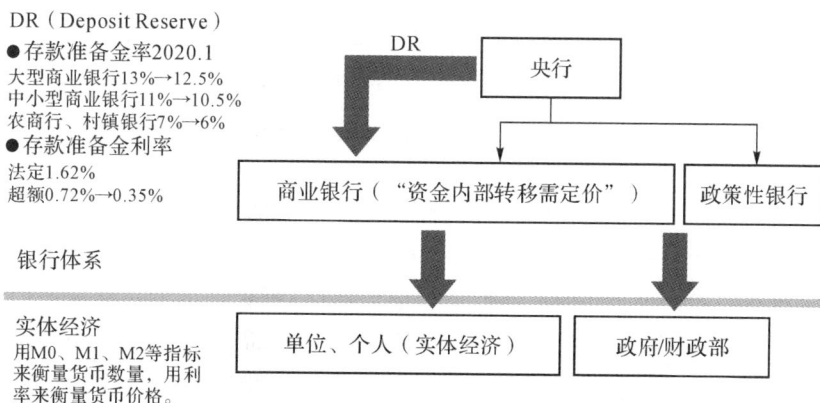

图 6-3　央行发行货币的示意流程

　　而央行支付给金融机构缴存的存款准备金(法定存款准备金和超额存款准备金)所支付的利率被称为存款准备金利率(Deposit Reserve Rate)。而获得资金的商业银行将会通过借贷等形式将资金注入实体经济层面。而在实体经济层面我们一般用 M0、M1、M2 等方式来衡量资金的流动性。现阶段我国货币供应量划分为以下三个层次:M1 是狭义货币供应量,M2 是广义货币供应量,M2 与 M1 之差是准货币。

　　M0＝流通中现金

　　M1＝M0＋可交易用存款(支票存款\转账信用卡存款)

　　M2＝M1＋非交易用存款(储蓄存款\定期存款)

　　M3＝M2＋其他货币性短期流动资产(国库券\金融债券\商业票据\大额可转让定期存单等)

　　简单而言:

　　M0＝流通中现金

　　M1＝M0＋可开支票进行支付的单位活期存款

89

M2＝M1＋居民储蓄存款＋<u>单位定期存款</u>＋单位其他存款＋证券公司客户保证金

其中，M0流通中的现金量作为最窄意义上的现金货币，M1则反映了社会的直接购买能力，商品的供应量应和M1保持合适的比例关系，不然经济会过热或萧条。M2反映了现实的购买力，也反映了潜在的购买力，研究M2，特别是掌握其构成的变化，对整个国民经济状况的分析，预测都有特别重要的意义。一般常见的经济紧缩的方法就是提高存款准备金率。

在日常生活中，M0数值高证明老百姓手头宽裕、富足。衣食无忧的情况下这种可能性更高。M1反映着经济中的现实购买力，代表着居民和企业资金松紧变化，是经济周期波动的先行指标，流动性仅次于M0。

M2不仅反映现实的购买力，还反映潜在的购买力。流动性偏弱，但反映的是社会总需求的变化和未来通货膨胀的压力状况。通常所说的货币供应量，主要指M2。货币投放的渠道有两个，一是外汇占款投放，二是通过银行信贷投放。它们的投放增长越快，M2的增速越大。

我们一般可以通过M1和M2的增长率变化来揭示宏观经济运行状况。将M2的增长率和M1的增长率进行对比，有很强的分析意义。如果M1的增长率在较长时间高于M2的增长率，说明经济扩张较快，活期存款之外的其他类型资产收益较高。这样更多的人会把定期存款和储蓄存款提出进行投资或购买股票，大量的资金表现为可随时支付的形式，使得商品和劳务市场普遍受到价格上涨的压力。影响M1数值的原因很多，例如股票市场火爆就会影响到M1的数值变化，很多人会将定期存款和部分资产变现投放到股市，促使M1加速上扬。

反之，如果M2的增速在较长时间内较M1的增速高，则说明实体经济中有利可图的投资机会在减少，可以随时购买商品和劳务的活期存款大量转变为较高利息的定期存款，货币构成中流动性较强的部分转变为流动性较弱的部分，这无疑将影响到投资继而影响到经济增长。

中央银行和各商业银行可以据此判定货币政策。M2过高而M1过低，表明投资过热、需求不旺，有危机风险；M1过高M2过低，表明需求强劲、投资不足，有涨价风险。

中国的货币政策主要通过货币发行数量控制，但也慢慢有一定程度的货币发行价格控制。数量调控主要就是货币供应量M2，但是近年来发现M2短期波动较大，而且和经济的关系不像之前那么密切了，因此M2的波动并不一定能反映经济实际情况。我们需要找到一个更好地用于货币数量调节的参考指标，而社会融资规模就是这样的一个指标，它反映了实体经济从国内金融市场所获得的资金量,可以作为制定货币政策时的重要参考。

6.1.3 资产端监控指标:社会融资增速

由于面对直接融资的逐年扩大,央行流动性管理的难度日增,为更好地执行宏观审慎政策,中国人民银行酝酿推出了基于社会融资的货币流通量统计口径——"社会融资增速指标"。该指标立足于描述社会融资规模,或将部分取代 M2(现金＋居民储蓄存款＋企事业存款)在货币政策制定过程中的参考指标地位,意味着股市等资产价格将被纳入货币政策操作的考量之中,从而有利于按照宏观审慎监管的要求来建立新的分析框架和监测范围。

2016 年的政府工作报告中提出了"两个 13％"的货币政策调控目标,即 M2(广义货币供应)增速 13％,社会融资规模余额增速 13％。这是中国第一次在国家层面提出社会融资规模的增长目标。这意味着,社会融资规模正式作为中国货币政策的调控指标。

中国 2018 年以来社会融资规模口径发生两次调整:第一次在 2018 年 7 月,央行将存款类金融机构资产支持证券 ABS 和贷款核销两项纳入社融统计;第二次在 2018 年 9 月,央行将地方政府专项债券纳入社融统计。因此,从社融定义出发对于该指标的理解是,只要同时符合"钱从金融机构来"和"钱到实体经济中去"这两项标准,都可以纳入社融统计。另外,M2 货币数量是从央行负债端来设计的一个指标,而社会融资规模则是从央行资产端进行考量而设计的指标,它们都被用来充当货币政策调控目标。

6.1.4 四类投放方式

中国央行基础货币的投放,主要有四种形式:

一是通过 DR 存款准备金方式进行(调节存款准备金率和超额存款准备金利率)。

二是货币当局以再贷款或再贴现等形式向商业银行授信(即信贷)。

三是货币当局买入外汇资产。

四是货币当局经由公开市场业务或者新型货币政策工具(PSL、SLF 等)投放。

央行基础货币的投放的四种主要形式,可以参考图 6-4。

其中要说明的是在公开市场业务中买卖标的以国债和央票为主。即中央银行的公开市场业务以金融机构为交易对手方,买卖的标的是国债。另外,中国人民银行还通过央行票据的发行、正回购交易以及外汇掉期交易等

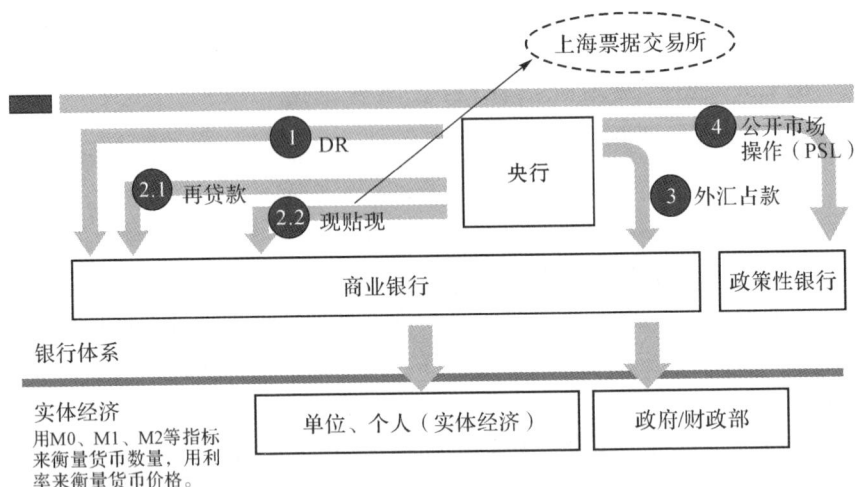

图 6-4　央行基础货币的投放的四种主要形式

途径调控基础货币在不同时间点上的数量分布。

　　而买入国债的市场也要强调是二级市场。买入国债的具体含义是向财政部门借出款项或允许其透支,但《中国人民银行法》已经不允许中央银行以这种方式投放基础货币了。《中国人民银行法》第二十九条规定,中国人民银行不得对政府财政透支,不得直接认购、包销国债和其他政府债券。第三十条规定,中国人民银行不得向地方政府、各级政府部门提供贷款,不得向非银行金融机构以及其他单位和个人提供贷款。

　　也就是说不允许央行在一级市场直接购入国债,那等同于央行直接向财政透支,这一般是不被允许的,会造成资金无度的净投放。在我国国债的一级市场一般是由大型金融机构去购买,往往商业银行购买的份额很大,一个原因是体制因素,另一个原因是国债自身安全性本来就很好,获得的利息高于同期银行存款,商业银行可以稳定获得一部分收入,一级市场由它们来购买的话,资金相当于是从商业银行手中流转到了政府手中,不会引起总量的增加。而央行一般都是从二级市场来购买,这样就可以合理地调整资金的投放和回笼,可以控制货币数量,还可以保证有序,同时货币政策也具有很强的主动性。

6.2　银行货币政策发展历程

　　基础货币对于一国的金融至关重要,中央银行有多种工具来对基础货币进行调控,即:存款准备金率、贴现率(包括贴现额度和贴现率)、信贷政策、公开市场业务和外汇占款,货币政策工具见图 6-5。

图 6-5　货币政策工具

6.2.1　贷款总量控制

一般来说存款准备金率是各国中央银行都不会轻易加以调整的,票据再贴现业务在我国也不多,中国在 1998 年之前一直是以贷款规模控制来实施自己的货币政策。1998 年 1 月中国人民银行彻底取消对商业银行的贷款规模管理,意味着中国人民银行放弃了已实行将近半个世纪的最主要的货币政策工具,开始实施现代意义的货币政策。

6.2.2　外汇占款

2003 年之前我国的基础货币主要由央行主动吐出,2003 年之后,基础货币不再由中央银行主动吐出而改为主要通过外汇占款来提供。在有管理的浮动汇率制度下,当中央银行买进外汇时,就要放出等值的基础货币,则货币供应量相应增加;当中央银行出售外汇时,则基础货币减少,货币供应量相应减少。外汇占款即央行因为持有外汇而占用的人民币资金,也就是为了经济发展和宏观调控的需要,央行买进外汇,抛出人民币,由此占用以人民计价的资产,外汇占款货币币种和流向见图 6-6。

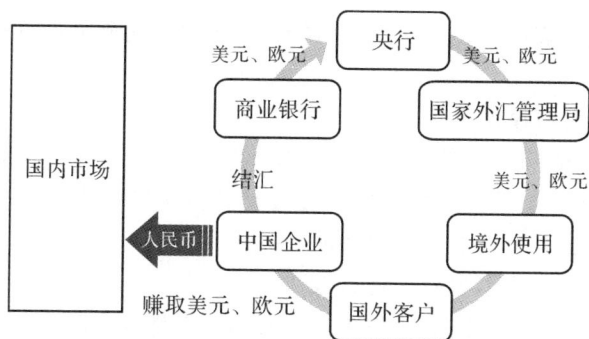

图 6-6　外汇占款货币币种和流向

2005－2008 年,我国外汇占款大幅增加。2008 年一年就增加了 3.4 万亿元。影响外汇占款有一系列的因素,权重最多的原因包括贸易顺差及外商直接投资。至 2013 年 8 月,外汇占款为 27.2 万亿元,大概占基础货币的97%。2003—2013 年,我国基础货币投放主要是靠外汇占款,但是 2014 年以来,随着国内经济转型以及国际经济的多变,新增外汇占款呈现显著下滑态势,2014 年 5 月央行口径新增外汇占款仅 3.61 亿元。外汇占款这个基础货币的依据已逐渐缺失,再贷款、PSL 等新型工具逐渐登场,正对基础货币投放形成结构性补充与替代。

6.2.3　OMO 公开市场操作——回购国债、央票

超额准备金是指商业银行及存款性金融机构在中央银行存款账户上的实际准备金超过法定准备金的部分。央行可以通过公开市场操作行为,调节商业银行的超额存款准备金。因为超额存款准备金的管理是商业银行经营管理中的一大难题,也是一门艺术。超额准备金增加,往往意味银行潜在放款能力增强,若这一部分货币资金不予运用,则意味利息的损失。同时银行为了预防意外的大额提现等现象发生,又不能使超额准备金为零,因此需要在两者之间取得平衡。

2000 年年底,中国人民银行通过公开市场业务(OMO：Open Market Operation)投放的基础货币为 1804 亿元,占当年中国人民银行新增基础货币的 63%。公开市场业务已发展成为当时我国中央银行的主要货币政策工具之一。

中国央行大力发展银行间市场,公开市场业务操作取代贷款规模限额控制,使公开市场业务逐渐成为中国人民银行日常货币政策操作的主要工具。公开市场业务的最主要工具是财政债券,长期的可以通过回购协议来实现,短期的可以买断。通过公开市场业务来吞吐基础货币,最大的优点是公开。

1. 公开市场操作特点

公开市场业务与其他货币政策工具相比,具有主动性、灵活性和时效性等特点。公开市场业务可以由中央银行充分控制其规模,中央银行有相当大的主动权;公开市场业务是灵活的,多买少卖,多卖少买都可以,对货币供应既可以进行"微调",也可以进行较大幅度的调整,具有较大的弹性;公开市场业务操作的时效性强,当中央银行发出购买或出售的意向时,交易立即可以执行,参加交易的金融机构的超额储备金相应发生变化;公开市场业务可以经常、连续地操作,必要时还可以逆向操作,由买入有价证券转为卖出有价证券,使该项政策工具不会对整个金融市场产生大的波动。

公开市场中的一级交易商,是央行选择的一批能够承担大额债券交易的商业银行等机构,作为公开市场业务的交易对象。自 2004 年起,除商业银行外,央行增加了部分证券公司、保险公司及农村信用合作联社,作为公开市场业务一级交易商。通常,央行会根据公开市场业务不同操作品种,选择不同机构类型的公开市场业务一级交易商进行交易,2017 年公开市场业务一级交易商共包括 44 家银行和 4 家券商机构。2019 年度公开市场业务一级交易商名单见图 6-7。

2. 公开市场操作业务

具体而言,公开市场操作业务在银行间债券市场进行,市场位于上海市的"中国外汇交易中心暨全国银行间同业拆借中心"(中国货币网见图 6-8),属于人民银行直属单位。

公开市场操作的品种有:

● 国债(中长期:3、5、10、30 年,财政部发行)

● 央票(短期,央行发行并回购)

中央银行票据(央票)(Central Bank Bill)是中央银行为调节商业银行超额准备金而向商业银行发行的短期债务凭证,其实质是中央银行债券,之所以叫"中央银行票据",是为了突出其短期性特点(从已发行的央行票据来看,期限最短的 3 个月,最长的也只有 3 年)。各发债主体发行的一般的债券是一种筹集资金的手段,其目的是筹集资金,即增加可用资金;而中央银行发行的央行票据是中央银行调节基础货币的一项货币政策工具,目的是减少商业银行可贷资金量。商业银行在支付认购央行票据的款项后,其直接结果就是可贷资金量的减少。

中央银行票据(央票)的作用主要有:

1) 丰富公开市场业务操作工具,弥补公开市场操作的现券不足。

引入中央银行票据后,央行可以利用票据或回购及其组合,进行"余额控制、双向操作",对中央银行票据进行滚动操作,增加了公开市场操作的灵活性和针对性,增强了执行货币政策的效果。

2) 为市场提供基准利率。

国际上一般采用短期的国债收益率作为该国基准利率。但从中国的情况来看,财政部发行的国债绝大多数是三年期以上的,短期国债市场存量极少。在财政部尚无法形成短期国债滚动发行制度的前提下,由央行发行票据,在解决公开市场操作工具不足的同时,利用设置票据期限可以完善市场利率结构,形成市场基准利率。

公开市场业务一级交易商名单(49家)

中国工商银行股份有限公司	中国农业银行股份有限公司
中国银行股份有限公司	中国建设银行股份有限公司
交通银行股份有限公司	中国邮政储蓄银行股份有限公司
国家开发银行	中国进出口银行
招商银行股份有限公司	兴业银行股份有限公司
上海浦东发展银行股份有限公司	浙商银行股份有限公司
中国光大银行股份有限公司	华夏银行股份有限公司
中信银行股份有限公司	中国民生银行股份有限公司
平安银行股份有限公司	恒丰银行股份有限公司
广发银行股份有限公司	北京银行股份有限公司
宁波银行股份有限公司	杭州银行股份有限公司
江苏银行股份有限公司	上海银行股份有限公司
徽商银行股份有限公司	南京银行股份有限公司
广州银行股份有限公司	洛阳银行股份有限公司
郑州银行股份有限公司	大连银行股份有限公司
长沙银行股份有限公司	河北银行股份有限公司
中原银行股份有限公司	厦门银行股份有限公司
青岛银行股份有限公司	九江银行股份有限公司
厦门国际银行股份有限公司	上海农村商业银行股份有限公司
广州农村商业银行股份有限公司	广东顺德农村商业银行股份有限公司
北京农村商业银行股份有限公司	重庆农村商业银行股份有限公司
渣打银行(中国)有限公司	汇丰银行(中国)有限公司
花旗银行(中国)有限公司	三菱日联银行(中国)有限公司
中信证券股份有限公司	中国国际金融股份有限公司
中债信用增进投资股份有限公司	

图 6-7　2019 年度公开市场业务一级交易商名单

3）推动货币市场的发展。

目前,中国货币市场的工具不多,由于缺少短期的货币市场工具,众多机构投资者只能去追逐长期债券,带来债券市场的长期利率风险。央行票据的发行将改变货币市场基本没有短期工具的现状,为机构投资者灵活调剂手中的头寸、减轻短期资金压力提供重要工具。

公开市场常见操作方式有:

图 6-8　中国货币网

● 　现券买卖

● 　正逆回购：回购（repo）是"出售及回购协议"（sale and repurchase agreement）的简称，而逆回购 RRP 是指 Reverse Repurchase 或 Reverse Repo。

目前来看每天央行一般都会进行公开市场操作，而不是以前的每个周二和周四才有，目前最主要的是回购操作。自 2020 年 6 月 12 日起，人民银行将每日开展公开市场操作的时间调整为每个工作日上午 9:00－9:20，9:20 发布《公开市场业务交易公告》披露操作结果。如当日不开展操作，则将在上午 9:00 发布《公开市场业务交易公告》说明相关情况。回购操作又分成两种，正回购和逆回购。正回购即中国人民银行向一级交易商卖出有价证券，并约定在未来特定日期买回有价证券的交易行为。正回购为央行从市场收回流动性的操作，正回购到期则为央行向市场投放流动性的操作。而逆回购即中国人民银行向一级交易商购买有价证券，并约定在未来特定日期将有价证券卖给一级交易商的交易行为，逆回购为央行向市场上投放流动性的操作，逆回购到期则为央行从市场收回流动性的操作。一言以蔽之，逆回购就是央行主动借钱给银行，正回购则是央行把钱从银行那里抽走。

逆回购是指央行主动借钱给银行。因为逆回购操作当日就会公布，所以是央行对流动性进行调控最透明的手段之一，并且逆回购的参与者范围较广，因而称之为公开市场操作。

3. 公开市场操作的本质：债券市场影响货币市场

央行通过市场行为，调节商业银行的超额存款准备金和国债、央票的市场存量，从而影响到货币市场的数量和价格。具体来说就是公开市场操作在银行间债券市场内进行，通过利率传导从而影响到货币市场。银行间债券市场影响到货币市场（同业拆借中心、票据交易所等），见图6-9。

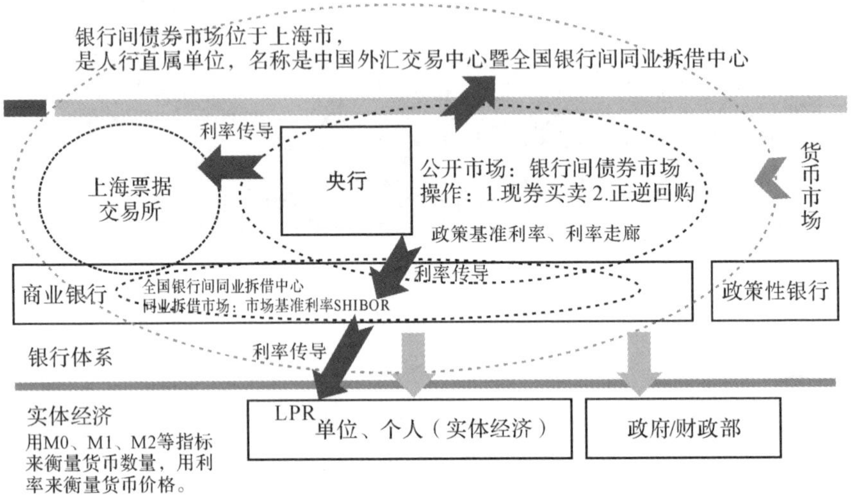

图6-9　银行间债券市场影响到货币市场（同业拆借中心、票据交易所等）

　　其中货币市场是指期限在一年以内的金融资产交易的市场。该市场的主要功能是保持金融资产的流动性，以便随时转换成可以流通的货币。它的存在，一方面满足了借款者的短期资金需求，另一方面为暂时闲置的资金找到了出路。货币市场一般指国库券、商业票据、银行承兑汇票、可转让定期存单、回购协议等短期信用工具买卖的市场。具有期限短、流动性强和风险小的特点，在货币供应量层次划分上被置于现金货币和存款货币之后，称为"准货币"，所以将该市场称为"货币市场"。货币市场由同行业拆借市场、票据市场、大额可转让定期存单市场（CD市场）、国库券市场、消费信贷市场和回购协议市场六个子市场构成。其中如票据市场位于上海票据交易所（人行直属单位），主要通过再贴现贯彻央行货币政策。而资本市场往往是指金融资产期限在一年以上的市场。

　　金融工具及其期限不同是货币市场与资本市场最大的区别。

　　货币市场上的金融工具主要有商业票据、银行承兑汇票、大额可转让定期存单、短期政府债券等。这些金融工具大多期限较短，最短的只有一天，最长的也不超过一年，大部分处于3至6个月之间。由于这些金融工具期限较短，具有很好的流动性，一向有"准货币"之称。短期金融工具的主要作用是联系资金供给者和需求者，并为中央银行实施货币政策提供操作手段。

　　资本市场上的金融工具主要有政府债券、抵押证券、公司债券以及股票等，其特点是偿还期限比较长，普遍长于一年，还有的在十年以上。其种类和货币市场金融工具相比,资本市场工具的流动性稍差,但能帮助资金进入长期投资计划,获得长远的收益。

尽管从定义上看,货币市场和资本市场的主要区别在于偿还期限不同,但在现实中,二者的区别并不仅仅限于偿还期限,还体现在二者的风险程度和收益水平不同等多方面。

由于公开市场操作的本质是通过债券市场的公开操作去影响货币市场,特别是影响到货币市场中的银行间同业拆借市场。那么银行间进行同业拆借的动力何在呢? 基本上可以归纳为以下几点:

1)补充流动性。

银行也会遇到流动性紧张的状况,也就是所谓的"钱荒",此时最直接的应对方案就是通过同业拆借来缓解流动性压力。

2)头寸调剂。

即使目前还没有钱荒,但是配置上存在一定程度的错配,则可以通过拆借来进行头寸调剂,以弥补短期头寸缺口,改善流动性覆盖率、流动性比例等监管指标。

3)主动性管理。

与前两者不同,由于市场上资金价格存在波动,出于降低负债成本、提升收益率考虑,银行会主动进行拆借/拆放,价格低时借入相对便宜的钱用于放贷或投资,价格高时贷出暂时闲置的钱以提升收益率,高抛低吸,类似于炒股的换仓操作。

4)低成本资金池。

不同银行资产负债的获取能力和管理能力是不同的,工行、农行、邮储银行等低成本负债来源充足的银行,并没有那么多渠道进行投放,不如在同业市场上投放,安全可靠无坏账。小银行获取低成本负债能力弱但资产收益高,就去同业市场拆借,再投资,相当于把一部分投资收益让渡给大行。

5)政策倾向。

同业市场另外的对象,人民银行,包括股改以后的国开行的部分操作,会进行带有政策倾向的操作,释放或者回收流动性。

6.3　新型货币政策工具

回顾历史,我国在 2004 年到 2014 年,外汇占款是基础货币的主要投放方式;2014 年以后外汇流入减少,央行不需要通过购买外汇资产稳定汇率防止过快升值,外汇占款总体下降。所以央行从 2014 年开始陆续启动了全新的基础货币或者流动性投放渠道,提出了一系列的新型货币政策工具,比如 SLF/MLF/PSL/SLO 等。

存款准备金率以及公开市场操作(包括央票发行与正、逆回购等)是数量型的货币政策工具,用于调整货币供应量;而利率则属于价格型工具,主要是通过对基准利率的调整来影响市场利率,从而影响微观主体的投资等经济行为。

6.3.1 SLF

常备借贷便利 SLF(Standing Lending Facility)的主要功能是满足金融机构短期的大额流动性需求。对象主要为政策性银行和全国性商业银行。期限为 1—3 个月。利率水平根据货币政策调控、引导市场利率的需要等综合确定。常备借贷便利以抵押方式发放,合格抵押品包括高信用评级的债券类资产及优质信贷资产等。

其主要特点如下:一是由金融机构主动发起,金融机构可根据自身流动性需求申请常备借贷便利;二是常备借贷便利是中央银行与金融机构“一对一”交易,针对性强;三是常备借贷便利的交易对手覆盖面广,通常覆盖存款类金融机构。

SLF 与央行再贷款(再贷款是无抵押的)形式接近。再贷款是央行把钱贷给商业银行,再由商业银行贷给普通客户,是央行履行“最后贷款人”职能的体现,目标是引导信贷,扶持特定行业及产业的发展。SLF 是在资金面波动、人为造成“钱荒”的背景下,向商业银行补充流动性,维持金融市场稳定。

6.3.2 MLF

中期借贷便利 MLF(Medium-term Lending Facility)的发放对象与 SLF 一致,与 SLF 最大的区别就是期限更长,一般是 3 个月、6 个月和一年。而且,央行要求金融机构把通过 MLF 申请来的贷款资金投放到“三农”和小微企业上,也就是说有一定的定向要求。

6.3.3 SLO

短期流动性调节工具 SLO(Short-term Liquidity Operations)以 7 天以内的短期回购为主,遇节假日可适当延长操作期限,采用市场化利率招标方式开展操作。人民银行根据货币调控需要,综合考虑银行体系流动性供求状况、货币市场利率水平等多种因素,灵活决定该工具的操作时机、操作规模及期限品种等。该工具原则上在公开市场常规操作的间歇期使用,操作对象为公开市场业务一级交易商中具有系统重要性、资产状况良好、政策传导能力强的部分金融机构,操作结果滞后一个月,通过《公开市场业务交易公告》对外披露。此前,央行进行过 2 天期的 SLO,相比逆回购最短的 5 天,来得要更短。

SLF 和逆回购以及 SLO 的最大区别就在于商业银行掌握主动权,可以主动通过 SLF 向央行借钱,而不是像逆回购和 SLO 必须等到央行发公告招标了,银行才能被动接招。

6.3.4　PSL

抵押补充贷款 PSL(Pledged Supplementary Lending)是指央行以抵押方式向商业银行发放贷款。合格抵押品可能包括高信用评级的债券类资产及优质信贷资产等。简单地说,PSL 就是商业银行以贷款资产作为抵押,央行以此提供流动性的一种基础货币投放方式。PSL 的特点主要有三个:一是期限相对较长;二是由央行主动发起;三是可能采取市场化招标方式。

在基础货币投放渠道转化与合格抵押品缺失的大背景下,为保证央行资产的安全性,央行投放基础货币一般需要资产抵押。PSL 和再贷款、纯粹的无抵押信用贷款有着本质不同,也不是再贷款的升级版。PSL 的作用可以总结为:一是新的货币投放工具;二是可能成为商业银行信贷资金来源的重要渠道;三是可用于打造中期政策利率。相比再贷款,PSL 可避免信用风险问题,逐步完善价格调控框架。PSL 政策工具的创设,将对经济与金融运行产生多方面重要影响。

SLF/MLF/PSL 这些工具的最大突破在于,将商业银行贷款纳入用于基础货币投放的合格抵押品框架,从而摆脱再贷款的信用风险问题,打造一个常规的基础货币投放渠道。

6.3.5　对比与区别

常备借贷便利 SLF 是中国人民银行正常的流动性供给渠道,SLF 和逆回购以及 SLO 的最大区别就在于是由商业银行掌握主动权,可以主动通过 SLF 向央行借钱,而不是像逆回购和 SLO 必须等到央行发公告招标了,银行才能被动接招,逆回购、SLO、SLF 的对比见图 6-10。

在海外,类似 SLF 的工具很多,最出名的就是美联储的贴现窗口

	逆回购	SLO	SLF
提出方	央行	央行	商业银行
期限	5-28天	7天以下	1-3个月
参与方	公开市场业务一级交易商，2013年共48家	公开市场业务一级交易商中重要的12家	主要为政策性银行和全国性商业银行

图 6-10　逆回购、SLO、SLF 的对比

(Discount Window)。不过一般的美国商业银行不太敢启用这个工具，不仅在于这个工具贷款利率略高，关键在于由于会披露银行信息，会被视为该银行财政不稳的负面信号，因此即使次贷危机中一般的银行也不敢使用它。后来美联储推出了组团贴现窗口贷款，让银行可以不暴露身份，才解决了这个隐私问题。也许是借鉴了美国的做法，我国的 SLF 每月公布一次总体情况，其中不含有借贷银行的信息，所以银行贷款踊跃规模不小，不亚于逆回购的规模。

各类利率型货币政策工具 SLF、MLF、SLO、PSL 的对比，见图 6-11。

工具	SLF	MLF	SLO	PSL
中文名	常备借贷便利	中期借贷便利	短期流动性借贷便利	抵押补充贷款
主动发起方	商业银行	央行	央行	央行
期限	1~3个月	3个月、6个月、1年	7天内	3~5年
资金用途		"三农"小微企业		特定政策或项目建设
利率决定方	央行	利率招标	利率招标	央行

图 6-11　SLF、MLF、SLO、PSL 的对比

除了常用和常规的货币政策工具之外，央行还创立了一些非常规的货币政策工具见图 6-12、图 6-13。

为了更好地理解 OMO 操作与 SLF、MLF 之间的关系，可以通过一级市场和二级市场的区分来进行描述。即央行通过一级市场进行 SLF/MLF，央行通过二级市场进行 OMO 操作。这就是 SLF 和 OMO 在交易场所上的区别，同时 OMO 操作的债券市场的源头在一级市场，而一级市场资金价格（利率）会传导到二级资金市场，SLF、MLF 与 OMO，见图 6-14。

TLF：Temporary Lending Facility临时流动性便利
TMLF：Targeted MLF定向中期借贷便利期限1—3年更长利率更优惠，可续作2次，加强版MLF
CRA：Contingency Reserve Arrangements临时准备金动用安排（临时动用不超过2%的法定存款准备金，使用期限为30天）
CBS：Central Bank Bills Swap央行票据互换工具→永续债

图 6-12 货币政策工具(1)

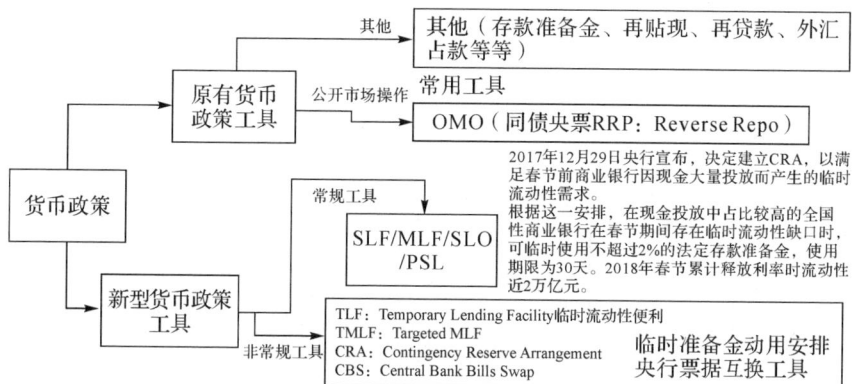

图 6-13 货币政策工具(2)

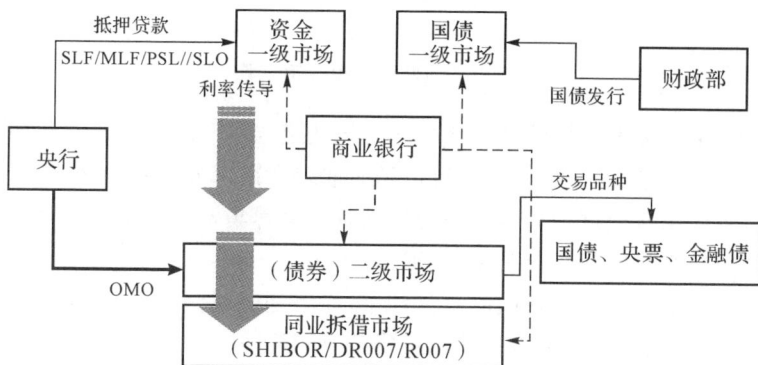

图 6-14 SLF、MLF 与 OMO

6.3.6 国外货币政策工具

事实上全球大多数中央银行都有类似的借贷便利类的货币政策工具,但名称各异,如美联储的贴现窗口(Discount Window)、欧央行的边际贷款便利(Marginal Lending Facility)、英格兰银行的操作性常备便利(Operational Standing Facility)、日本银行的补充贷款便利(Complementary Lending Facility)、加拿大央行的常备流动性便利(Standing Liquidity Facility)、新加坡金管局的常备贷款便利(Standing Loan Facility),以及新兴市场经济体中俄罗斯央行的担保贷款(Secured Loans)、印度储备银行的边际常备便利(Marginal Standing Facility)、韩国央行的流动性调整贷款(Liquidity Adjustment Loans)、马来西亚央行的抵押贷款(Collateralized Lending)等。如果以美联储为例,美联储货币政策工具如图 6-15 所示。

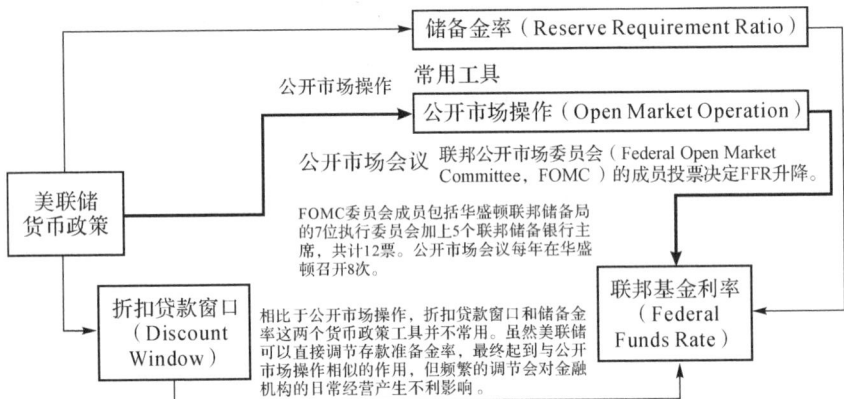

图 6-15　美联储货币政策工具

如果某个金融机构的储备金低于存款准备金率,必须筹集资金补足储备金账户。如果高于,金融机构可以随时取走多余部分。一般,储备金不足的银行会向储备金过剩的银行进行短期贷款来筹集资金。市场上这种短期贷款利率被称为联邦基金利率(FFR:Federal Funds Rate)。

联邦基金利率是银行间的贷款利率,而不是美联储向银行贷款的利率。多数情况下,美联储并不直接向银行贷款,而是通过公开市场操作来影响联邦基金利率。公开市场操作是指美联储通过买卖债券向市场投放或者收回货币的行为。比如美联储买入债券时,付给对方美元,就增加了市场中美元的供应;反之,美联储卖出债券时,就从市场收回了美元。这种操作被称为公开市场操作,因为市场上所有达到要求的金融机构都可以申请和美联储进行交易。这样可以避免美联储在具体操作过程中滥用职权,和个别金融机构进行私下交易。哪些机构可以和美联储在公开市场上交易,以及成为美联储交易商需要具备哪些条件等,美联储的网站都公布了相关信息,以方便公众监督。

在公开市场操作中,美联储买卖的债券一般主要是短期政府国债。这是因为国债风险较小,不容易造成美联储投资损失。而且由于美国国债市场容量大,不会因为美联储的交易产生剧烈波动。

联邦基金利率的变化会直接影响其他短期利率,之后会进一步改变长期利率,后者的变化又会影响到消费和投资,进而影响经济形势。

6.4　利率走廊

基准利率并非我们一般人认为的银行存贷款利率。基准利率是对于商业银行从央行获取资金而言的,商业银行在办理其客户存贷时可在基准利率的基础上再进行调整以赚取利差。

中国社科院金融研究所曾在其发布的《中国支付清算发展报告(2013)》中认为,支付清算体系的发展加快了货币的流通速度,同时也降低了银行对超额存款准备金的需求。所谓超额准备金是银行存放在中央银行,用于满足支付清算、头寸调拨需要或者作为资产运用的备用金。目前,在大、小额支付系统中,银行基本上实现了以省为单位的结算模式,一家银行集中在省会城市的人民银行开立一个清算账户。支付系统清算账户的集中管理也有助于减少商业银行在多个清算账户中同时持有准备金的数额,从而节约了对超额存款准备金的需求。支付清算体系的发展还减少了交易中的在途资金需求,降低了由于预防动机所增持的货币量,因此增加了相应货币的流通速度。由于越来越多的资金进入支付清算体系流转,中央银行在货币供给、货币政策和监管等工作中面临很多新的挑战,支付系统逐渐成为货币政策的操作平台。

事实上,在澳大利亚、新西兰等实行零存款准备金制度的一些发达国家,货币政策已实现依托于本国的支付系统,采取了"利率走廊"(Interest Rate Corridor)的调控方式。

所谓"利率走廊",是指再融资操作利率以上 N 个基点至再融资操作利率以下 M 个基点之间的基点范围。或者说是指中央银行通过向商业银行等金融机构提供存贷款而设定的一个利率操作区间。走廊的上限一般为中央银行的再贷款（或再贴现）利率；走廊的下限是商业银行在中央银行的备付金利率。

这些国家利用"利率走廊"进行调控的基本做法是，在全额实时支付系统中，设置参与者在中央银行存款和向中央银行贷款的两个不同利率，从而将同业拆借利率限定在两个利率之间。目前，支付系统的发展为中国试行"利率走廊"调控模式提供了可能，可将隔夜自动质押融资利率和超额存款准备金利率分别作为"利率走廊"调控区间的上下限。

在典型的利率走廊调控操作中，商业银行无须持有法定准备金，在此基础上，中央银行向商业银行提供稳定的存贷款便利机制，并且规定商业银行在交易日结束时必须保持账户平衡，而这一切都是基于一个有效可靠的支付体系。中央银行的政策利率目标正好位于其存款利率与贷款利率的中间，商业银行在流动性不足或交易日未出现透支时，可以以利率从央行处得到贷款；与此相对应，如果商业银行在交易日结束后，仍持有超额准备，则这部分资金可以以利率 M 存入中央银行的账户。在实际操作中，无论交易日结束时商业银行是透支还是出现超额储备，大额实时电子交易系统都会自动进行贷款或存款操作，以保证交易网络中所有商业银行的账户平衡。

当商业银行能以利率 M 将超额储备存入央行账户时，就不会以更低的利率在市场上拆出资金；同样，当商业银行能以利率从中央银行处获得贷款时，就不会在市场上以更高的利率拆入资金，如此一来，M 和就构成了利率浮动的有效界限，从而将市场拆借利率稳定地控制在中央银行的目标范围之内（利率走廊见图 6-16）。

在利率走廊操作中，中央银行会竭力保持政策操作的信誉度及透明度。比如在货币当局公布了目标政策利率水平后，若市场上的实际交易利率与中央银行的目标利率水平产生了背离，则中央银行就会立即使用公开市场操作来调整利率至目标水平。当多次博弈使得市场交易主体确信中央银行的这一政策决心之后，每当中央银行宣布新的政策利率目标时，市场交易就会自发地实现这一利率目标，而无须中央银行进行频繁的公开市场干预。

在此基础上，处理好公开市场操作与利率走廊之间的关系，将公开市场操作定位为基础货币管理工具和辅助的流动性调节工具，而稳定短期市场利率的任务则主要由利率走廊来完成，为货币政策由数量型调控向价格型调控转变提供了条件。

传统调控中，如果央行认为市场利率偏高，它就要在公开市场上买入国债，增加资金的供给，促使市场利率回落；反之，则抛出国债，造成市场资金

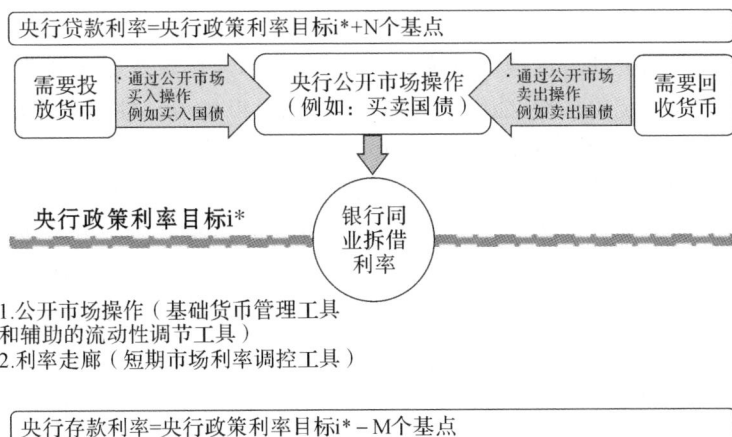

图 6-16　利率走廊

的紧张,促使利率回升。而在利率走廊调控中,央行只要变动自己的贷款利率就可以取得相同的效果,在存贷款利差不变的情况下,存款利率随贷款利率而相应变化,央行的目标拆借利率仍然在此二者之间位置上作相应调整。这样的调控决定了只要央行向社会公布自己变动贷款利率的意向,而不必有实际的国债买卖,所以要比公开市场操作更为简便直接和透明有效得多。利率走廊调控的最大特点正在于此。2002 年新西兰储备银行的公开市场操作规模已经降为 1999 年采用该调控模式之初的十分之一,2003 年以来,这种市场干预几乎很少进行了;加拿大银行实行利率走廊调控模式以后,其公开市场操作的次数和规模都也显著减少或下降。

当然,利率走廊调控并不等于完全放弃公开市场操作,在央行确定某个利率水平对经济的稳定和增长有利时,并不等于市场的货币供给量与目标的拆借利率协调一致,也就是说,在市场货币存量过多或者过少的情况下,商业银行可能不得不向央行借款,或者存款于央行,从而造成均衡利率的不均衡,或者偏离央行目标位置上的均衡。在这种情况下,央行仍要采取公开市场操作,注入或吸纳拆借市场的资金,以保证利率走廊的均衡机制的有效实现。

6.4.1　利率走廊的特点

中央银行通过向商业银行提供一个贷款便利工具和存款便利工具,将货币市场的利率控制在目标利率附近。以央行目标利率为中心,在两个短期融资工具即央行贷款利率与存款利率之间就形成了一条"走廊",存贷款便利利率分别构成了这条走廊的下限与上限。

与单纯的公开市场操作系统相比,利率走廊操作系统更有利于金融市场主体形成稳定的预期,能够更及时、准确地对市场流动性变化作出反应,从而在控制短期利率波动上更有优势。

从我国当前的经济金融环境来看,仅仅依靠公开市场操作来稳定利率面临着较多困难。主要原因是政策协调、金融创新、资本项目开放等因素会产生许多不可测货币需求冲击。

如果选择变异系数(日均利率标准差除以平均利率)作为利率波幅的指标,2012 年至 2015 年 6 月,我国隔夜 Shibor 的波幅是同期美元隔夜 LIBOR 利率波幅的 1.7 倍,是韩国隔夜利率波幅的 1.9 倍,是日元隔夜利率波幅的 3 倍,是印度隔夜利率波幅的 4.4 倍。

利率走廊的实施有利于稳定商业银行预期,避免预期利率飙升而出现囤积流动性倾向,从而达到稳定利率的作用。更为重要的是,只有明显降低短期利率的波动性,商业银行才有意愿使用某种短期利率作为定价基础,才可能培育出未来的政策利率。另外,走廊还不仅有助于降低中央银行的公开市场操作、使用频率和幅度,降低操作成本,也有助于提高货币政策透明度。

6.4.2 利率走廊的上限、下限、宽度

利率走廊的基准利率:一般以 Shibor 充当利率基准。

利率走廊的上限:一般以 SLF 利率作为利率走廊的上限。

例如:假定隔夜的常备借贷便利(SLF)利率为 2.75%,高于隔夜 Shibor 利率(1.785%)96.5 个基点[①]。所以如果用隔夜 Shibor 利率作为市场基准利率,利率走廊的上限常备借贷便利(SLF)为 2.75%,高于隔夜 Shibor 利率(1.785%)96.5 个基点。

利率走廊的下限:根据利率走廊的原理,当市场利率低于利率走廊的下限时,央行可以按照利率走廊下限利率抽走金融机构的富余流动性。因此,根据央行研究局工作论文《利率走廊、利率稳定性和调控成本》,最适合作为利率走廊下限的政策利率工具是超额存款准备金利率(Interest On Excess Reserves,IOER)。我国超额存款准备金利率为 0.72%,因此利率走廊的下限为 0.72%,低于市场基准利率隔夜 Shibor(1.785%)106.5 个基点。

---

① BP(Base Point),基点,用于金融方面,债券和票据利率改变量的度量单位。一个基点等于 1 个百分点的 1%,即 0.01%,因此,100 个基点等于 1%。

　　这里要说明的是存款准备金利率不同于法定存款准备金率,法定存款准备金率是指一国中央银行规定的商业银行和存款金融机构必须缴存中央银行的法定准备金占其存款总额的比率。而存款准备金利率,是这部分存款准备金支付的利率。一个是比率,一个是利率,两者有着本质的区别。

　　超额存款准备金是金融机构存放在中央银行、超出法定存款准备金的部分,主要用于支付清算、头寸调拨或作为资产运用的备用资金。外国的中央银行,有的只对法定存款准备金计付利息,有的对所有存款准备金都不计付利息,但我国对所有存款准备金都计付利息,且利率相对较高。超额存款准备金＝存款准备金　－　法定存款准备金。

　　让我们继续来观察利率走廊,由上文论述可知从上限角度来看,用隔夜Shibor利率作为市场基准利率,利率走廊的上限为SLF 2.75%,高于隔夜Shibor利率(1.785%)96.5个基点。

　　从下限角度来看,利率走廊下限即我国超额存款准备金利率为0.72%,低于隔夜Shibor(1.785%)106.5个基点。

　　据此我们可以计算出利率走廊的宽度为96.5＋106.5 ＝203个基点。利率走廊的上限高于市场利率大约1%(96.5,106.5都大约为100个基点),利率走廊的下限低于市场利率大约1%。因此在中国引入利率走廊之初,中国的利率走廊基本上是对称的(利率走廊的上下限和利率基准,见图6-17)。

　　　　　　　　　　　　　　SLF/MLF
　　　　　　　　　　　　　　SHIBOR:基准利率/DR007/R007
　　　　　　　　　　　　　　超额存款准备金利率IOER
　　　　　　　　　　　　　　IOER:Interest Rate on Excess Reserves

图6-17　利率走廊的上下限和利率基准

　　常备借贷便利(Standing Lending Facility,SLF)主要功能是满足金融机构期限较短的大额流动性需求,对象主要为政策性银行和全国性商业银行。与单纯的每周二、每周四才进行的公开市场操作相比,SLF能够更及时、准确地对市场流动性变化作出反应。因此,在控制短期利率波动上更有优势,更有利于金融市场主体形成稳定的预期。在利率走廊系统下,央行只需对走廊的边界进行调整即可实现货币政策的调整,而不需要频繁地进行公开市场操作,从而降低货币政策操作成本。

　　关于利率走廊有以下三大常见的误区。

　　误区一:利率走廊是货币政策工具。

　　利率走廊是以基准利率为中介目标的表现形式,而公开操作则是实现该中介目标的工具。两者不是替代关系,后者实现前者的工具之一。要实现走廊,需要有基准利率,还必须要某些货币工具包括公开市场操作调控基准利率。

误区二:常备借贷便利(SLF)等新型货币政策工具将替代公开市场操作。

SLF 等定向化货币政策工具不能替代公开市场操作,公开市场操作和定向宽松是货币政策工具,两者需要配合使用,才能同时达到降低市场利率波动性和降低央行货币政策操作成本的目标(货币政策工具概览见图6-18)。

TLF:Temporary Lending Facility临时流动性便利
TMLF:Targeted MLF定向中期借贷便利期限1—3年更长利率更优惠,可续作2次,加强版MLF
CRA:Contingency Reserve Arrangements临时准备金动用安排(临时动用不超过2%的法定存款准备金,使用期限为30天)
CBS:Central Bank Bills Swap央行票据互换工具→永续债

图6-18 货币政策工具概览

误区三:利率走廊系统是对准备金体系的替代。

利率走廊系统不能完全替代准备金体系。准备金率的主要目的是调节广义货币水平和总体利率水平;有信誉的走廊只能在总体利率水平基本合理的情况下减少短期因素对利率的冲击和公开操作的规模;类似于减少由于汇率预期变化导致的短期资本流动,但不能解决经常性项目逆差对均衡汇率的影响。

那么中国在建立利率走廊过程中还需注意什么呢?首先,央行明确SLF利率作为利率走廊的上限,但在利率走廊下限的选择上颇费踌躇。其次,央行需要设定一个基准利率来引导市场利率水平,防止利率水平波动幅度超过利率走廊区间。再次,建立利率走廊需要拆借利率处于市场利率体系的核心地位,如此央行对拆借利率的调控方可影响整个市场的资金价格。最后,与利率走廊相伴的制度基础需要夯实,这需要从化解预算软约束问题上入手。

6.4.3　利率走廊基准利率

基准利率事实上是一个有竞争性的概念，也就是说 Shibor、DR007、R007、TF03 这四者都可能被认为是基准利率。

DR007 是指存款类机构间利率债质押的 7 天回购利率。所谓"存款类机构"，主要指的就是银行机构。另外，DR007 的质押标的只局限于国债、央行票据和政策性金融债。

R007 是指全市场机构的加权平均回购利率，包括银行间市场所有的质押式回购交易，不限定交易机构和标的资产。DR007 是指银行间市场存款类机构以利率债为质押的 7 天期回购利率，央行从 2014 年 12 月 15 日开始对外发布。DR007 限定交易机构为存款类金融机构，质押品为利率债。DR007 以无风险的国债等利率债作质押，实际上消除了信用风险溢价，但同时也使得交易的便利性有所下降。

DR007 与 R007 的区别在于：第一，DR007 的参与者主要是银行，而 R007 的参与者除了银行之外，还包括非金融性机构等，它的参与者的范围更加广泛。第二，DR007 的质押品是以低风险的国债等作为标的，由于参与者和质押品的范围较窄，所以大大降低了 DR007 的便利性。

另外，DR007 与 Shibor 的最大区别在于是不是真实成交利率。DR007 的数据是银行间发生实际交易之后得出的真实数据，是真实成交利率，而 Shibor 是基于报价银行报价计算得到的利率，并非真实成交利率。

Shibor 和 R007 两者都是我国利率市场的重要利率，差异主要在于参与交易与定价的机构范围上。Shibor 即上海银行间同业拆放利率，也就是"各大银行"（实际上是 18 家大型商业银行）每天互相对于借贷报价而形成的利率。R007 是七天回购利率（Repo），是"银行间市场参与者"以利率债或信用债为质押的七天回购利率。这样就清楚了，两者的差异在于交易主体的范围不同。后者所说的"银行间市场参与者"除了储蓄银行，还有大量的非银机构（以券商、资管为主）。

所以 Shibor 和 R007 两者并不存在谁来影响谁的逻辑，只能说它们都是短期资金流动性充裕与否的体现。不过由于 R007 市场参与者更广泛，一般认为 R007 的代表性要更好一些。

国债期货 TF03（Treasure Bond Futures 03）则源自我国"十三五"规划中提出健全利率市场决定机制，更好地发挥国债收益率曲线定价基准作用，在 2015 年为配合币纳入国际货币基金组织特别提款权，我国财政部从 2015 年 10 月份起每周滚动发行 3 个月期国债（TF03），其收益率成为 SDR

利率篮子一员,随着国债市场的逐渐完善国债收益率的基准作用也会不断得到提升。利率市场化的推进和我国金融体系、金融市场的建设客观要求建立起成熟的基准利率体系。

因此,综合来看,我国实际上并没有形成一个被各方(实务界和学术界)普遍认可的基准利率,即使是被着重培育的 Shibor 也没有取得确定地位。各种可能的利率仍在为基础利率的地位竞争着,我国具有重要意义的四种基准利率候选利率分别是 Shibor、DR007、Shibor 与 3 个月期国债收益率 TF03。

6.5　货币政策的实现(利率调控货币数量)

6.5.1　利率双轨制

控制利率是货币政策的中介目标,并非最终目标。货币政策的最终目标是货币政策最终想要达成的结果,世界上不少国家的货币政策目标主要有两个——充分就业和价格稳定。

利率双轨制,即货币市场的利率是市场化决定的,但实体经济的借钱成本,也就是存贷款利率并非市场化决定,而是由官方公布的,通过基准利率进行一定的上浮和下浮限制。

银行的流动性宽松时,他们在信贷市场上很难把贷款利率降下来,流动性也就很难释放给企业,尤其是中小民营企业。最后,这些流动性要么在银行间市场空转,要么银行求着大型国企、房地产企业等风险较小的主体,让它们多贷款。流动性并未转化为实体经济信用的扩张,这就是"宽货币,紧信用"。也就是说虽然货币政策进行了宽松,但是宽松的货币并未进入实体经济,实体经济的贷款环境仍然表现出流动性偏紧的状况,事实上这是一种货币政策传导不畅的体现。

反映实体经济中信用贷款的最好指标是社会融资规模,而因为利率双轨制,社融和 M2 等直接体现信用的数据看起来就和货币政策脱节了。同时,我国货币政策正在经历转型,重要内容是中间目标从以数量指标为主向以价格指标为主转变,社融或 M2 都已经不再构成人民银行货币政策的重要中介目标或者调整手段,而是货币政策的最终结果。为解决利率双轨制这个大难题,央行的利率市场化进程的根本目标是:利率由市场化体制形成,同时中央银行可调控。因此,目前在还没有完全解决双轨制之前,判断货币政策的取向,还是需要从短期的 DR007 等短期流动性,以及社融等长期杠杆率两个维度来看(利率的两个市场见图 6-19)。

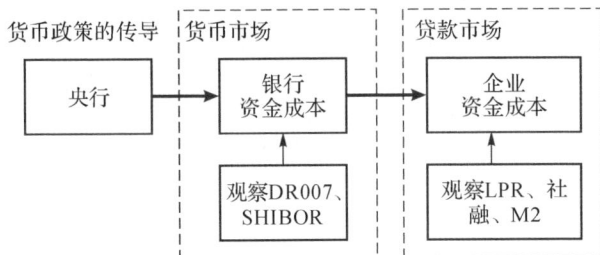

图 6-19 利率的两个市场

我们发现在双轨制下往往会出现 Shibor 与 LPR 的两个利率倒挂的状况。比如 3 个月、1 年期 Shibor 高于 1 年期 LPR,产生倒挂。分析其原因有:

第一,Shibor 与 LPR 本身并不具有可比性。Shibor 是货币市场利率,而 LPR 是贷款市场利率,两者属于不同市场的资金价格。但出现倒挂的原因,也就是"面粉比面包贵"的原因是:一方面,当前中国利率市场化改革仍未最后完成,货币市场与贷款市场之间的联动不佳,利率的传导机制并不通畅;另一方面,LPR 作为银行最优质客户的贷款加权利率,实际上是贷款利率的下限,并具有一定的黏性(LPR 波动极小),与市场利率间的联动效应本身也较弱。因此,Shibor 与 LPR 之间并不具备直接的可比性。

第二,存贷利差稳定,银行负债成本上升压力不大。即便市场担忧 LPR 与 Shibor 的倒挂意味着"面粉贵过面包",银行负债端同业资金成本的上升,可能对资产端收益率(贷款利率)造成上行压力。但是,商业银行贷款资金的主要来源并不是来自货币市场的同业资金,而是存款。当前 24 家主要商业银行的 1 年期存款平均利率在 1.9% 左右,与 1 年期 LPR 之间的利差稳定在 240 个 bp,存贷利差仍然较大(储蓄存款是商业银行贷款资金的主要来源,见图 6-20)。

实际上,这也可以从侧面解释为什么近期 LPR 并未跟随货币市场利率上升——因为存贷利差仍然保持稳定。

第三,Shibor 攀升存在季节性与监管因素的影响。1 年期 Shibor 利率本身交易量并不大,而是银行直接报价得出;近期 1 年期 Shibor 上升主要是由于交易量较大的 3 个月 Shibor 的传导效应所致。Shibor 利率快速上行的状况主要受季节性与监管因素的影响,银行直接报价得出 Shibor 与经

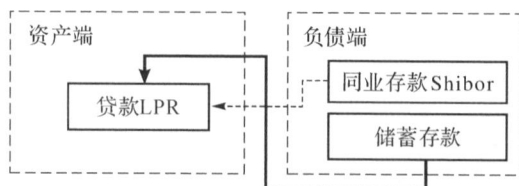

图 6-20　储蓄存款是商业银行贷款资金的主要来源

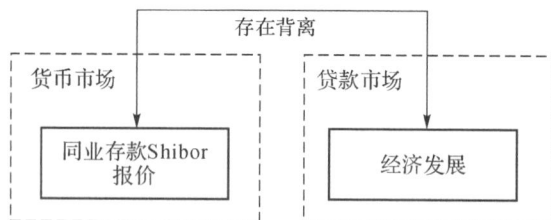

图 6-21　银行直接报价得出 Shibor 与经济基本面和短期资金面可能发生背离

济基本面和短期资金面可能发生背离(图 6-21)。

以中国为例,去杠杆与降成本下 OMO/Shibor 利率上行但 LPR 利率/存贷款基准利率不变。2016 年底起的金融去杠杆主要集中于金融市场,实体经济仍然面临降成本的需求,金融去杠杆与实体降成本成为货币政策陷入"按下葫芦浮起瓢"的困局。这一阶段货币政策通过 OMO 加息、减少流动性投放的方式从金融市场抽离流动性,配合金融监管实现金融去杠杆;而与实体经济相关性更高的 LPR 和存贷款基准利率则保持平稳,3 个月Shibor 利率长期高于 1 年期 LPR。

2019 年货币政策除降准等长端流动性投放外,OMO 政策利率高于中性利率的情况下存在降息空间。对于降息方式,除 OMO 政策利率和存贷款基准利率存在下调可能以外,在利率市场化进程中 LPR 在金融机构贷款定价中的作用凸显,通过窗口指导等方式引导 LPR 利率下调进而形成实质降息的方式是一种更为温和的选项。

第四,套利机制将抑制中长期利率的上行。即便由于 Shibor 利率的上行而导致了中长期利率的攀升,但同时 DR007 又仍然处于低位,市场套利机制将发生作用:一些金融机构将以 DR007 借入短期的较为便宜的资金,并以较高的中长期利率借出资金,而从中获利。在这个过程中,套利机制的运作将通过增加中长期资金的供给而抑制中长期利率的上行,平抑长短期的期限利差(套利机制将抑制中长期利率的上行见图 6-22)。

图 6-22　套利机制将抑制中长期利率的上行

也就是说即便 Shibor 升高暂时超过 LPR,这种趋势也是短暂、不可持续的,因为套利会平抑利差而达到平衡态。

第五,货币市场同业资金利率偏高与加强监管的目标相一致。对于商业银行银行而言,贷款资金的主要来源是存款,而同业和资管业务资金的主要来源则是货币市场融资。因此,当前货币市场同业资金利率大幅攀升,能够在不显著影响实体融资成本的基础上,协助银保监会达到控制影子银行和同业业务扩张的初衷。货币政策操作与加强金融监管起到了一定的协同作用,也符合当前金融去杠杆、防风险的政策目标(货币市场同业资金利率偏高不影响 LPR 与加强监管的目标相一致,见图 6-23)。

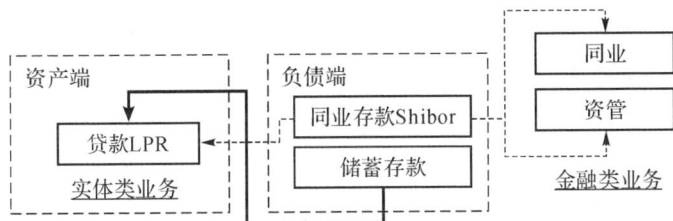

图 6-23　货币市场同业资金利率偏高不影响 LPR 与加强监管的目标相一致

总结以上所述,Shibor 短期高于 LPR(即所谓的"Shibor 与 LPR 倒挂")的原因在于:

央行"去杠杆",不让银行投机获取廉价资金,使得货币收紧,导致 Shibor 升高。

升高的 Shibor 并没有直接传导到 LPR,因为 LPR 主要不是由 Shibor 决定(大约 30% 由 Shibor 影响),主要由"居民储蓄存款"来决定(大约 70% 由"居民储蓄存款"影响)。因此,LPR 并没有显著升高。

6.5.2　LPR

利率市场化经过 20 多年推进,形成 Shibor 和 LPR 两个市场化基准利率。自1996年6月1日，人民银行正式放开银行间同业拆借利率，标志着利率市场化迈出重要一步，此后央行遵循"先外币、后本币，先贷款、后存款，先长期、后短期"的思路稳步推进利率市场化改革。2007年1月4日Shibor开始正式运行，标志着央行培育短端市场化利率；2013年10月25日贷款基础利率(Loan Prime Rate，简称LPR)集中报价和发布机制正式运行，标志着央行着手培育长端市场化利率。在此期间逐步放开存贷款利率管制，到2015年10月放开存款利率上限后，完成了除存款利率下限外的利率管制放开。

LPR是银行最优客户的贷款利率，理论上是贷款利率的底。贷款基础利率(LPR)是商业银行对其最优质客户执行的贷款利率，其他贷款利率可根据客户信用等级、贷款期限、风险缓释等因素在此基础上加减点生成。

LPR的形成机制与Shibor类似，报价行根据本行资金成本、信用风险成本、税收成本、管理费用和最低资本回报确定LPR，全国银行间同业拆借中心以各有效报价行上季度末人民币各项贷款余额占所有有效报价行上季度末人民币各项贷款总余额的比重为权重，进行加权平均计算，得出贷款基础利率报价平均利率。

下面图6-24所示为利率走廊的详细说明，基准利率有三个，分别是央行贷款基准利率 Base Rate(BR)、市场基准利率和货币政策的基准利率，在下文中要注意加以区分。而LPR的推出就是为了逐步替代贷款基准利率BR。

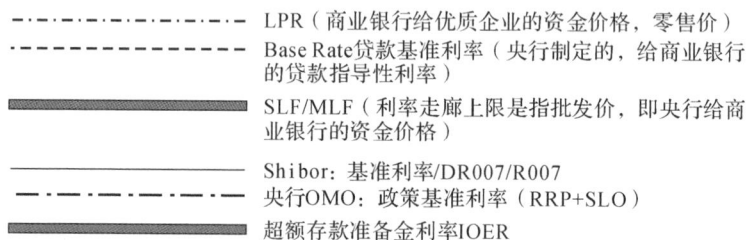

LPR（商业银行给优质企业的资金价格，零售价）

Base Rate贷款基准利率（央行制定的，给商业银行的贷款指导性利率）

SLF/MLF（利率走廊上限是指批发价，即央行给商业银行的资金价格）

Shibor：基准利率/DR007/R007

央行OMO：政策基准利率（RRP+SLO）

超额存款准备金利率IOER

图6-24　利率走廊的详细说明

受到利率市场化改革动能的驱动，我国贷款利率的上下限已经完全放开，但目前仍存在着两个贷款利率，即贷款基准利率BR和市场利率LPR。原来LPR报价参考的是贷款基准利率BR，在此基础上，经过全国银行间同业拆借中心对各个报价主体价格加权平均后最终形成贷款市场利率LPR。由于贷款基准利率由央行进行相机抉择，一般都有一定的滞后性与延时性，贷款市场利率自然很难根据市场变化做出灵活调整。最能说明问题的是，

LPR 自 2018 年 4 月 8 日以来一直保持在 4.31%,处于极度不活跃的状态,由此也直接硬化了贷款市场利率。反映到资金的供需层面,典型表征就是银行间的流动性一直相当充裕,但企业总是感觉"吃不饱"或"吃不到"。另外,由于发放贷款市场利率参照贷款基准利率定价,个别银行还通过协同行为以贷款基准利率的一定倍数设定隐性下限,直接阻碍了资金向实体经济的传导效率。在 2019 年 LPR 正式启用之前,中国的非市场化 LPR 是通过货币政策基准利率 BR 加点而主观形成的(2019 年之前的非市场化 LPR 见图 6-25)。

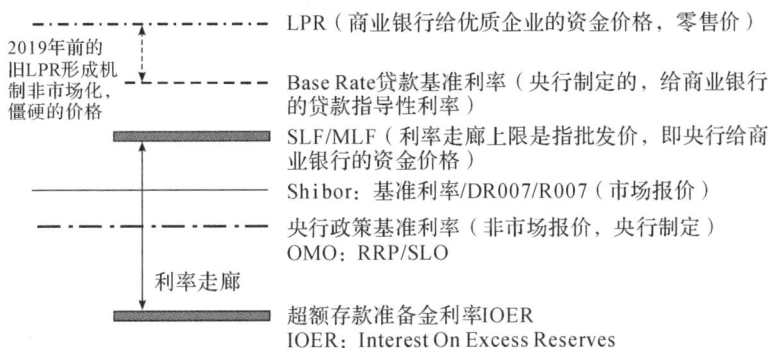

图 6-25　2019 年之前的非市场化 LPR

而 2019 年引入 LPR 新机制之后,在强化贷款基准利率 BR 和市场利率 LPR"两轨合一轨"改革预期的同时,由于报价主体参考了公开市场操作 OMO 利率,不仅利率价格的灵活性大大提高,更重要的是从 LPR 形成的基础到整个贷款市场利率的生成过程,都是透明性非常高的市场运作,银行很难再协同设定贷款利率的隐性下限。而只要打破了隐性下限,就很可能促使贷款利率的下行。比较而言,假定目前的贷款基准利率为 4.3%,而同期的 MLF 为 3.3%,LPR 锚定目标从前者转向后者,由此带给实体经济融资成本降低的传导信号非常简明而清晰。因此,新 LPR 引入市场化形成机制,LPR 利率就具有了弹性的市场化价格(2019 年及以后的市场化 LPR 是以市场化的 SLF/MLF 加点形成,见图 6-26)。

　　总之,整个货币政策的实施过程是通过 OMO 操作来调节央行政策基准利率,从而影响到货币市场基准利率,比如 Shibor/ROO7 等,再通过这个货币市场基准利率,在利率走廊框架下,去影响其上限 SLF/MLF 利率,并进一步带动实体经济资金市场中的 LPR(LPR 新旧机制对比见图 6-27)。

　　在利率市场化进程中,Shibor 和 LPR 创设后,央行利率市场化的主要

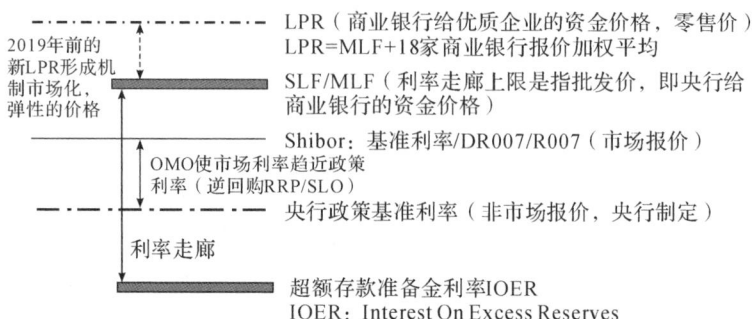

图 6-26 2019 年及以后的市场化 LPR 是以市场化的 SLF/MLF 加点形成

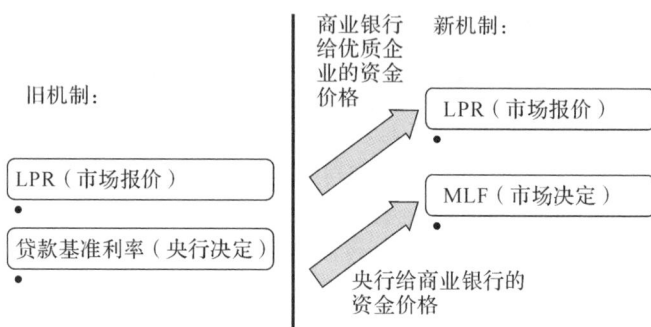

图 6-27 LPR 新旧机制对比

内容即在于培育这两个利率。长期以来,10 家 LPR 报价商业银行发放贷款规模占全部金融机构贷款余额 50% 以上,随着其他股份行和城商行、农商行的系统升级完成,以 LPR 定价的贷款规模势必也扩大。

在 2019 年 LPR 改革中,报价行新增 8 家(城商行、农村商业银行、外资银行和民营银行各 2 家),至此报价行范围扩大至 18 家。从全国银行间同业拆借中心查询的披露信息显示,这 8 家银行分别为西安银行、台州银行、上海农商银行、广东顺德农商行、渣打中国、花旗银行、深圳前海微众银行、浙江网商银行。

值得一提的是,2019 报价行范围扩大至 18 家,较 LPR 推出时扩容一倍。2013 年 10 月份,公布的 LPR 首批报价行共 9 家,分别为工商银行、农业银行、中国银行、建设银行、交通银行、中信银行、浦发银行、兴业银行和招商银行。在随后的运行过程中,民生银行加入了 LPR 报价行的队伍。

虽然 2019 年新增的 8 家银行属性类别不同,但它们服务的客群都有一个共同点,就是以小微企业为主,更难得的是,即便是主要服务于高风险客群,但相关银行的资产质量明显好于行业平均水平。

　　LPR 的利率形成按照官方说法是 MLF 利率加点,也就是 LPR＝MLF
＋点,然后这个"点"是由 18 家报价银行每月 20 日早上报价得出(LPR 报
价方式见图 6-28)。

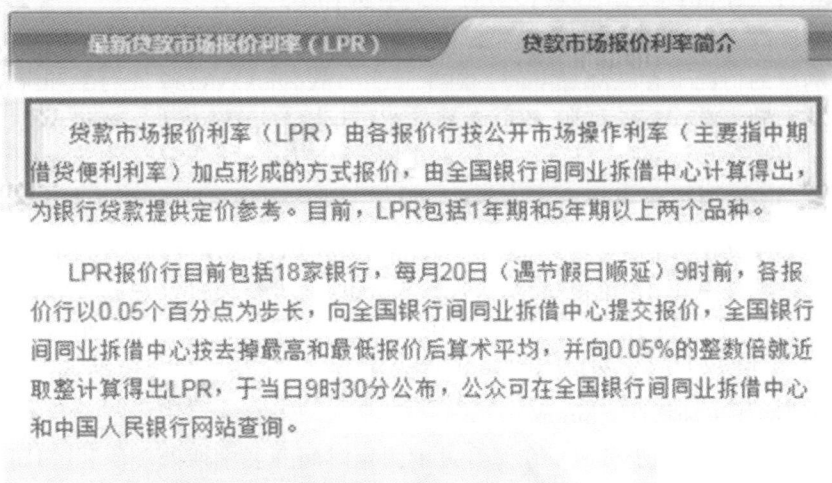

图 6-28　LPR 报价方式

　　再来看看美国金融市场中类似于 LPR 角色的"最优惠贷款利率"。以
美国为例,最优惠贷款利率一般运行较为平稳,与基准利率同步变动。美国
最优惠贷款利率自"大萧条"之后形成,基本与联邦基金利率接近。但自 20
世纪 80 年代以来两者逐步分离,1992 年后美国银行最优惠贷款利率与联
邦基金利率始终保持约 300bps 的利差。

　　若以中国香港为例,中国香港基本利率和最优惠贷款利率与中国内地
OMO 政策利率和 LPR 相类似,分别是货币市场和贷款市场的基准利率。
中国香港最优惠贷款利率是银行面向大客户提供的优惠贷款利率,部分银
行按揭贷款利率盯住这一利率,是中国香港使用最广泛、最具代表性的利
率。从走势上看,中国香港最优惠贷款利率与基本利率和 Hbior 都保持较
为同步的走势。2015 年年底以来随着美联储开启加息进程,中国香港基本
利率跟随上行,但最优惠贷款利率始终保持不变;在美联储持续加息、收紧
流动性的进程中,2018 年 9 月 27 日中国香港最优惠贷款利率上调
12.5bps,标志着贷款利率加息周期开启。

　　再来看看中国内地,去杠杆与降成本下 OMO/Shibor 利率上行但 LPR
利率/存贷款基准利率不变。2016 年年底起金融去杠杆主要集中于金融市

场,实体经济仍然面临降成本的需求,金融去杠杆与实体降成本成为货币政策陷入"按下葫芦浮起瓢"的困局。这一阶段货币政策通过 OMO 加息、减少流动性投放的方式从金融市场抽离流动性,配合金融监管实现金融去杠杆;而对于与实体经济相关性更高的 LPR 和存贷款基准利率 BR 则保持平稳,3 个月 Shibor 利率一度长期高于 1 年期 LPR。

2019 年货币政策除降准等长端流动性投放外,OMO 政策利率高于中性利率的情况下存在降息空间。对于降息方式,除 OMO 政策利率和存贷款基准利率存在下调可能以外,在利率市场化进程中 LPR 在金融机构贷款定价中的作用凸显,通过窗口指导等方式引导 LPR 利率下调进而形成实质降息的方式是一种更为温和的选项。

总结起来看,利率走廊的上限是 SLF/MLF(按照期限结构的不同展开),下限是 IOER。基准市场利率是 Shibor,而央行通过维护调整其政策目标利率(Target Interest Rate,TIR)来执行价格型货币政策。央行发布 TIR,使得 Shibor 这个市场利率能跟随 TIR 变化,如果不能跟随,就实施 OMO 操作主动影响 Shibor。

目前,央行逐步形成了在每月月中固定时间开展中期借贷便利(MLF)操作、每日连续开展公开市场操作的惯例,通过持续释放央行政策利率信号,引导市场利率围绕政策利率波动,显著提高了货币政策传导的效率。

6.5.3　中国的利率体系

海外央行以基准利率为工具,对同业拆借利率进行调控,包含单一目标利率型和多个目标利率组建的利率走廊型。选择目标利率型基准利率的典型是美联储和英国央行,而欧洲央行通过明确的利率走廊调节同业拆借利率,日本央行也采用多利率调控,但其目标利率与利率走廊共存。

我国于 2015 年 10 月 23 日取消存款利率浮动上限,而贷款利率下限早于 2013 年 7 月放开,表明我国利率市场化已完成最后一跃。利率市场化完成后,操作相对频繁、利率及时公布、引导银行间市场 7 天回购利率(R007)的正逆回购招标利率将最有希望成为事实上的货币市场基准利率。

除了正逆回购利率对货币利率的引导外,SLO(短期流动性调节工具)、SLF(常备借贷便利)、MLF(中期借贷便利)和 PSL(抵押补充贷款)利率,构成了从短期到长期的利率走廊,其中 SLF 利率为隔夜和 7 天回购利率封顶,将市场利率引导在合意范围内,新传导机制开始生效。

面对众多的利率场景,下面我们就来盘点一下中国的利率体系。央行的利率体系可以分为三个主要场景,分别是央行对金融机构的利率、金融机构对金融机构的利率、金融机构对实体经济的利率。

其中央行对金融机构的利率主要包括：

1）正逆回购；

2）SLO/SLF/MLF/PSL；

3）央票；

4）国库现金存款招标利率；

5）准备金利率。

金融机构对金融机构的利率主要包括：

1）回购利率；

2）拆借利率；

3）大额存单利率 CD(certificate of deposit)。

金融机构对实体经济的利率又可以分为三类，分别是金融机构对居民、企业和政府的利率。其中金融机构对居民的利率有：

1）理财产品/货币基金利率；

2）存款利率；

3）按揭贷款利率。

金融机构对企业的利率有：

1）贷款基准利率/加权利率；

2）票据利率；

3）各等级信用债利率；

4）非标利率(信托/委托贷款)。

金融机构对政府的利率有：

1）中央政府：国债；

2）地方政府：地方债；

3）准政府机构：政策性银行债。

以上内容可以参考图 6-29 所示中国的利率体系。

另外补充一点，近期关于货币市场基准利率之争，似乎正朝着 DR007 更为有利的方向发展。Shibor 是 Shanghai Inter Bank Offered Rate 的缩写，即上海银行间同业拆放利率。目前，对社会公布的 Shibor 品种包括隔夜、1 周、2 周、1 个月、3 个月、6 个月、9 个月及 1 年。Shibors 事实上就是大银行之间的借钱行为引发的报价利率。同业拆借，其实就是指银行间互相借钱的行为。银行除上缴或留存一部分存款准备金外，部分银行账面上会留有超额准备金，同时一部分银行的账面上会出现准备金短缺的现象，此时就需要向其他银行借入资金。由此，Shibor 便应运而生了。Shibor 定价机

央行—金融机构	金融机构—金融机构	金融机构—实体（居民）	金融机构—实体（企业）	金融机构—实体（政府）
1.正逆回购 2.SLO/SLF/MLF/PSL 3.央票 4.国库现金存款招标利率 5.准备金利率	1.回购利率 2.拆借利率 3.大额存单利率 CD（Certificate of Deposit）	1.理财产品/货币基金利率 2.存款利率 3.按揭贷款利率	1.贷款基准利率/加权利率 2.票据利率 3.各等级信用债利率 4.非标利率（信托/委托贷款）	1.中央政府：国债 2.地方政府：地方债 3.准政府机构：政策性银行债

图 6-29　中国的利率体系

制中报价银行目前由 18 家商业银行组成。

报价银行是公开市场一级交易商或外汇市场做市商，在中国货币市场上人民币交易相对活跃、信息披露比较充分的银行。每个交易日根据各报价行的报价，剔除最高、最低 4 家银行的报价，对其余报价进行算术平均计算后，得出每一期限品种的 Shibor，并于 11：00 对外发布。因此 Shibor 是一个了解银行间资金是否充足的晴雨表：每当央行上调存准率或者有上调预期时，Shibor 会有一定幅度的上升。而一旦 Shibor 下行，则意味着银行资金充足，市场偏宽松即有可能是央行进行公开市场操作的结果。这就为投资者在进行市场资金面分析时提供了一个重要的指标。

譬如当 Shibor 持续上升时，说明银行间资金趋紧，市场资金面偏紧缩，这时持有现金的保值能力较强。当 Shibor 持续下降时，表明银行间资金偏宽松，说明此时市场资金较多，现金保值能力不强，此时应该进行投资或消费。

Shibor 利率是根据报价银团报价确定的，反应银行间的拆出利率水平，是无担保批发融资价格。银团都是市场利率定价自律机制成员，具有一级市场做市商或外汇市场做市商资格且信用等级较高。Shibor 利率因此更多地反映银行间的信用拆借利率。

007 质押式回购利率是以现券作为质押的融资利率，这是银行间市场广为采用短期限融资方式，所以更多地反映全市场机构（银行、非银）的融资行为。7 天回购利率是当前最具有市场均衡意义的利率，因为其参与机构广，交易量大，不易被个别机构操纵。此外，七天回购率反应灵敏，连续性和弹性好，所以，它成为货币市场的关键利率指标。

　　自 2016 年 11 月开始，我们认为 DR007 是更合适的基准利率指标，R007 走势此后与 DR007 脱钩，R007 开始常态化地突破 SLF 隔夜利率。DR007 是指银行间存款类金融机构以利率债为质押的 7 天期回购利率，R007 是指银行间市场 7 天回购利率。前者基本是以银行为交易对象，可以理解为向银行借钱的资金成本；后者的形成还包括非银金融机构的参与，可以理解为向金融市场借钱的成本。因此两者可能存在一定的点差。

　　在当前人民币利率市场上，与其他货币市场利率相比，DR 更符合五项特征：1. 从可靠性来看，其基于真实成交，杜绝了操纵；2. 从稳定性来看，其机制透明，隔绝了不稳定的信用风险溢价；3. 从高频性来看，每日交易，价格每日可得；4. 从易得性来看，中国外汇交易中心每日公布；5. 从代表性来看，政策性银行和商业银行是市场流动性的主要提供者，其基于真实成交、隔绝了信用风险的利率，显然是具有足够代表性的。

　　这意味着未来 DR 可能成为央行操作的货币政策目标利率，也将逐步有基于 DR 定价的金融产品和衍生品发展起来。2020 年 DR 日均交易资金规模超过 1.5 万亿元，占银行间回购市场交易比重超过了 45%，已基本可以用作市场间流动性指标。

第 7 章　支付系统

7.1　支付系统与支付体系

根据央行发布的《2020 年支付体系运行总体情况》报告显示:2020 年,中国的整个支付系统共处理支付业务 7320.63 亿笔,金额 8195.29 万亿元,同比分别增长 28.77% 和 18.73%,处理金额约为我国 2020 年 GDP 的 80 倍。

中国银行业现代支付系统主要包含五大部分:人行支付系统、银行业金融机构行内支付系统、银行卡跨行支付系统、城市商业银行汇票处理系统和支付清算系统、农信银支付清算系统、人民币跨境支付系统、网联清算系统。

其中人行支付系统又包含大额实时支付系统、小额批量支付系统、网上支付跨行清算系统、同城票据清算系统、境内外币支付系统、全国支票影像交换系统等等(中国支付系统结构见图 7-1)。

支付体系实际上是一组实现完成各类支付活动一系列制度安排,支付体系一般可以分为四个部分,一是支付服务组织,就是支付服务提供者;二是支付工具,作为支付资金的载体;三是支付系统,作为处理资金往来的基础设施;四是中央银行对支付体系的监管。

中国的支付服务组织主要分三大类:第一是中央银行,直接面向银行业金融机构和市场提供支付服务。第二是银行业金融机构,是我国支付服务重要的组成部分、主要提供者,银行业金融机构直接面向企事业单位、社会公众提供支付服务。第三是非金融支付服务组织。近年来发展非常快,而且很好地满足了国内多样化的零售支付服务需求,在市场上的份额虽然不大,但是发展非常快,已经成为我国支付服务市场非常重要的组成部分。

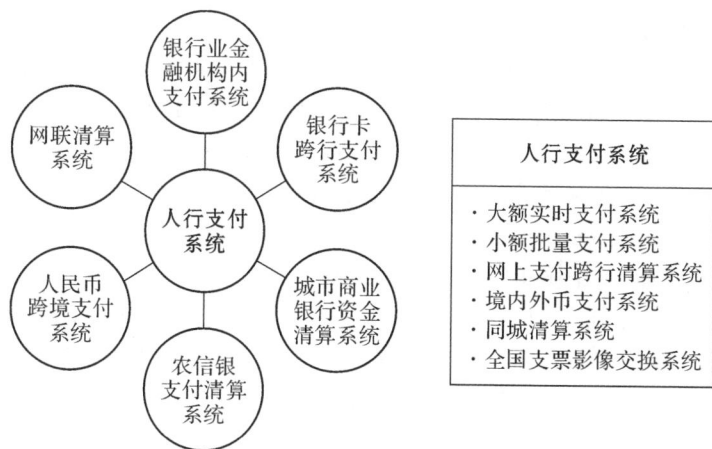

图 7-1　中国支付系统结构

　　支付系统是指一系列转移资金的基础设施,目前我国支付系统分为批发类和零售类支付系统。在人民银行所建设的大额小额支付系统、支票交换系统、境内外币支付系统以及电子商业汇票系统等等,这些系统中大额支付系统是一个批发类支付系统,小额支付系统还有银行卡支付收单系统等等则是零售支付系统。

　　关于支付工具,一般指传统的支付工具,有三票一卡(即支票、汇票、本票和银行卡),还有新兴支付工具(如以网上支付、电子支付为代表的新兴支付工具),这些支付工具近年都以非常快的速度发展,大有取代传统支付工具的势头。

　　支付体系监管方面,是指中央银行颁布一些法律法规和规章,制定一些行业标准,协调整体的支付工作和安排。另外,还要根据中央银行职能,制定和协调全国支付体系发展规划,保证我国支付体系健康稳定和协调发展。根据中国人民银行法规定,人民银行是中国支付体系的监管者和促进者,中央银行对支付体系的目标是要实现安全、高效和保障,保证支付体系安全、稳定运行,安全是最大的前提和保障。其次支付要高效,使社会经济资金运动更加高效,快速提高支付效率,增加资金的效用,为社会提供更好的支持。保障支付就是维护社会公众对支付体系的信心,也是维护社会公众对我们国家的货币以及货币转移机制的信心。

　　中国银行体系由中央银行、监管机构、自律组织和银行业金融机构组成。中国人民银行 PBC(The People's Bank of China)是中央银行,在国务院的领导下,负责制定和执行货币政策,防范和化解金融风险,维护金融稳

125

定。中国银行保险监督管理委员会 CBIRC(China Banking and Insurance Regulatory Commission)，简称中国银保监会或银保监会，负责对全国银行业金融机构及其业务活动实施监管。银保监会还可对非银行类金融机构实施监管。其监管的非银行金融机构包括金融资产管理公司、信托公司、企业集团财务公司、金融租赁公司、汽车金融公司和货币经纪公司等。中国银行业协会 CBA(China Banking Association)是在民政部登记注册的全国性非营利社会团体，是中国银行业的自律组织。

中国的银行业金融机构包括政策性银行(国家开发银行、中国进出口银行、中国农业发展银行)，大型商业银行(中国工商银行、中国银行、中国农业银行、中国建设银行、交通银行)，中小商业银行，农村金融机构，以及中国邮政储蓄银行和外资银行。中小商业银行包括股份制商业银行和城市商业银行(由原城市信用社发展而来)。而农村金融机构中包括农村信用社、农村商业银行和农村合作银行等。

7.2 银行业支付系统概论

7.2.1 人民银行体制结构

中国已经基本上确立了适应市场经济发展的两层结构的银行体系。中国人民银行自 1985 年起成为中央银行。依据 1995 年的《中华人民共和国中国人民银行法》规定，中国人民银行的主要职责是制定和实施货币政策、对银行和非银行金融机构进行监管以及维持国家支付系统的正常运行。具体地说中国人民银行主要负责：管政策(货币政策)、管金钱(人民币的发行及其流通的管理)、管市场(银行间同业拆借市场和银行间债券市场)、管外汇(银行间外汇市场)、管黄金(黄金市场)、管储备(外汇储备和黄金储备)、管国库、管清算、管反洗钱。

中国人民银行的运作是通过分布在全国大约 2100 家分、支行进行的。总行设在北京，在省、地市和县分别设立一、二级分行和支行。其分行、支行设置如下：

● 36 家一级分行：在省会城市、副省级城市和计划单列市的分行、中心支行或营业管理部(中国人民银行一级分支机构见图 7-2)。

● 308 家二级分行：在市、州、盟的支行。

● 1761 家三级分行：在县或县级市的县支行。

上海分行	天津分行	沈阳分行	南京分行	济南分行
武汉分行	广州分行	成都分行	西安分行	营业管理部(北京)
重庆营业管理部	石家庄中心支行	太原中心支行	呼和浩特中心支行	长春中心支行
哈尔滨中心支行	杭州中心支行	福州中心支行	合肥中心支行	郑州中心支行
长沙中心支行	南昌中心支行	南宁中心支行	海口中心支行	昆明中心支行
贵阳中心支行	拉萨中心支行	兰州中心支行	西宁中心支行	银川中心支行
乌鲁木齐中心支行	深圳市中心支行	大连市中心支行	青岛市中心支行	宁波市中心支行
厦门市中心支行				

图 7-2　中国人民银行一级分支机构

中国人民银行还拥有 16 家直属机构,其中包括:中国人民银行清算总中心、中国外汇交易中心(全国银行间同业拆借中心)、中国人民银行征信中心等(中国人民银行直属机构见图 7-3)。

中国人民银行机关服务中心	(http://www.pbc.gov.cn/jiguanshiwuguanliju/798372/index.html)
中国人民银行集中采购中心	(http://www.pbc.gov.cn/jizhongcaigouzhongxin/148054/index.html)
中国反洗钱监测分析中心	(http://camlmac.pbc.gov.cn)
中国人民银行征信中心	(http://www.pbccrc.org.cn)
中国外汇交易中心(全国银行间同业拆借中心)	(http://www.chinamoney.com.cn)
中国金融出版社	(http://www.chinafph.com)
金融时报社	(http://www.financialnews.com.cn)
中国人民银行清算总中心	(http://www.cncc.cn)
中国印钞造币总公司	(http://www.cbpm.cn)
中国金币总公司	(http://www.chngc.net)
中国金融电子化公司	(http://www.icfcc.com)
中国人民银行党校	(http://www.pbc.gov.cn/dangxiao/135390/index.html)
中国金融培训中心	(http://www.chinacft.org)
中国人民银行郑州培训学院	(http://www.pbcti.cn)
中国钱币博物馆	(http://www.cnm.com.cn)
中国人民银行金融信息中心	(http://www.pbc.gov.cn/jinrongxinxizhongxin/148526/index.html)

图 7-3　中国人民银行直属机构

中国人民银行设立的 36 家一级分行中有上海、天津、沈阳、南京、济南、武汉、广州、成都、西安 9 个分行,中国人民银行营业管理部和中国人民银行重庆营业管理部,20 个省会(首府)城市中心支行,5 个副省级城市中心支行。副省级城市中心支行分别为深圳、大连、青岛、厦门、宁波中心支行,直接接受总行领导(中国人民银行大区分行和营业管理部见图 7-4)。

天津分行	广州分行	沈阳分行	成都分行	南京分行
·石家庄中心支行 ·太原中心支行 ·呼和浩特中心支行	·南宁中心支行 ·海口中心支行 ·深圳市中心支行	·哈尔滨中心支行 ·长春中心支行 ·大连中心支行	·贵阳中心支行 ·昆明中心支行 ·拉萨中心支行	·合肥中心支行
西安分行	济南分行	武汉分行	上海分行	营业管理部
·兰州中心支行 ·西宁中心支行 ·银川中心支行 ·乌鲁木齐中心支行	·郑州中心支行 ·青岛中心支行	·南昌中心支行 ·长沙中心支行	·杭州中心支行 ·福州中心支行	·北京 ·重庆

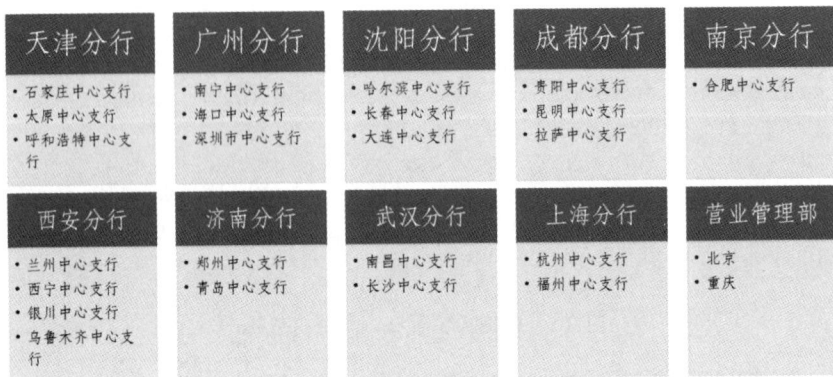

图 7-4　中国人民银行大区分行和营业管理部

事实上,中国人民银行对于机构的调整也一直在讨论和进行之中。[①] 2004 年央行将郑州中心支行、石家庄中心支行、杭州中心支行、福州中心支行和深圳中心支行调整为由总行直接管辖。

每一级分、支行都对其辖区内的商业银行、合作银行等进行管理,并对上级人民银行机构负责。这种结构反映了中央、省、地、县四级行政管理等级。自 1978 年到 1985 年先后组建了中国农业银行、中国工商银行、中国建设银行和中国银行四家大的国有商业银行。农、工、建、中四家大的国有商业银行的组织结构跟人民银行类似,分为总行、省分行、地市分行和县支行四级管理。不同的是,各商业银行的分行、支行以下还设立了许多营业网点,因而其分支机构数目远多于人民银行的分支机构。除了四大家国有商业银行以外,还有许多全国、地方性综合银行城市合作银行、农村合作银行等为广大客户提供支付服务。

7.2.2　中国人民银行账户结构

商业银行在中国人民银行开设的账户在支付交易的清算和结算中起着十分重要的作用。商业银行在中国人民银行的开户原则是它的每一级机构都在同一级中国人民银行的分行、支行开设账户,在通常情况下,各商业银行之间互相不开设账户,一家商业银行内各分、支机构之间也不相互开立账户。商业银行的总行主要作为该银行系统的行政管理中心而发挥作用,而其每一级分行、支行,却像一家单独的实体,以半自治的方式在运作。从商

---

① 详情可以参考《央行大区行改革之辩　9 大分行与 20 个中支行的未来猜想》,《21 世纪经济报道》2018-10-20。

业银行在中国人民银行开设账户的管理方式,可以更清楚地理解其各分行、支行的半自治特点。

不难看出,各商业银行在中央银行的账户开设和管理是高度分散式的。牢记这一点,对于理解中国支付系统的现状是十分有帮助的。每一家商业银行的主要分支机构在相应的人民银行分行、支行开设三个账户:

● 储备金账户:在目前,法定储备金规定为吸收存款的 13%。储备金是封存资金,不允许用于资金清算,通常对城市分行每 20 天调整一次,对农村的分行机构一个月调整一次。

● 备付金账户:用于支付的清算和结算、商业银行的缴存款。目标是吸收存款的 5%—7%。

● 贷款户:登记由其总行分配的人民银行给该分支机构的贷款。

支付交易的结算是通过备付金账户余额转账而实现的。因为在同一级商业银行、分行之间或人民银行各分行之间不开设账户,所以支付结算通常需要把资金转到上一级人民银行分行。

账户开设、管理方式和商业银行各分支机构的半自治运营特点,决定了在中国目前的情况下,所谓跨行支付结算实际上是跨分行、支行间的支付结算。

7.2.3　银行业支付系统历史

由于受到多层次管理和高度分散式中央银行账户结构的影响,从支付系统发展的历史沿革上,中国银行业的支付系统可以划分为以下几个相对独立的分系统。

1. 同城清算所

同城清算所 LCH 也可以简写为 LCHS(Local Clearing Houses),是本地或同城支付的意思,主要用于处理票据业务。各地的中国人民银行通过约 2500 个同城清算所处理所有同城跨行支付和大部分行内支付交易。另外,异地跨行支付在送交商业银行内联行系统处理之前,首先经同城清算所进行跨行交换和结算。

中国人民银行拥有和运行同城清算所,对参与票据交换的成员进行监督和提供结算服务。在支付业务量大的地方,一天进行两次交换,一般每天上午交换一次。余额结算采取净额方式,资金次日抵用。

绝大多数同城清算仍然是实物票据交换。部分同城交换开始采用磁介质交换信息,个别大城市同城交换开始采用票据清分机或用网络交换支付信息。同城清算的自动化水平正在迅速提高。

2. 三级联行和电子汇兑系统

联行往来的概念是指同一家商业银行在不同地域分支行的内部资金往来，对于不同商业银行间的资金往来一般称为同业往来。所谓三级联行是指县辖、省辖和全国联行。最初，各商业银行内各分行之间的异地支付是通过各自系统内三级联行系统进行清算的。中国人民银行和四大国有商业银行都有自己的全国手工联行系统。对于异地纸凭证支付交易的处理采用了所谓"先横后直"（即先跨行后行内）的处理方式。在这种意义上，只存在同城跨行系统和异地行内系统。各商业银行行内手工联行系统基本框架都相同。手工联行的内容主要有：

- 支付工具（例如票据）的实际交换；
- 支付工具的清算；
- 联行清算余额的结算。

支付工具一般通过邮寄或电报方式交换，在手工处理的情况下，一笔支付交换往往要经过几周或几个月才能最终完成。联行结算是通过中国人民银行清算账户在一家商业银行的各分行之间周期性地汇转净结算余额而完成的。

从历史发展来看，最初中国人民银行与四大国有商业银行都有自己的全国手工联行系统（Paper-Based Non-Local Funds Transfer Systems），1996 年以后四大国有商业银行全都以全国电子资金汇兑系统（Electronic Intrabank Clearing System），也称电子联行，取代原来的手工三级联行，大大加快了异地支付的处理。但是，中国人民银行依然运行着自己的手工联行系统，用以处理跨行纸凭证异地支付交易，以及中国人民银行分行、支行之间的资金划拨。因为新的电子资金汇兑系统基本上是原来手工系统的自动化形式，所以了解手工联行系统有助于更好地了解目前中国支付系统的结构。

3. 全国电子联行系统 EIS

虽然不同的支付系统其业务处理方式不尽相同，但传统支付清算系统的一个最根本的流程是"先横（跨行）后直（行内）"。即：如果两行所在地是双设机构地区，则支付清算系统的一种最常见的处理方式是所有异地跨行支付都首先在同城商业银行之间进行跨行清算和结算，然后再在各商业银行的联行（手工三级联行或电子资金汇兑）系统内进行异地支付清算。人们通俗地称这种异地跨行支付的清算方式为"先横后直"。但是，由于上面叙述过的账户开设和管理办法所带来的这种"先横后直"的处理方式，不仅把一笔支付交易至少变成了两笔支付交易，而且是"先中国人民银行处理横，

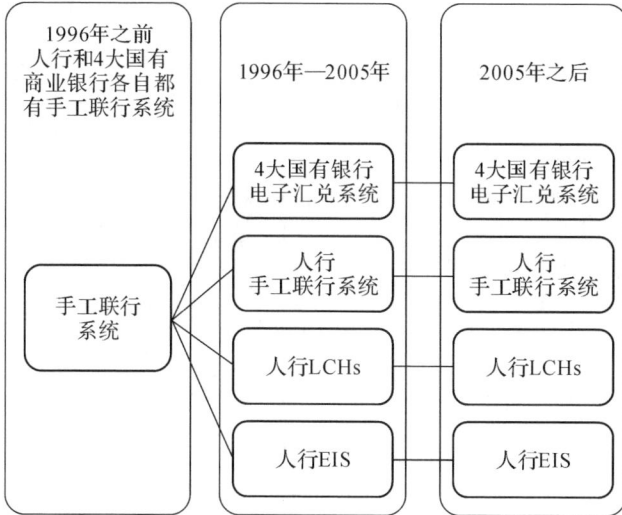

图 7-5　从手工联行发展到电子联行，从人行 EIS 发展到 CNAPS

后商业银行处理直"，使处理程序复杂化了，中国人民银行的电子联行系统
(EIS)正是为了克服这种不足而建立的异地跨行电子资金转账系统。在
EIS 下虽然依旧是"先横后直"方式，但都统一由中国人民银行的系统来进
行，大大缩短资金在途时间，一般由原来的 6～7 天缩短为 1～2 天。从手工
联行发展到电子联行，从人行 EIS 发展到 CNAPS 见图 7-5。

　　从早期的央行全国手工联行系统发展而来，央行的全国电子联行系统
EIS(The National Electronic Inter-Bank System)是中国人民银行在支付
系统现代化建设中的第一次尝试。为了加速异地支付指令的传递和使跨行
支付的清算与结算处理更加合理，中国人民银行于 1989 年开始建立处理跨
行异地支付的全国电子联行系统 EIS，1991 年 4 月试运行。借助于 1995 年
下半年开始的"天地对接"和"网络到县"工程，当时使 EIS 系统发挥了更大
的作用。通过该系统，各地商业银行的资金存欠差额均纳入中国人民银行
系统内反映，为加速资金周转和加强中央银行的宏观调控作用做出了巨大
的贡献(手工联行和电子联行的区别见图 7-6)。

　　但是全国电子联行系统也存在一些问题与不足。

　　EIS 系统的设计使异地支付(包括商业银行内各分行之间的支付和异
地跨行支付)的处理流程更加合理，从而大大加快了异地支付的清算和结算
过程。但是全国电子联行系统是一个分散式处理系统，所有账务活动(账户
的贷记和借记)都发生在中国人民银行分行、支行，即发报行和收报行，全国
总中心主要作为报文信息交换站。由于中国人民银行清算账户的开设和管

先横后直（直是指商业银行的手工联行系统）

先横后直（直是指人行的电子联行系统）
这时商业银行也有自己的电子联行系统

三级联行
（手工联行）

三级联行
（电子联行）

先横后直：先人行LCH同城跨行称为"先横"；再依赖于大型国有商业银行的行内支付系统实现"后直"，而商业银行内有很多手工操作，故称"手工联行"。商业银行的联行系统为EIS，（这里的I是指IntraBank）。这一时期，人行自己还无法做到"后直"，即人行无法实现多级人行间的转账。一笔业务不得不拆分为两笔来做，效率很低。

依然是先横后直：先人行LCH同城跨行称为"先横"；再依赖于人行自身的行内支付系统实现"后直"，很多手工操作均电子化，，故称"电子联行"。这一时期，人行已可以通过天地对接做到"后直"，即人行可以实现多级人行间的转账。一笔业务不用拆分为两笔来做，效率大大提升。电子联行也被称为EIS（这里的I是指InterBank）。

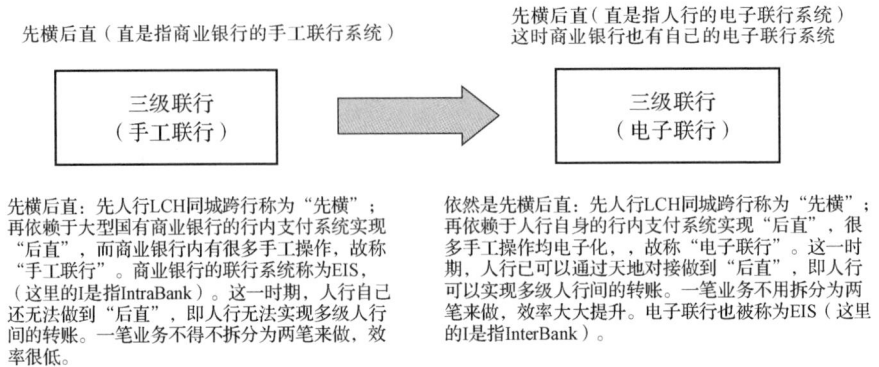

图 7-6　手工联行和电子联行的区别

理方式仍然没有改变，所有的账务处理仍然分散在人民银行各分行完成，EIS 系统只不过是把支付工具交换路程最远的一段"电子化"了。"天上三秒，地上三天"就非常形象地说明了电子联行周转环节多，实际速度还不够快的情况。毗邻地区，不在电子联行所在地的金融机构通过电子联行查询和答复没有明确的规定和制约措施，一方查询而对方不予答复的事例较多，严重影响了电子联行的运行质量和速度。运行中，电子联行系统还存在诸多问题，主要体现在：①仅处理贷记业务，业务种类单一；②"天地对接"没有完全实施到位，速度仍较慢；③未与金融市场有机结合，不能有效支持货币政策的实施；④运行不够稳定，故障时有发生。

4. 全国电子联行系统 EIS 平滑过渡到 CNAPS

1991 年 10 月，中国开始着手建设中国国家金融通信网(CNFN)和中国现代化支付系统(CNAPS, China National Automatic Payment System)。这一项目由世界银行提供贷款，由英国 PA 咨询公司承担设计咨询工作。从此，全国电子联行(EIS)系统逐步向 CNAPS 过渡（手工联行、电子联行到 CNAPS 发展路径见图 7-7）。

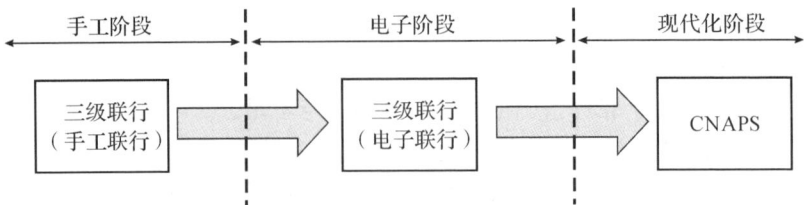

手工阶段　　　　　　电子阶段　　　　　　现代化阶段

三级联行
（手工联行）

三级联行
（电子联行）

CNAPS

图 7-7　手工联行、电子联行到 CNAPS 发展路径

2005 年开始中国现代化支付系统 CNAPS 开始逐步取代电子联行，所

遵循的原则有：①支付系统建成运行到哪个城市，该城市电子联行停止运行；②在 NPC 与 EIS 主站之间建立业务转换中心；③在支付系统端设有 EIS 业务专用报文。在 CNAPS 支付系统的建设推广过程中，全国联行 EIS 仍需保留直到 CNAPS 中的大额实时支付系统和小额批量支付系统推广到全国时，即取消全国手工联行。

为了标识不同的银行，该系统给每个参与该系统的商业银行的分行、支行都进行了编号，即电子联行号。它由 6 位数字组成，用于跨区域银行间的结算和资金清算，由于电子联行号和电子联行系统以及天地对接等已经于 2005 年 6 月逐步取消了，代替它的是 CNAPS，各银行的电子联行号也为 CNAPS 联行号所取代。CNAPS 联行号是某个地区一个银行的唯一识别标志。用于中国人民银行 CNAPS 系统的跨区域支付结算业务。由 12 位组成：3 位银行代码＋4 位城市代码＋4 位银行编号＋1 位校验位。它的一般使用方法是：填写公司开户行账号和名称，然后填写 CNAPS 联行号，再填写金额（CNAPS 联行号命名规则实例见图 7-8）。

银行网点名称	网点联行号/CNAPS
瑞士信贷银行股份有限公司上海分行	741290032613
中国银行上海市南京东路支行	104290000112
中国银行上海市分行营业部	104290003033
中国银行上海市卢湾支行	104290003189
中国银行椒江支行	104345050058
中国银行台州市分行	104345051569

图 7-8　CNAPS 联行号命名规则实例

5. 银行卡系统

最初各大商业银行都发行了一定数量的支付卡，用于 ATM 提现和 POS 支付。这些支付卡基本上采用磁条技术、授信方式为脱机电话授信。各商业银行发的卡尚不能互相通用。

1993 年 6 月国务院启动了以发展我国电子货币为目的、以电子货币应用为重点的金卡工程。2002 年是我国银行卡事业取得突破性发展的一年。2002 年 1 月，统一标识的"银联卡"开始在北京、上海等城市发行，并逐步扩展到全国 40 个城市。2002 年 3 月国内银行卡联合发展组织——中国银联股份有限公司在上海挂牌成立。

中国银联将负责建立和运营全国统一的银行卡跨行信息交换网络，制定统一的业务规范和技术标准,改善用卡环境,保障银行卡跨行通用以及业务的联合发展;为各商业银行提供共享的网络基础设施和信息交换平台,并开展技术和业务创新,提供先进的电子支付手段和相关的专业化服务。成立中国银联,推行统一"银联"标识卡,解决了多年来困扰我国银行卡联合发展的运营机制问题,已经初步建立并将不断完善银行卡"市场资源共享、业务联合发展、公平有序竞争、服务质量提高"的良性发展环境。

由中国银联建设和运营的银行卡支付系统是由银行卡跨行支付系统以及发卡行内银行卡支付系统组成的专门处理银行卡跨行的信息转接和交易清算业务的信息系统。具有借记卡和信用卡、密码方式和签名方式共享等特点。2004年银行卡跨行支付系统成功接入中国人民银行大额实时支付系统,实现了银行卡跨行支付的实时清算。

6.邮政支付系统

新中国成立以后,适应当时的经济发展状况,邮政汇兑业务处理模式几经变化,由与银行协议代办变为独立自办,由票汇改为信汇。进入20世纪90年代后,邮政汇兑业务在业务处理模式和资金清算调拨体制两方面都暴露出了很大缺点,已经不能适应当前经济发展和居民需要了。在收汇和兑付方面大部分采用手工作业手段,业务手续繁杂,柜台操作慢。即使有些网点实行了电子化,也都是单机网点,未能实现信息的迅速传递和共享,重复劳动多。在向异地传递兑付信息时,是通过实物传递汇票的方式进行的。因此传递环节多、时间长、成本大,一笔汇款要用几天时间才能到达(普汇的平均在途时间为7.7天,电汇平均在途时间为2天),不能充分满足用户的需求。邮政汇兑实行省县和省际两级清算体制,资金清算以兑讫汇票为依据,实行全额清算。这种清算体制下结算周期长,在途资金量大,结算笔数多,结算费用高,造成巨额的利息亏损。

为了解决上述问题,适应当前信息时代要求,使邮政汇兑服务能力和质量迈上一个新台阶,国家邮政局于2000年6月提出建设中国邮政电子汇兑系统。为了更好地整合邮政的系统资源,2005年1月中国邮政金融两网互通工程全面启动,实现汇兑网和储蓄网的网络和业务对接,即邮政金融两个应用系统的互联互通。为了既大幅度实质性提升电子汇兑系统质量,又节约系统建设资金,邮政电子汇兑全国集中处理系统工程于2007年正式上线。2007年3月20日中国邮政储蓄银行挂牌成立,正式进入银行业,加入银行业支付体系。截至2021年一季度末,邮储银行拥有近4万个营业网点,服务个人客户超过6亿户,资产总额11.96万亿元。

7.2.4　银行业支付系统特点

中国银行业支付系统在历史上的显著特点之一是同城支付清算和结算的高效率和安全性。分布在全国城市和县城的 2500 家同城清算所,处理了全部支付业务量的 2/3。这一方面是由于中国目前经济活动和由此而产生的支付交易的地方性特点;另一方面是由于银行机构都在当地人民银行的分支机构开设清算和结算账户。尽管这些同城清算所目前仍然以手工处理为主,但自动化程度在迅速提高。支付系统历史上的另一显著特点是支付系统的综合性。当然这种综合性导致了许多复杂的支付工具。

支付系统自动化进程在迅速加快。近几年来,无论是中央银行还是商业银行,都对银行电子化进行了大量投资,取得了显著的效果。中央银行和各大商业银行都基本上建立起了全国范围的通信网络和各级支付清算中心。当然,初期对信息技术的采用仍然表现为原来手工处理流程的自动化,即支付系统现代化处在技术导向型阶段。这是符合发展规律的。因为经济的发展,支付业务量的增大,暴露了手工处理能力不足的矛盾,用自动化手段代替原来的手工处理,提高效率。这也是发达国家支付系统建设走过的道路。

值得特别注意的是中国人民银行全国电子联行系统的设计和建设,作为中国现代化支付系统的先驱,它不仅注意到了自动化直接提高效率的作用,而且看到了信息技术基础设施所具有的改变人们处理事情的方式的潜在能力。信息技术不仅可以加快原来的手工处理,而且还能够使业务处理流程合理化,从而用新的处理流程和方式取代原来的方式。CNAPS 的设计把这种认识推进了一大步,它标志着中国支付系统现代化进程已经由技术导向型向"技术与业务"混合型阶段迈进。

7.3　中国人民银行支付系统

案例:从电子联行到 CNAPS

中国人民银行总行建立了卫星电子联行系统,并实现了天地对接,办理商业银行间支付业务,同时推出同城结算系统,在全国约 2500 个县级以上城市建立了同城票据交换所,各商业银行系统与之连接。同时,各商业银行在硬件上也纷纷加大投入,支付系统的效率提升很快，很多银行还将支付系统作为品牌和亮点来帮助营销。工行河南省分行会计结算部郭副处长说，工行的支付结算系统经过不断更新升级，在工行系统内部，如从郑州划款到杭州，一般是保证两个小时内到账，非常快捷。各银行系统内是没问题了，由于种种原因，跨行间的结算却明显滞后。

郑州某咨询公司有项业务是企业会计账目代理，其经理张先生对企业异地收付不便感受颇深："异地跨行支付一般要一周左右，以前还可以电话查询是否到账，后来停了，以致有时候财务人员为查看一笔款是否到账，要到银行跑好几趟，浪费人力、物力。"过去电子联行系统的流程是：商业银行将支付信息发至当地中国人民银行，中国人民银行再定时发至人总行，等于是一批一批处理，中国人民银行总行再转发，当中速度可能时快时慢，主要视发往某地的业务量大小而定。

业内人士认为，电子联行系统存在不少问题，如仅处理贷记业务，种类单一，"天地对接"没有完全到位，有的银行没有同中国人民银行连接，同时，未与证券市场、债券市场等金融市场有机结合，运行不够稳定，设备老化，故障时有发生等，无法担当银行间支付清算的现代化公共平台的重任。

于是，支付结算"高速公路"建设提上日程！随着由中国人民银行总行牵头实施的"大额实时支付系统"在郑州开始推行，若通过郑州工行某营业部汇款到农行浙江省分行，工行将支付信息发至郑州的处理中心，该中心直接转发到国家处理中心，国家处理中心再转发至杭州处理中心，信息达到农行，这当中，中国人民银行总行的国家处理中心相当于公共平台。据中国人民银行郑州中支会计财务处周处长介绍说，该系统在中国人民银行总行有两个国家处理中心，在各个城市中国人民银行也建设有处理中心，通过 CNAPS 骨干网接入国家处理中心，而各家银行的支付系统与城市处理中心连接。

郑州并不是第一批 CNAPS 投入使用的城市，在此之前，北京、武汉已经率先投入使用，根据规划，2004 年年底，国内地级以上城市将全部纳入 CNAPS 系统。

7.3.1　中国现代化支付系统

1.概念

中国现代化支付系统(CNAPS),是中国人民银行支付系统中最重要的一个部分,是中国人民银行为适应我国经济发展的要求,充分利用现代计算机技术和通信网络技术开发建设的高效、安全处理各银行办理的异地、同城各种资金汇划业务及其资金清算和货币市场交易资金清算的应用系统。它是各银行和货币市场的公共支付清算平台,是中国人民银行发挥其金融服务职能的重要的核心支持系统。中国人民银行通过建设现代化支付系统,逐步形成一个以中国现代化支付系统为核心,以商业银行行内系统为基础,各地同城票据交换所并存,支撑多种支付工具的应用和满足社会各种经济活动支付需要的中国支付清算体系。CNAPS 系统一般而言包括基于RTGS 方式的大额支付系统(简称 HVPS)、基于净额结算的小额批量电子支付系统(简称 BEPS)及其支持子系统。

同城票据交换所将继续作为 CNAPS 的一个应用系统存在,但其自动化将会大大提高。

大额实时支付系统是 CNAPS 的骨干系统之一,CNAPS 还包括小额批量支付系统、清算账户管理系统和支付管理信息系统等,其建设是中国人民银行总行的重要金融基础工程之一,被业内喻为资金结算的"高速公路"。

中国人民银行支付系统主要由中国现代化支付系统 CNAPS、全国支票影像交换系统 CIS 和其他的应用系统如电子商业汇票系统 ECDS、境内外币支付系统 CDFCPS、银行卡授权系统 BCAS、政府证券簿记支付系统GSBES、金融管理信息系统 FMIS 等组成。

2.作用

CNAPS 主要提供商业银行之间跨行的支付清算服务,是为商业银行之间和商业银行与中国人民银行之间的支付业务提供最终资金清算的系统,是各商业银行电子汇兑系统资金清算的枢纽系统,是连接国内外银行重要的桥梁,也是金融市场的核心支持系统。

CNAPS 是集金融支付服务、支付资金清算服务、金融经营管理和货币职能于一体的现代化支付清算系统,它将商业银行为客户提供金融服务的下层支付服务系统与中央银行为商业银行提供支付资金清算服务的上层服务系统通过中国国家金融网络 CNFN(China National Financial Network)有机地结合在一起。它是适合我国国情的、综合的、安全的金融服务系统,是我国全面实现金融电子化的奠基石。

3.网络

中国国家金融通信网 CNFN 是使中央银行、各商业银行和其他金融机构有机连接在一起的全国性的计算机网络系统。我国的金融机构通过该系统可连接全国各领域成千上万个企事业信息系统。从而为广大的客户提供全面的支付服务和金融信息服务。CNFN 在北京和无锡分设两个国家处理中心 NPC(National Processing Center)。这两个 NPC 有同样的结构和处理能力,且互为备份。NPC 也称主站。两个 NPC 之间由 SCPC(单路单载波)高速卫星线路(通信速率为 512—2048Kbps)和地面高速 E1 线路(2.048Mbps)相连。在正常工作情况下,由主用 NPC(北京主站)控制、管理全网。一旦发生灾难,备用 NPC(无锡主站)就接管瘫痪了的主用 NPC 的所有业务。CNFN 网络分为二级三层。网络的三层节点中,一级节点是国家处理中心 NPC,二级节点是城市处理中心 CCPC(City Clearing Processing Center),三级节点是中国人民银行县支行处理节点 CLB(Country Level Bank)。CPC 也称小站(CNAPS 逻辑网络见图 7-9)。

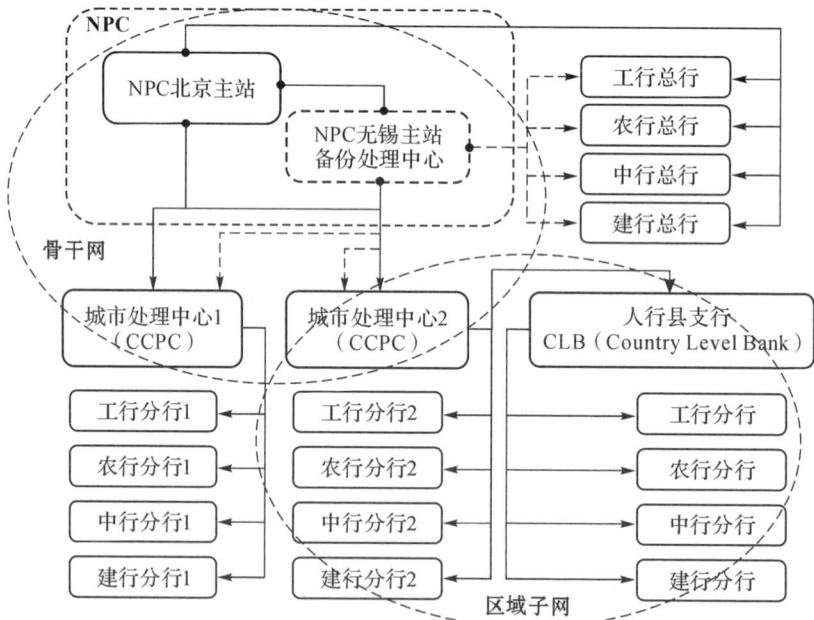

图 7-9　CNAPS 逻辑网络

三级节点组成了二层网络。由 NPC 与 600 个 CPC,构成国家级主干网络;CPC 与 CLB 构成区域网络。国家级主干网以中国人民银行的卫星通信网为主体,以中国金融数据地面通信骨干网和邮电部门的公用数据通信 DDN 为辅助信道。各商业银行总行采用 DDN 线路与 NPC 连接。

CNFN 在全国范围内提供金融信息通信服务,保持与应用系统相互独立。建成 CNFN 之后,中国的整个金融网络就主要由 CNFN(包括中国金融卫星通信网和中国金融数据地面通信骨干网)、各商业银行的全国数据通信网、保险公司等其他金融机构的全国数据通信网等系统构成。在物理通信线路上 CNFN 主要由卫星通信线路和地面通信线路组成。

1)卫星通信线路。

CNFN 采用卫星通信网为国家级主干网络。用于两个主站之间、主站和小站之间的数据通信。主干线路的拓扑结构,是利用 2 个星状卫星网络,采用集中控制、集中管理的星形结构,把多个 CCPC 分别连接到 2 个 NPC。卫星网络将利用卫星的 Ku 波段信道,并采用美国休斯公司的 UMOK 设备,使用单路单载波技术,以提供高质量、高效率和高速率的通信线路。

2)地面通信线路。

它主要由中国金融数据地面通信骨干网和邮电部门的公用数据通信网(X.25 和 DDN)组成。CNFN 的地面通信线路,一方面作为卫星通信线路备用信道,另一方面构成 CNFN 的区域子网。区域子网是以 CCPC 为中心点的星状网络,它将 CCPC 与本区域的 CLB 处理中心和商业银行及金融分、支机构处理中心进行连接,根据当地通信状况可选用中国金融数据地面通信骨干网、X.25、DDN、PSPDN 或 PSTN 进行连接。

中国现代化支付系统(CNAPS)以 CNFN 的三级网络为物理承载,采用以国家处理中心(NPC:National Processing Center)为核心,以城市处理中心(CCPC:City Clearing Processing Center)为接入点的两层应用结构。各政策性银行、商业银行的分支行可以与当地的支付系统城市处理中心连接,也可以由其总行通过所在地城市处理中心集中接入支付系统,商业银行下属各分支机构通过各商业银行的行内系统连接中国现代化支付系统处理支付业务。目前,中国现代化支付系业务覆盖全国所有省、自治区和直辖市,连接中国境内办理结算业务的各银行金融机构、中国香港和澳门人民币清算行以及中央债券登记结算公司、中国银联、中国外汇交易中心、全国银行间同业拆借中心和城市商业银行汇票处理中心,提供实时全额资金清算服务、净额资金清算服务、支付管理信息服务。

从账户登记和管理的角度来看,我国的金融账户体系结构框图见图 7-10 CNAPS 三个层次账户。各商业银行对应自己的三个层级,分别在 CNAPS 相应的三个层次开设账户。同时 CNAPS 也接纳政府经济管理部门以及其

他金融机构的账户。这样的结构和设置有利于资金的监管和结算（CNAPS
三个层次账户见图 7-10）。

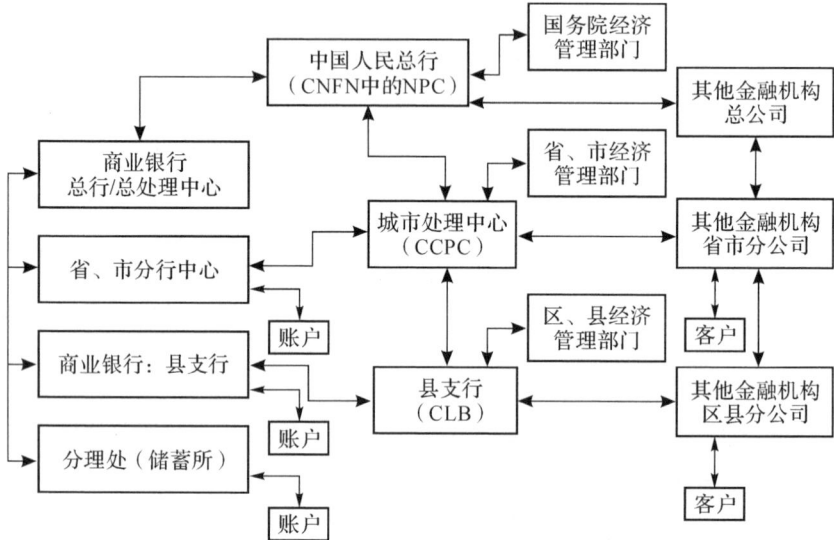

图 7-10　CNAPS 三个层次账户

　　一般可以根据支付系统的服务对象及单笔业务支付金额规模而对支付
系统进行大额支付系统和小额支付系统的区分。大额支付系统主要处理跨
行往来、证券和金融衍生工具交易、黄金和外汇交易、货币市场交易及跨国
交易等引发的债权债务清偿和资金转移；小额支付系统是与社会经济与消
费活动紧密交融、分布广而种类多的支付系统，其服务对象主要是工商企
业、个人消费者、其他小型经济交易的参与者。设置大额和小额系统的原因
有以下两点：①效率因素：上千万元之巨的支付还是一笔只有 100 元的信用
卡转账的支付，如果不加分类地通过同一系统予以处理，势必造成系统拥
塞，不仅影响每一单笔支付指令的处理速度，亦会造成支付清算安排的全局
性效率低下。大额系统处理的业务笔数大大低于小额系统，但支付金额占
各国支付业务总量的绝大部分。②成本考虑：在大金额的支付安排中，需要
更安全、快速、可靠的资金转移手段，支付成本会相应增大，而小额支付则难
以承受；因此按照交易种类、单笔支付金额及支付指令处理时间的紧迫程度
等标准，构建大额支付系统和小额支付系统，能更好地满足支付需求。

　　（1）大额实时支付系统（HVPS）

　　大额支付系统（HVPS：High Value Payment System）由央行拥有和运
行，是所有其他支付应用系统的核心，采用 RTGS（Real Time Gross

Settlement)方式,支付指令逐笔实时发送,资金全额结算,为跨行资金转账、金融市场、证券市场、外汇市场提供当日资金结算。也为小额支付系统、同城清算所、银行卡网络以及商业银行电子汇兑系统提供日终净额结算。系统于 2005 年中完成全国推广,大额支付系统连接着境内办理人民币结算业务的中、外资银行业金融机构,中国香港、澳门人民币清算行等,拥有 1600 多个直接参与机构,9 万多个间接参与机构,日均处理业务 110 多万笔,资金超过 3.2 万亿元。每笔业务实时到账,其功能和效率达到国际先进水平。

目前,我国银行业为社会提供的支付业务主要划分为三类:一是货记支付业务,包括汇兑、委托收款、托收承付等;二是借记支付业务,包括银行汇票、国内信用证、银行本票、支票、旅行支票;三是其他支付业务,如商业汇票、银行卡以及其他创新的支付业务。

大额支付系统则主要处理:规定金额起点以上的跨行贷记支付业务;规定金额起点以下的紧急跨行贷记支付业务;各银行行内需要通过大额支付系统处理的贷记支付业务;特许参与者发起的即时转账业务;城市商业银行银行汇票资金的移存和兑付资金的汇划业务;中国人民银行会计营业部门和国库部门发起的贷记业务及内部转账业务;中国人民银行规定的其他支付清算业务。

大额支付系统按法定工作日运行。对每一工作日,系统又依次分为日间、业务截止、清算窗口、日终处理和营业准备五个运行时段。各运行时段的起始和结束由国家处理中心统一控制,并确保支付系统各节点运行状态的协调一致。

之前大额支付系统运行时间是,8:30 至 17:00 为日间业务处理时间,17:00 后为业务截止、清算窗口和日终处理时间。日终处理完成后进入下一个工作日营业准备状态。工作日及运行时间段根据管理的需要可以调整,由中国人民银行提前公布。

2017 年 12 月 15 日,中国人民银行办公厅下发了银办发〔2017〕238 号文件,从 2018 年 1 月 22 日起,中国人民银行开始实行“调整大额支付系统运行时间有关事项的通知”。通知明确为进一步提升中央银行支付清算服务水平,根据人民银行的统一部署,自 2018 年 1 月 22 日(星期一)起,大额实时支付系统(以下简称大额支付系统)实行小时运行。大额支付系统之前小时的运行时序将一去不复返了。作为大额支付系统的建设、运行、维护者,中国人民银行清算总中心将做好系统时序调整的一系列工作安排。业务开始受理的时间由每个法定工作日(T 日)8:30 调整为前一日(T-1 日)

23:30,业务截止时间(清算窗口开启时间)由每个法定工作日 17:00 调整为 17:15,清算窗口时间调整为 17:15 至 20:30。(大额支付系统 5×21 小时运行,2018 年 1 月 22 日调整,见图 7-11)。

图 7-11　大额支付系统 5×21 小时运行,2018 年 1 月 22 日调整

大额支付系统是中国人民银行按照我国支付清算需要,处理同城和异地跨行之间和行内的大额贷记及紧急小额贷记支付业务,人民银行系统的贷记支付业务以及即时转账业务等的应用系统。实现小时运行的大额支付系统仍然有改进的空间。根据《中国人民银行办公厅关于调整大额支付系统和人民币跨境支付系统运行时间有关事项的通知》(银办发〔2018〕83号),自 2018 年 5 月 2 日起大额支付系统服务时间为国家法定工作日 20:30 至 17:15,即业务开始受理时间为法定工作日前一日 20:30;业务截止时间为法定工作日 17:15,实现 521 小时运行。发生在 20:30 以后的大额汇款业务,客户在网上银行直接操作可以实时到账(大额支付系统 5×21 小时运行,2018 年 5 月 2 日调整,见图 7-12)。

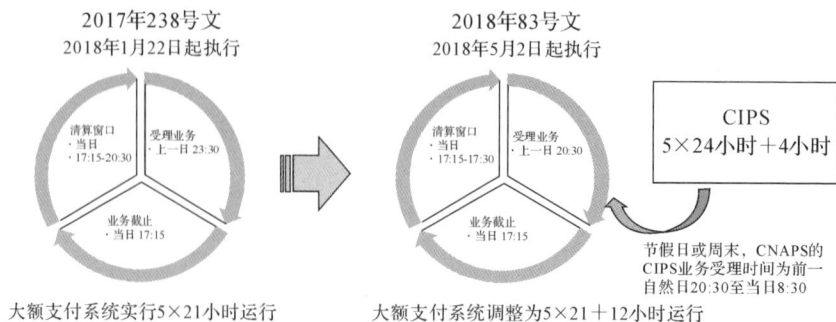

图 7-12　大额支付系统 5×21 小时运行,2018 年 5 月 2 日调整

我们来看一则案例:"2018 年 6 月 24 日,老王刚从美国出差回国,飞机凌晨 2 点落地。飞机刚刚降落,老王赶紧打开企业网银,因为自己的小公司跟另一家公司约定,要在 24 日上午 8 点前转去一笔 500 万的合同定金。时间紧迫,老王用企业网银三下五除二,就搞定了这笔大额转账。转账成功!坐在电脑前的他长长舒了一口气,心想要不是大额支付系统调整了运行时间,这笔钱款恐怕要等到 8:30 以后才能转过去,真是方便!"也就是说 20:30 之后的转账可以实时到账,极大地方便了各类业务的开展。但是,大额支付系统提供服务的时间仍旧需要是国家法定工作日。

与此同时,83 号文还将人民币跨境支付系统(CIPS)的运行时间调整为 5×24 小时＋4 小时,CIPS 系统在法定工作日全天候运行,分为日间场次和夜间场次处理业务。为配合人民币跨境支付系统的运行,自 2018 年 5 月 5 日起,大额支付系统在每个周末或法定节假日期间的首日运行,并执行特殊业务规则:业务受理时间为前一自然日 20:30 至当日 8:30;业务受理范围为人民币跨境支付系统参与者发起的注资及资金拆借业务,其他业务均不受理;小额支付系统和网上支付跨行清算系统的轧差净额也不提交清算。

大额实时支付系统是金融基础设施的核心系统,是连接社会经济活动及其资金运动的"大动脉""金融高速公路"。大额实时支付系统在加速社会资金周转、畅通货币政策传导、密切各金融市场有机联系、促进金融市场发展、防范支付风险、维护金融稳定等方面正在发挥重要的作用。大额支付系统在全国推广使用后,成功取代了原来的全国电子联行系统,彻底解决了"天上三秒,地下三天"资金汇划速度较慢的问题,给社会带来了巨大的经济效益,促进市场经济的快速发展。

大额支付系统给银行和广大企事业单位以及金融市场提供快速、高效、安全的支付清算平台,最大的特点是实时清算,实现了跨行资金清算的零在途。支付指令逐笔实时发送,全额清算资金。该系统处理同城和异地的、金额在规定起点以上的大额贷记支付业务(人民币 5 万元以上)和紧急的小额贷记支付业务。

有了大额支付系统的支持,企业开户行可以通过大额支付系统为企业快速办理资金汇划业务,减少企业间在途资金的占用,为企业资金有效利用提供便利。例如:杭州 A 企业和深圳 B 企业做成一笔几百万的生意,A 企业在工行开户,B 企业在农行开户,A 企业要汇款给 B 企业。在没有大额支付系统的情况下,款项到达 B 企业账户上需要几天时间,有了大额支付系统后几分钟内即可到账。大额支付系统也是广大百姓日常跨行汇款的最好途径,它实时清算资金,原则上大额支付系统处理 5 万元以上的汇款业务,当然5万元以下也可以通过大额支付系统汇划,但是只受理紧急款项,手续费要高一点。因此,总体上业务金额起点的原则遵循"大额支付系统不设置金额起点,小额支付系统设置金额上限"。而这个金额上限也一直在不断提升。

(2) 小额批量支付系统(BEPS)

小额批量支付系统(BEPS:Bulk Electronic Payment System)简称小额支付系统,它通过在一定时间内对多笔业务进行轧差处理,净额清算资金的方式运行,是中国现代化支付系统的重要组成部分。小额支付系统在功能上作为大额支付系统的补充,支持7×24小时连续不间断运行。小额支付系统批量处理业务,支持多种支付工具的使用,满足了社会多样化的支付清算需求,为社会提供了低成本、大业务量和便利的支付清算服务。

小额支付系统主要服务于日常消费性支付,批量或实时发送支付指令,轧差净额清算资金,能够支撑多种支付工具的应用。小额支付系统主要处理同城跨行、异地纸质凭证截留的借记支付业务以及金额在规定起点以下的小额贷记支付业务。目前,小额支付系统处理贷记业务的金额上限为5万元,即只有金额≤5万元的贷记支付业务可以通过小额支付系统处理,对金额>5万元的业务应通过大额实时支付系统处理①。其他支持的业务如:汇兑、委托收款;托收承付;网银支付;代付工资、养老金、保险金;代收水、电费等公用事业费用;国库批量扣税;个人储蓄通存通兑业务;对公通兑业务等。根据支付业务的发起和接收参与者是否属于同一城市处理中心,小额支付系统处理的业务还可以分为同城业务和异地业务。

虽然小额系统是全天24小时运行的,但是批量轧差清算是有时间场次的。小额系统的轧差场次分为全国场次和各省场次,前者由中国人民银行总行设置,后者由中国人民银行各省分行设置,因此是不完全一样的。全国场次目前是一天三场,分别是11:00、14:3和16:00。小额的处理特点是系统实时轧差转发,跨行定时清算。各行入账时间不完全一致,有些是收到业务即可实时入账,有些是一场清算完成以后再入账,还有一些是日终才入账。

总体来看,小额批量支付系统(BEPS)有以下作用:

一是可以提高银行业金融机构的资金使用效率。小额支付系统采取实

---

① 2019年11月28日开始小额支付系统的单笔限额已上调至100万元。2020年1月25日起至1月30日止,新冠肺炎疫情防控期间小额支付系统单笔限额曾短暂提高至5亿元。目前限额维持在100万元。

时轧差、净额清算的处理方式，可以有效节约银行业金融机构的流动性，降低其机会成本，提高资金使用效率。

二是有利于畅通跨行支付清算汇路。除各类传统的借、贷记业务以外，小额支付系统还可处理财税库横向联网、跨行通存通兑、支票圈存和支票截留等业务，支撑各种汇划和托收支付工具的处理，有效畅通跨行资金汇路，适应经济活动和业务发展的需要。

例如对于跨行通存通兑业务的支持。在小额支付系统上线前，部分银行已经开通了行内通存通兑业务，客户使用本行存折可以在同一银行的任一营业网点办理存取款业务。但对于跨行通存通兑业务，由于缺乏相应的系统支撑，公众无法通过存折办理跨行存取款业务，如遇购车、买房等大宗跨行消费性支付，客户通常要携带大量现金，既不方便，也不安全。小额支付系统的开通，实现了各银行业金融机构营业网点的共享，客户在任意一家银行业金融机构的营业网点可以办理实时存取款业务。

三是有利于银行业金融机构改进金融服务。小额支付系统实行 7×24 小时连续运行，可以支持跨行网上支付、电话缴费等日常支付活动。银行业金融机构可根据支付活动及业务发展需要，基于小额支付系统这一平台，灵活拓展各类中间业务，有效改进金融服务。

四是有利于银行业整体资源的优化配置。小额支付系统作为金融基础设施，与各银行业金融机构业务系统连接，通过报文信息交换，将各银行机构的营业网点连接为一个有机的整体，实现银行金融服务资源共享，避免重复投资，有效节约社会资源。

目前在小额支付领域，能与央行"全网"媲美的商用支付网络主要有：银联围绕银行卡建立的跨行支付交换网络（覆盖 300 多个地级以上城市、80 多家银行）；四大国有商业银行内部的全国电子资金汇兑系统与邮政汇兑系统；众多支付厂商与电信运营商、银行合作构建的第三方支付网络。但目前这三类支付商的网络规模均无法与央行小额支付系统相比。央行推行小额支付系统的目的是构建完整 CNAPS 系统体系，随着小额支付系统全国运行，农信社体系也被纳入该系统，打破了制约农信社发展的支付结算"瓶颈"，将让 9 亿农民获得便捷的资金结算服务，在支付领域形成一张覆盖所有金融机构、所有银行账户的"全网"。同时央行拥有的这样一张"全网"是否会商业化运营，对这一问题的回答将成为影响中国支付产业链的焦点。

大、小额支付系统的支付通道有着不同的应用场景，如果我们考察从银行账户 A 支付到银行账户 B，那么有以下几种可能。如两个账户属于同一家银行，则可以通过商业银行内部的行内支付系统完成转账。如果两个账户分属不同商业银行,则可以通过第三方支付经过网联,再经过大额支付系统进行转账支付。另外还可以通过网银支付系统经由小额支付系统进行转账。第三条通道就是通过 ATM、POS 机的银联网络,再经过大额支付系统进行跨行支付(支付通道见图 7-13)。

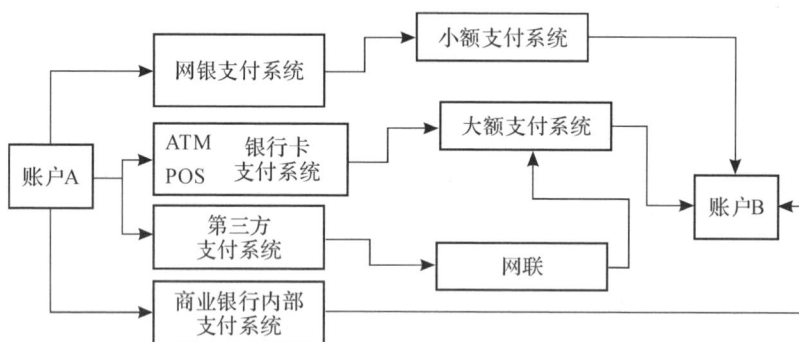

图 7-13　支付通道

从清算方式的角度划分,理论上大额支付系统可分为全额清算和净额清算两种基本运行模式。根据系统服务的时间安排及透支与否等不同,又分为:①中央银行运行的实时全额、无透支系统;②中央银行运行的实时全额、有限透支系统;③中央银行运行的定时、净(差)额结算系统。我国的大额支付系统则基本属于第②类。即实行系统全额实时清算资金,不足支付的交易作排队处理,并采取债券质押与资金融通相结合的自动质押融资机制,系统禁止隔夜透支,日终仍不足支付的交易,可由中国人民银行提供高额罚息贷款,切实防范支付风险。另外,从清算方式的角度来看,小额支付系统由于支付金额较小但业务频繁,多采用批量处理、净额结算方式。

(3)辅助支持系统

中国现代化支付系统(CNAPS)由两个业务应用系统和两个辅助支持系统组成。两个业务应用系统是大额实时支付系统(HVPS)和小额批量支付系统(BEPS),国外的支付系统大多拥有这两个应用系统;两个辅助支持系统是清算账户管理系统(SAPS:Settlement Account Processing System)和支付管理信息系统(PMIS:Payment Management Information System)。

清算账户管理系统(SAPS)是支付系统的核心支持系统,通过集中存储清算账户,处理支付业务的资金清算,并对清算账户进行管理。支付系统对资金清算的处理采用集中清算的模式,在清算账户的设置上,采用"物理上集中摆放,逻辑上分散管理"的办法。即全国各商业银行在人民银行当地分支行开设的所有清算账户物理上均在国家处理中心存储和处理资金清算，逻辑上仍由人民银行当地分支行进行管理。通过对清算账户集中管理，可以加强中央银行对商业银行流动性的集中监管并协助商业银行对其流动性的管理，防范支付风险；便于监测异常支付和统计采集支付清算信息，为货币政策的实施和金融监管提供服务；加快资金清算速度，适应金融市场资金清算的客观需要。

支付管理信息系统（PMIS）包括支付业务统计分析系统（PSAS：Payment Statistical and Analysis System）和支付业务监控系统（PMCS：Payment Monitor and Control System）两个子系统。它也是整个 CNAPS 支付系统的支持系统，集中管理支付系统的基础数据，负责行名行号数据和应用软件的下载、提供支付业务的查询查复和计费服务等。同时，支付系统蕴藏的大量支付业务信息资源，可以为中央银行更好地实施货币政策，履行监管职责，防范金融风险，以及为金融机构加强资金头寸管理提供信息支持，支付管理信息系统还可以为各金融机构提供灵活、高效的支付信息统计服务功能。

4. 中国现代化支付系统特点

综合来看，中国现代化支付系统具有以下特点：

一是具有后发优势。我国现代化支付系统建设是在结合我国国情，并在充分借鉴国际支付体系建设经验的基础上建设完成的，起点较高，后发优势特征明显。例如，在现代化支付系统设计中引入"实时全额结算"机制（RTGS）和"付款交割"机制（DVP：Delivery Versus Payment）等国际通行做法，降低了风险，提高了效率。

二是为所有金融机构提供了平等竞争的公共支付清算平台，满足了所有金融机构的跨行支付需要。在现代化支付系统建设过程中，积极创造条件，支持中小金融机构，特别是农村信用社接入。

债券结算方式是指在债券结算业务中，债券的所有权转移或权利质押与相应结算款项的交收这两者执行过程中的不同制约形式。中央债券簿记系统中所设计的结算方式有：纯券过户、见券付款、见款付券、券款对付（DVP）四种。

券款对付：是指在结算日债券与资金同步进行结算并互为结算条件的方式，国际证券业称其为 DVP（Delivery Versus Payment）。一般需要债券结算系统和资金划拨清算系统对接，同步办理券和款的结算。根据国际同行业经验，债券簿记系统与支付系统连锁运作，同时进行债券和资金的转账，并配合相应的质押融资融券机制，可实现实时的、高效率的 DVP。随着我国大额支付系统建设越来越完善，现在全国大部分金融机构都使用券款对付结算方式。

三是随着经济金融全球化的发展，我国支付体系国际化的特征日益明显。且随着我国在全球经济金融中地位的增强，我国支付体系在国际支付体系中的地位进一步提升。

中国现代化支付系统具有以下作用：

一是加快资金周转，提高社会资金的使用效益。

中国现代化支付系统，特别是其中的大额支付系统，采取从发起行到接收行的全过程的自动化处理，实行逐笔发送、实时清算，是一个高效、快捷的系统。通过支付系统处理的每笔支付业务不到 60 秒即可到账，实现全国支付清算资金的每日零在途，为促进市场经济的快速发展发挥着重要作用。

二是支撑多样化支付工具的使用，满足各种社会经济活动的需要。

中国现代化支付系统，尤其是其中的小额批量处理系统，能够支撑各种贷记、借记支付业务的快速处理，并能为其提供大业务量、低成本的服务，可以满足社会各种经济活动的需要。

三是培育公平竞争的环境，促进银行业整体服务水平的提高。

随着中国金融体制改革的不断深化，逐步形成了政策性银行、国有独资商业银行、股份制银行、城市商业银行、农村合作银行、城乡信用合作社以及外资银行的组织体系，相互之间既有合作也有竞争。建设运行的中国现代化支付系统，是中国人民银行为金融机构提供的一个公共的支付清算服务平台，所有符合条件的银行及其分支机构都可以参与到这个系统中，从而为各金融机构创造一个公平竞争的经营环境，推动各银行的有序竞争，促进银行业整体服务水平的提高。

四是增强商业银行的流动性，提高商业银行的经营管理水平。

流动性、营利性、安全性是商业银行经营的基本原则。商业银行是经营货币的特殊企业，讲究流动性是现代商业银行经营的核心。中国现代化支付系统可以为银行提供日间透支、自动质押回购、预期头寸查询，可以帮助商业银行进一步提高其资金的使用效率，使其资金的使用尽可能最大化，可以有效支持商业银行对其流动性的管理，系统将商业银行法人及其分支机构的清算账户物理上集中摆放在国家处理中心处理跨行的资金清算，商业银行法人、管理行以及开户行可以随时查询监控其头寸的变动情况，根据需要及时地调度资金；支付系统是一个高效运转的系统，有利于商业银行头寸的快速调度和从货币市场寻找资金的及时到账，提高头寸的运用水平。

五是适应国库单一账户改革，提高财政资金的使用效益。

　　近年来,财政国库管理制度改革正在逐步深入建立以国库单一账户体系为基础、以集中收付为主要形式的国库核算体系,以加强财政资金的管理,提高财政资金的使用效益。要保证这一改革的有效实施,必须有一个高效的支付系统给予支持。中国现代化支付系统适应了这一改革的需要,加快了国库资金的汇划。

　　六是支持货币政策的实施,增强金融宏观调控能力。

　　实施货币政策加强金融调控,是中央银行的重要职能。公开市场操作是当今各国中央银行运用的一种主要货币政策工具;实行存款准备金制度,也是一国中央银行实施货币政策和加强宏观调控的重要手段。上述货币政策工具、宏观调控手段需要中国现代化支付系统的有效支持,才能得到更好的实施。中国现代化支付系统与中央债券簿记系统直接连接,实现公开市场操作业务的即时转账,可以大大提高其资金清算和公开市场运转的效率;支付系统可以对法人存款准备金进行考核,中国人民银行及其分支行通过支付系统及时掌握存款准备金的余额信息,便于对其进行管理。此外,支付系统还蕴藏着大量的支付业务和资金清算信息,可以为研究货币政策和宏观调控提供决策参考。

　　七是支持货币市场资金清算,促进货币市场发展。

　　近年来,随着中国的金融改革,中国的债券市场、外汇市场、同业拆借市场发展相当迅速,且交易量不断扩大,其资金清算要求的时效性较强。中国现代化支付系统与这些市场主体相连接,可以实现贷券交易资金的即时转账(即钱券对付)和外汇交易的人民币资金、同业拆借资金的高效汇划,促进货币市场的发展。

　　八是防范支付风险,维护金融稳定。

　　商业银行经营的风险往往会从清算环节发生,甚至会导致系统性风险,如一家银行的清算问题可能导致支付瓶颈,引发多米诺骨牌效应,蔓延到整个系统。这是一些发达国家中央银行乃至商业银行在建设支付系统时关注和改革的重点。现阶段中国的商业银行,特别是一些中小金融机构的风险控制能力还比较薄弱,表现在支付清算方面的风险系数可能会进一步加大。为此,中国人民银行在建设中国现代化支付系统时,将防范支付系统风险作为一个重要目标,采取大额支付实时清算,小额支付净额清算,不足支付排队处理;设置清算窗口时间,用于头寸不足的银行及时筹措资金;设置清算账户控制功能,对有风险的账户进行事前控制等措施。这些措施的采用能有效地防范支付风险的发生,维护金融稳定。

　　在人行支付系统中,除了以 CNAPS 系统作为基础之外,还有许多其他的应用系统与之关联(CNAPS 与各类应用系统见图 7-14)。

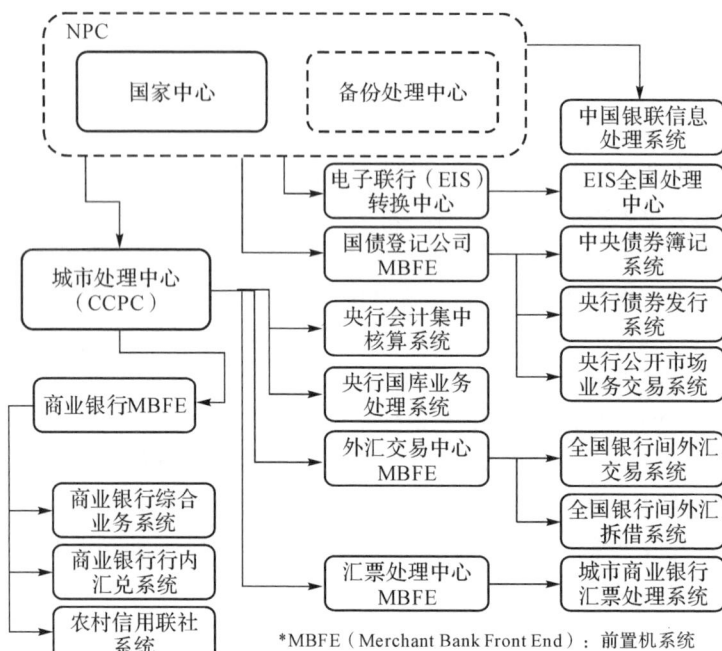

图 7-14　CNAPS 与各类应用系统

7.3.2　其他应用系统

全国支票影像交换系统(CIS:Cheque Image System)是指运用影像技术将实物支票转换为支票影像信息,通过计算机及网络将影像信息传递至出票人开户银行提示付款的业务处理系统,它是中国人民银行继大、小额支付系统建成后的又一重要金融基础设施。影像交换系统定位于处理银行机构跨行和行内的支票影像信息交换,其资金清算通过中国人民银行覆盖全国的小额支付系统处理。支票影像业务的处理分为影像信息交换和业务回执处理两个阶段,即支票提出银行通过影像交换系统将支票影像信息发送至提入行提示付款,提入行通过小额支付系统向提出行发送回执完成付款。

支票影像交换系统支持支票全国通用,异地使用支票的提示付款期一般为 10 天,金额不超过 50 万元。支票的便利性主要体现在用途广泛、携带方便、结算便捷。支付款项时,只需在支票上记载出票日期、金额、收款人名称等事项,并在指定位置签章,其余的工作全部由银行完成。收款人在收到支票时,可以将支票送交自己的开户银行委托收款,可以直接到付款人开户银行提示付款,也可以根据需要将支票转让他人。

从付款时间上讲,中国人民银行规定,在支票影像交换系统将支票信息转发后的 2 个工作日内,出票人开户银行必须按规定支付支票款项,并通知持票人的开户银行。所以,根据收、付款银行的处理方式不同,持票人最早可在 2—3 小时之内收到款项,一般最长在银行受理支票之日起 3 个工作日内可以收到异地支票款项。

电子商业汇票系统 ECDS(Electronic Commercial Draft System):电子商业汇票系统于 2010 年 6 月 28 日全国推广,该系统依托网络和计算机技术接收、登记、转发电子商业汇票数据电文。是提供与电子商业汇票货币给付、资金清算行为相关服务并提供纸质商业汇票登记、查询、公开报价服务的综合性业务处理平台。纸质商业汇票登记查询和商业汇票转贴现公开报价也通过电子商业汇票系统办理。目前,电子商业汇票系统开通了电子商业汇票业务处理功能和纸质商业汇票登记查询功能。电子商业汇票系统的建立,大大降低了票据操作风险,同时为金融机构统一管理票据业务提供了基础平台和技术手段。

境内外币支付系统 CDFCPS(China Domestic Foreign Currency Payment System):境内外币支付系统是我国第一个支持多币种运行的全国性银行间外币实时全额结算系统,为我国境内的银行业金融机构和外币清算机构提供外币支付服务。境内外币支付系统于 2008 年 4 月 28 日投产,目前开通了港币、英镑、欧元、日元、加拿大元、澳大利亚元、瑞士法郎和美元 8 种货币支付业务,满足了国内对多种币种支付的需求,提高了结算效率和信息安全性。系统由中国人民银行清算总中心对参与者的支付指令进行接收、清算和转发,由代理结算银行负责对支付指令进行结算。

银行卡授权系统 BCAS(Bank Card Authorization System):是实时处理 ATM 和 POS 进行跨行或行内授权信息转接的系统。授权系统再通过其他的应用来进行事后清算、结算并最终完成支付。AS 是整个银行卡支付服务系统不可缺少的部分,它包括同城系统和全国系统,处理授权信息报文的转接传送,并进行授权业务的财务统计。

政府证券簿记支付系统 GSBES(Government Stock Book Entry System):是指通过电子记账的形式指对国债发行进行集中登记、托管与结算的系统。中央国债登记结算有限公司于 1996 年 4 月成立,其目标是形成全国统一的国债结算系统,保证债券的及时结算和交易的真实性,并为中央银行的公开市场业务提供保障。

7.3.3 美国的支付系统

在国际上 FEDWIRE 是由美国联邦储备系统开发与维护的电子转账系统,是一个贷记支付系统。FEDWIRE 提供电子化的联储资金和债券转账服务,是一个实时大额清算系统 RTGS。类似的还有欧盟的 TARGET 系统、瑞士的 SIC 系统。

CHIPS 是全球最大的私营美元交换系统,保留有 DNS 和 RTGS,它集合了支付系统两个最优的类型——净额高效清算系统和日清实时全额支付系统于一身。全世界银行同业间的美元清算,95%以上是通过 CHIPS 清算。美国境内的日兑换业务,大多也是通过 CHIPS 清算。

相对于净额结算系统,实时全额结算系统(RTGS)中处理流程和资金转账指令的最终结算是实时连续发生的,没有轧差借记抵付贷记,系统结算流程是基于央行资金的实时转账。RTGS 系统可以减小甚至消除结算处理中基本的行间风险,缩短信用周期以及流动性风险的产生,这是央行在大额转账系统中采用 RTGS 的主要动机。由于定义的宽泛,RTGS 系统的处理设计也呈现多样化,尤其当发送行在央行账户上没有足够的补进资金时,支付处理的实现会有重大的差别,如系统对转账指令的拒绝、在央行系统中的列队、利用央行信用进行结算等,这些可行的支付处理是可以并用的,近几年新型的或者正在改进中的 RTGS 倾向于采用多种处理办法的结合使用。在发达国家中,第一个自动化的 RTGS 系统是美国的 Fedwire,其现代化版于 1970 年投入使用。至 80 年代末,荷兰、瑞典、瑞士、德国、日本、意大利等六个国家采用了 RTGS 工具建立大额转账系统。90 年代出现了更新型的 RTGS 系统,一些原有系统也升级了风险管理能力以及系统架构,从原先的净额结算系统转为 RTGS 系统。

7.3.4 支付系统发展

中国人民银行 CNAPS 支付系统的发展经历了两个阶段,即第一代支付系统(2007 年全部运行)和第二代支付系统(The 2nd generation of China National Advanced Payment System,简称 CNAPS2,2011 年开始运行,2013 年 10 月 8 日正式上线运行)。

1. 第一代系统

一般认为中国人民银行第一代支付系统由大额支付系统、小额支付系统和支票影像交换系统三个业务系统,清算账户管理子系统和支付管理信息系统两个辅助支持系统构成。其中的大、小额支付系统及其辅助支持系统又被称为中国现代化支付系统 CNAPS,第一代支付系统如图 7-15 所示。

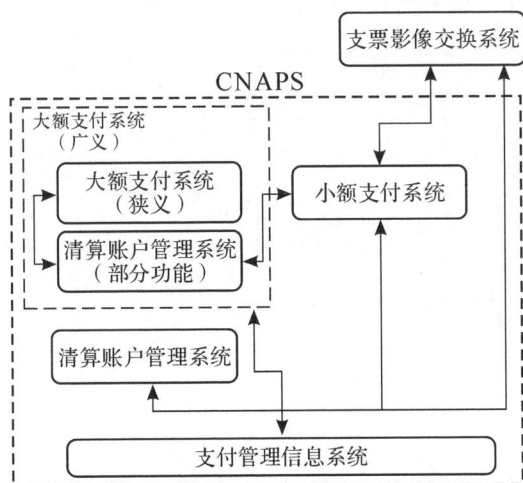

图 7-15　第一代支付系统

第一代支付系统运行安全稳定,资金清算准确无误,对加快社会资金周转、提高支付清算效率、畅通货币政策传导、促进国民经济健康平稳的发展发挥了重要作用,但是第一代支付系统也有以下不足之处。

(1)不能有效满足银行业金融机构灵活接入的需求

体现在部分银行、ACS、TCBS 希望一点接入,CCPC 一点接入处理压力大,行号信息变更影响业务处理等。

(2)流动性管理功能尚待进一步完善

体现在银行无法实时查询其在中央银行所有账户余额,分支机构分别开户资金利用效率不高等。

(3)应对突发事件的能力需要加强

第一代系统应急备份系统级别低,系统恢复能力有限。

(4)业务功能及服务对象有待进一步拓展

网上、电话银行新兴电子支付业务飞速发展,非银行支付服务组织逐步开始提供支付服务,这对第一代系统功能提出了更新更高的要求。

(5)运行维护机制不能适应系统管理需要

体现在大额 MBFE 应用系统故障、小额及支票影像交换系统运行风险无法及时监测,运行维护的效率较低。

(6)系统体系结构还不够完善

体现在 SAPS 与大额支付系统保持紧耦合关系;SAPS 的对外清算服

务时间与大额支付系统的运行时序保持一致;尚未实现对核心账务数据的统一存储管理(第一代系统拓扑结构图见图 7-16)。

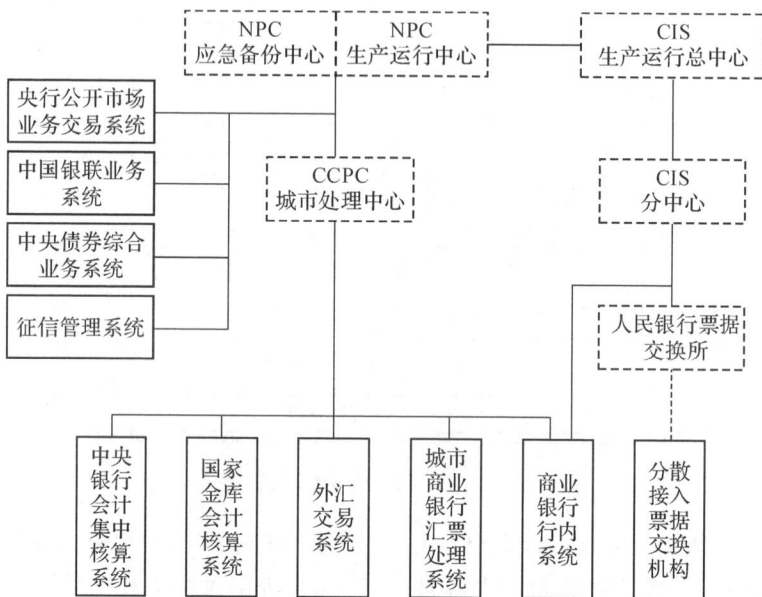

图 7-16　第一代系统拓扑结构图(其中 CIS 为影像交换系统)

2. 第二代系统 CNAPS2

第二代支付系统的总体架构主要包含 6 大系统:清算账户管理系统、大额支付系统、小额支付系统、网上支付跨行清算系统、公共控制管理系统和支付管理信息系统。

立足第一代支付系统的成功经验,中国人民银行第二代支付系统引入先进的支付清算管理理念和技术,进一步丰富系统功能,提高清算效率,拓宽服务范围,加强运行监控,完善灾备系统。它是适应新兴电子支付发展的、面向参与者管理需要的、功能更完善、架构更合理、技术更先进、管理更简便,以上海中心建设为起点,以北京中心投产为建成标志的新一代支付系统。

第一代支付系统建设过程中,大额支付系统、小额支付系统等每一个业务系统都建设了一套相对独立的从参与者到 CCPC 再到 NPC 的应用逻辑,既要负责业务需求和功能的实现,也要负责报文收发和节点间的传输。从实际情况来看,关于报文的收发和在节点间的传输需求,对各个业务系统而言,基本都是一致的,因此各系统分别去实现这些功能属于简单重复。为便于向参与者提供灵活、可靠的接入服务,第二代支付系统建设中,提出了"报文传输与业务处理分离"的思路,通过构建一个支付报文传输平台 PMTS (Payment Message Transmission System),实现参与者与支付系统之间安全可靠的支付业务报文传递。从支付报文传输平台的角度来看,各类金融信息系统均可接入该平台,通过该平台提供的服务来发送/接收跨行的支付信息(即报文);支付系统也只是接入支付报文传输平台的一个信息系统,从支付报文传输平台中获取报文,进行处理和转发。构建支付报文传输平台后,支付系统与参与者和其他外围系统的关系,如图 7-17 所示。

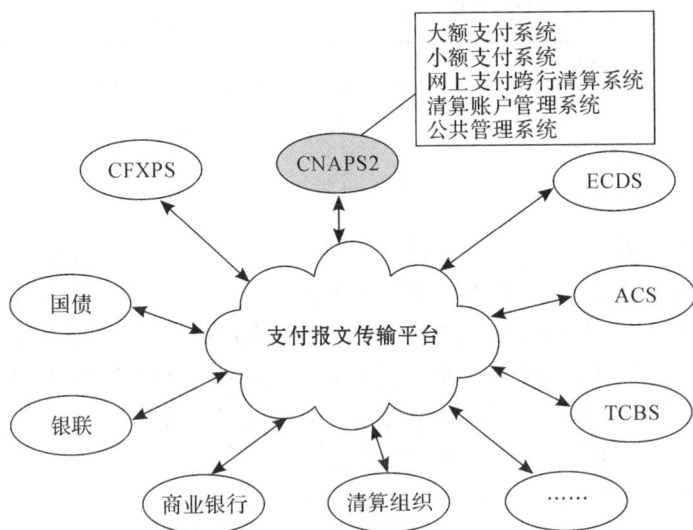

图 7-17　构建支付报文传输平台后,支付系统与参与者和其他外围系统的关系

其中第二代支付系统以支付报文传输平台负责完成第二代支付系统与外部参与者间的支付业务报文传输,是整个第二代支付系统的一个基础服务平台。

从内部结构和逻辑架构来看,第二代支付系统是以清算账户管理系统为核心,大额支付系统、小额支付系统和网上支付跨行清算系统为业务应用系统,公共控制管理系统和支付管理信息系统为辅助支持系统。支票影像交换系统、电子商业汇票系统等为其外围业务应用系统。

CNAPS2 内部逻辑和系统架构如图 7-18 所示,图中的 CNAPS 是我国重要的金融基础设施,为各参与者提供资金清算服务,也为中国人民银行监管机构提供数据信息服务。

第二代支付系统外部的参与者包括商业银行、银联、第三方/网络支付、

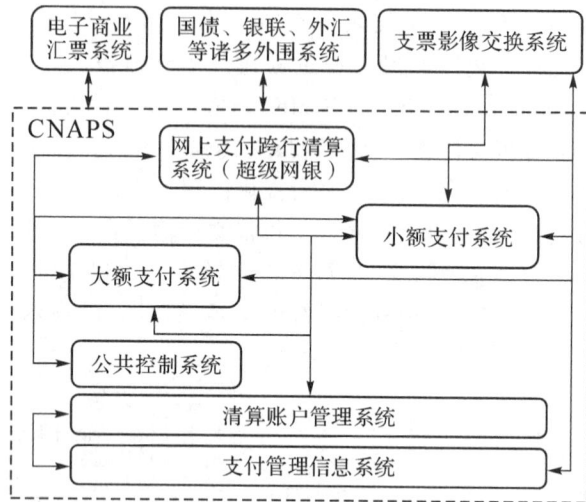

图 7-18　CNAPS2 内部逻辑和系统架构

城市商业银行汇票处理中心、农信银,集中代收付,以及人民银行自身的电子汇票系统、支票影像系统(CIS)、中央国库系统(TCBS/TBS)、集中账务处理系统(ACS/ABS)、中央债券综合系统(CBGS)、中央证券登记公司综合系统、外汇交易系统、境内外币支付系统、企业个人征信中心、反洗钱中心等。第二代支付系统外部的参与者拓扑结构,如图 7-19 所示。

第二代网银在设计中有以下几处改动:

CCPC 的功能定位在第二代支付系统进行了适当的调整,由于各银行机构普遍希望直接接入央行支付系统,因此对同一 CCPC 的小额业务轧差功能统一由 NPC 处理。在仍然保持"两级两层"架构不变的前提下,CCPC 的功能主要为:接入渠道功能、报文格式合法性检查以及数据查询功能。

商业银行前置机 MBFE(Merchant Bank Front End)的功能定位由于其功能较为复杂而且经常进行功能升级,维护难度大,加上现有支持平台有限,限制了选型和采购。MBFE 的功能简化为:报文传输节点、业务合法性检查、应用系统间的应用级隔离。

增加了超级网银功能,即网上支付跨行清算系统。与传统网银的转账功能相比,"超级网银"的优点在于"实时"和"便捷"。此前跨行网银转账是通过央行的大、小额支付系统,其中小额转账交易是一天四次组包,无法实现资金实时到账,而"超级网银"上线后,跨行转账能实时到账,且可实时得知到账结果。

超级网银实现了三大业务突破,给客户带来许多便利。其一,真正实现

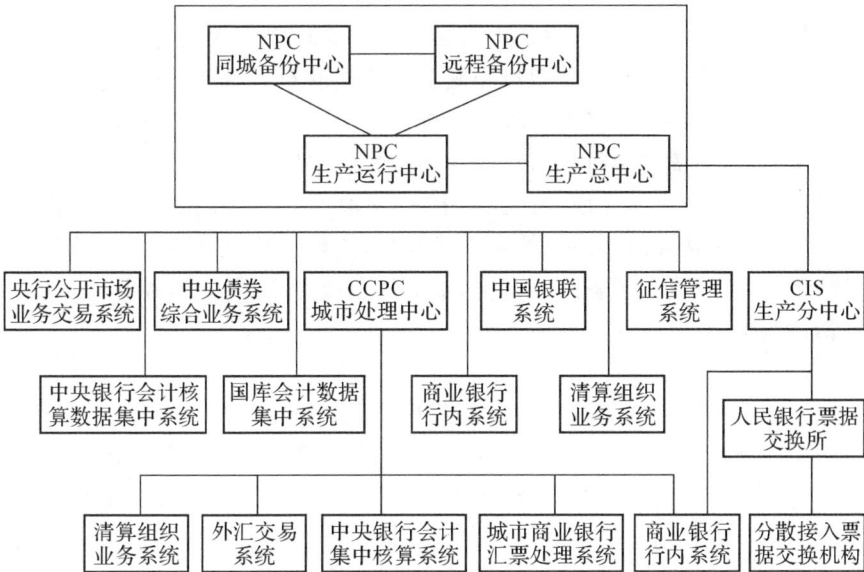

图 7-19 第二代支付系统外部的参与者拓扑结构

24 小时资金流转。以前,银行网银也会随银行网点一起"下班",在银行下班时间,虽然网银用户仍然可以登录银行网银,不过要自行办理跨行转账、缴纳费用等业务时,资金仍然需要等到银行的上班时间才能流转。超级网银上线后,将真正实现资金小时随时随地流转,哪怕是周末,只要这家商业银行接入了超级网银系统,资金就可以实现实时划拨。其二,能够实现跨行转账实时到账。超级网银具有统一身份验证、跨行账户管理、跨行资金汇划、跨行资金归集、第三方支付、第三方预授权、统一直联平台、统一财务管理流程、统一数据格式等服务,能够实现跨行转账实时到账。在超级网银开通之前,只通过小额系统跨行转账很难实现资金实时到账,除非办理加急业务采用大额系统。其三,实现跨行管理账户。"一站式"管理所有银行账户是超级网银的另一大特色。今后用户在工行的网银上即可方便快捷地查询到农行的账户情况,并实现资金在多个银行系统间的自由流转。

总之,与第一代支付系统相比,第二代支付系统能为银行业金融机构提供灵活的接入方式、清算模式和更加全面的流动性风险管理手段,实现网银互联,支撑新兴电子支付的业务处理和人民币跨境支付结算,实现本外币交易的对等支付(PVP：Payment Vs Payment)结算。同时,系统还将具备健全的备份功能和强大的信息管理与数据存储功能,建立高效的运行维护机制,进一步强化安全管理措施,并逐步实现支付报文标准国际化。

3.二代系统特征和影响

第二代支付系统对于完善我国支付清算体系,维护金融体系的安全、高效运行,以及央行履行宏观调控和服务职能具有重要意义。第二代支付系统相对于第一代系统,能支持参与机构一点接入、一点清算,适应了银行业金融机构(以下简称银行机构)行内系统数据大集中的发展趋势,为银行机构节约了流动性和接入成本;大额、小额、网银各应用系统间的技术松耦合,增加了参与机构对应用系统的自主选择权;支付结算方式的创新和服务质量的优化,高效支撑了各种跨境、电子支付和金融市场交易,提升了支付体系整体竞争力。

(1)主要特征

对于第一代系统分散的接入渠道进行了统一。第二代系统在信息传输方面采用类似于 SWIFT 的传输渠道,信息传输和业务处理相分离,所有参与机构接入公共信息传输平台,业务信息经公共信息传输平台清分后,分别提交大额、小额、网银三个应用系统处理,多个参与机构可以通过一个前置机接入支付系统。

调整国家处理中心和城市处理中心的功能定位。引入接入云概念,全国 32 个城市处理中心(CCPC)仅仅作为参与机构接入第二代系统的物理接入节点,进行最基本的报文格式检查,不再具备第一代系统的轧差、管理和数据存储功能,各 CCPC 可以互为备份。所有轧差、数据存储和管理功能均集中到了国家处理中心(NPC),时序、权限和参数管理也由位于 NPC 的公共控制管理系统进行。

各个业务应用系统相互独立。第二代系统解除了大额系统和清算账户系统的绑定关系,以及小额系统和轧差服务器的内嵌关系。清算账户系统直接为大额、小额和网银系统提供资金结算服务,小额和网银系统无须通过大额系统提交轧差净额,轧差服务器从小额系统中分离出来,为小额和网银系统管理净借记限额和提供轧差服务,因此,大额、小额和网银三个应用系统相互独立,可分别运行。

提供多边轧差净额结算模式。除了支持各种贷记、借记、即时转账业务外,第二代系统还开发了多边轧差净额结算模式,能为支付清算组织提交的一揽子参与机构多边轧差净额提供资金结算服务,正如欧元区大额支付系统 Target2,为证券交易、零售支付和货币市场等金融市场支付清算系统提交的多边轧差净额业务,完成参与机构资金账户的最终结算。

支持外汇交易市场的"款款对付"结算。"款款对付"结算简称 PvP 结算,是指不同币种资金同步进行交收并互为交收条件的结算方式,一直被视为外汇交易结算系统应该实现的最重要功能之一。第二代系统设计了 PvP 结算的完整流程,通过大额支付系统、外汇交易清算系统和结算银行的同步处理,本、外币两笔即时转账业务将分别完成外汇交易中本币和外币的资金转账处理,避免了外汇交易的本金风险。

启用多种排队业务解救机制。一是不仅为小额排队业务提供撮合功能,还为大额排队业务设计了日间双边撮合和业务截止多边撮合机制,只要排队业务符合撮合条件,即可解救因账户余额不足导致的排队队列;二是为在央行开立多个清算账户的法人银行提供了"资金池"管理功能,当分支机构清算账户因缺乏头寸而出现排队业务时,系统依据法人银行事先授权自动将资金从法人银行调入分支机构账户解救排队业务;三是为不同法人银行提供自动拆借功能,当法人银行头寸不足支付时,系统依据法人银行事先签订的拆借协议,启动法人银行之间的资金拆借功能,化解流动性风险,确保当日不能解退的轧差净额清算业务完成最终结算。

提供各类账户查询功能。法人银行可于当日查询所有分支机构清算账户的余额、可用头寸、预期头寸,还可以查询其在人民银行非清算账户的余额信息;分支机构则可查询自身清算账户和在人民银行开设的非清算账户的有关信息。此外,与第二代支付系统同步上线的中央银行会计核算数据集中系统还为银行机构设计了零余额账户管理功能,有利于法人银行清算账户和非清算账户资金的集中归并和使用。

适应跨境和创新业务的发展。为适应跨境业务的发展趋势,拓展跨境业务种类,划分为资本项下跨境支付和退款、服务贸易结算和退款、货物贸易结算和退款等支付种类,报文采用 ISO20022 标准并支持英文填写。小额系统票据截留业务增加了银行汇票、商业汇票、银行本票等种类,能支撑各类票据的影像信息传递和资金结算。第二代系统还做强了非金融支付服务组织的支付业务功能,为集中代收付中心开辟了实时代收、实时代付业务功能,增加了协议信息验证功能,统一了协议核验要素。

全面改进参与机构服务体验。人民银行发起的涉及银行机构清算账户资金变动的单边、错账冲正和同城轧差净额业务,均会通知该参与机构;特许参与者发出的即时转账、多边轧差净额业务如遇排队情形,也会及时通知缺款行,方便其筹措资金。此外,所有涉及清算账户的维护信息都会通知到清算账户所属的银行机构。

(2)对参与机构和金融市场的影响

节约参与机构的接入成本。参与机构只需开发集中大额、小额、网银功能的单一接口或摆放一台前置机,即可接入央行系统办理各类支付业务,大大节约了设备等固定资本投入。尤其是多家参与机构行内系统通过共享前置接入第二代支付系统的方式，为农村金融机构低成本接入支付系统创造了有利条件。NPC功能的集中和CCPC功能的弱化，可以方便参与机构就近接入支付系统，也为参与机构在主接入点故障情形下，随时切换到备份接入点奠定了基础，数据的集中存储和业务的集中处理也有利于备份系统的集中和建设。但是，"鸡蛋放于同一篮中"虽方便了管理，也凸显了备份系统同步建设的重要性。

新增参与机构对应用系统的自主选择权。第一代系统中，由于中国人民银行会计核算系统是接入大额系统，并通过大额系统向清算账户系统提交参与机构开户、销户指令以及资金支付指令，而轧差服务器镶嵌于小额系统，因此参与机构加入小额和网银系统的前提是必须加入大额系统，退出大额系统前必须先退出小额和网银系统，加入网银系统的前提是必须加入小额系统，退出小额系统前则必须先退出网银系统。在第二代系统架构中，由于大额、小额和网银系统的相互独立，会计核算系统直接接入清算账户管理系统，提交参与机构开户、销户指令和资金支付指令，因此参与机构可依据自身业务需要加入或退出上述任一应用系统。

提高中央对手方交易的资金结算效率。各类支付清算组织例如银联、中证登、上海清算所等金融市场中央对手方（Central Counter Party，简称CCP）可以通过大额支付系统提交多边轧差净额业务，改变了原来将多边轧差净额业务拆成多笔以自身为其中记账方的即时转账业务提交大额支付系统完成资金结算的方式，这种国际上中央对手方普遍采用的清算模式，有利于提高资金结算的效率，降低资金结算风险，也有利于中央银行及时主动掌握金融市场资金交易状况。

加速外汇交易后台集中清算的进程。目前，我国外汇交易市场的场外询价交易和场内竞价交易，均未实现PvP结算。无论作询价交易清算的外汇交易中心，还是作竞价交易集中清算的上海清算所均面临不同程度的汇率风险和本金风险。第二代系统设计的PvP结算功能，能极大地降低外汇交易清算和结算环节的风险，提高外汇交易的结算效率，助力外汇交易中心将众多分散的询价交易纳入集中清算系统中，从而对外汇交易市场产生深远影响。外汇交易采用PvP结算模式，以及大宗交易使用央行货币进行结算，也有助于提升国际清算银行和国际货币基金组织对我国金融体系稳健性的总体评估，在扩大外汇市场交易规模的同时，有利于央行对外汇交易总体情况的及时把握和宏观调控。

增强银行体系资金使用效率。第二代系统提供的多种流动性管理功能,有助于银行机构了解其在央行开立的所有账户余额情况,盘活法人银行所有流动资金,及时完成日间支付,提高资金使用效率,避免因信息失灵带来的流动性风险。由于这些功能大部分是系统根据事先设置自动触发的,有的是方便法人银行知晓头寸的功能,因此在提高支付清算效率的同时,还降低了银行机构管理流动性的成本,促进了支付行业整体服务水平和服务效率的提高。

提高支付服务国际竞争力。使用国际标准的第二代系统报文能够在大额系统和 SWIFT 等跨境系统间自动转接和传输,有利于银行办理跨境业务的联机处理。第二代系统运行时序的参数化设置和调整则扫除了跨境支付的时区障碍,为全天候办理跨境支付的最终结算奠定了基础。代收付业务的服务拓展和核验统一,提高了代收付业务处理效率,深化了区域乃至全国代收付业务的开展,有利于支付服务市场的细分,促进支付服务市场向专业化、多元化和市场化方向发展。

(3)参与机构的应对措施

第二代系统作为银行间最重要的金融基础设施,它的上线和切换对于所有参与机构来说,都带来了诸多相应的调整和应对工作。

加快行内系统改造和接口开发。为充分利用好第二代系统这个平台,各参与机构应按照中国人民银行工程实施计划推进行内系统改造和接口开发,做好自身系统对第一代和第二代业务的支持,整合大额、小额和网银等业务应用的接口,完成自身系统内部测试和业务测试,早日参与中国人民银行组织的联调测试和模拟运行,确保各类业务的平稳开展,自身系统的稳步上线,新旧系统的平滑过渡。

加强内部各部门间沟通和协作。第二代系统的各个应用模块,例如大额和零售支付系统,以及提供的各种流动性管理功能,可能会涉及银行资金营运部门、会计核算部门、电子银行部门、公司业务部门等多个部门的合作,各银行应根据支付系统反馈的调拨资金报文,做好总行和分支机构内部的会计核算;根据资金拆借报文和金融市场转账报文,做好会计核算部门和资金营运部门的沟通与协作;跨行网银业务的开展需要电子银行部门的参与;自动拆借协议的设置、撤销和额度恢复等均需要会计核算和资金营运部门及时沟通信息,联动处理业务。因此需设计好行内支付系统相关业务处理流程,制订相应的支付系统业务处理办法,规范各类业务处理手续和程序,明确内部分工和各方责任。

明确生产和备份系统建设布局。第二代系统为参与机构提供了灵活的接入方式和清算模式,尤其是一点接入、一点清算的模式,在节约商业银行流动性的同时,也节约了接入成本。但是,高度集中的数据存储和业务处理也对系统运营和系统安全提出了更高要求,银行机构应事先确定好生产接入点和备份接入点,尽早考虑自身备份系统建设,为生产系统和备份系统的无缝接替、业务处理的连续性做好充分准备。

发挥广大参与机构的合力。无论证券市场的券款对付结算,还是外汇交易市场的 PvP 结算,仅靠美好设想和单方面努力是远远不够的,它需要中证登、外汇交易中心、上海清算所、外币结算银行等各方达成共识,共同行动,改造系统,实现债券和外币账户资金圈存功能,才能实现证券交易结算中券和款的同步交收,外汇交易结算中人民币和外币资金的同步结算。由特许参与者发起的其他业务,如银行卡跨行交易业务、城市商业银行汇票业务和代收付业务也同样如此,需要支付清算组织和银行机构的共同参与和合作。

做好各项基础性工作。参与机构应根据中国人民银行颁布的最新收费方案,结合自身业务发展,确定拟加入的第二代系统应用模块和清算方式,做好多个清算账户向一个清算账户归并的各项准备,逐步上收跨行支付业务,完善内部分级核算体系,保证业务的连续处理,做好上收过程中应急处置和宣传解释工作。为切实用好各项流动性管理和查询功能,银行机构申报行名行号信息时需填明自己的所属法人,法人银行还需在中国人民银行开设或指定零余额账户,以便中国人民银行为其归集账户资金。

7.4　银行卡跨行支付系统

在一些发达国家和地区,银行卡支付体系经历了 50 多年的发展历程,已基本成熟。在我国,经过各方共同努力,已初步形成有中国特色的银行卡支付体系。

银行卡支付通常分为两个阶段。首先是消费刷卡时需要得到发卡行的授权,其次在得到授权刷卡消费之后完成商户和收单行、发卡行资金方面的清算。银行卡清算,见图 7-20。

银联的支付清算包括跨行清算和收单清算。跨行清算是针对收单机构和发卡机构的清算,收单清算是代替收单机构针对商户和收单专业化服务机构的清算。

银联清算的环节:银联的支付清算包括清分和资金划拨两个重要环节。清分是指对交易日志中记录的成功交易,逐笔计算交易本金及交易费用(手

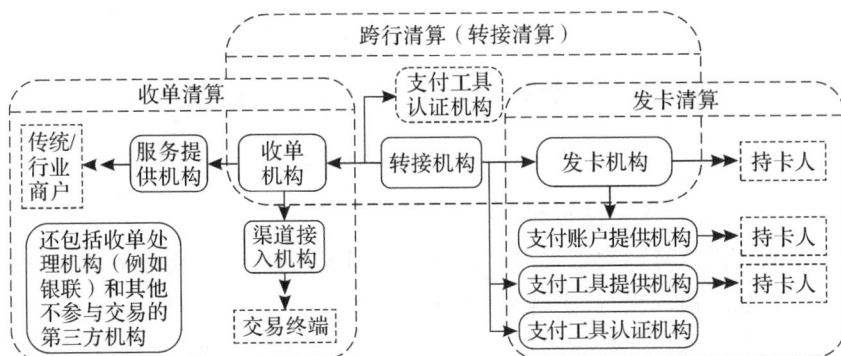

图 7-20　银行卡清算

续费、分润等），然后按清算对象汇总轧差形成应收或应付金额。简言之，就是搞清楚今天应该向谁要多少钱，应该给谁多少钱。资金划拨是通过特定的渠道和方式，完成应收应付资金的转移。简言之，就是明确通过何种渠道，拿回应收款、付出应付款。其中清分是在银联清算系统内部完成的。而资金划拨是银联通过央行的大小额支付清算系统或同城票据交换系统完成的。

1. 银联清算系统与大小额支付系统的关系

无论是跨行清算还是收单清算，银联都是作为一个特许参与者，加入大小额支付清算系统，完成银行卡交换业务的资金划拨。

银联通过大额支付系统，实现与境内成员机构清算账户之间的双向资金转移，此部分对应银联清算方式的跨行清算。

银联通过小额支付系统和当地的票据交换系统，实现与境内第三方机构和商户之间的单向资金转移，此部分对应银联清算方式的收单清算。

在大额支付清算系统中，银联享有比商业银行更大的特权，因为银联可以借记或贷记对方的账户，商业银行只能贷记对方的账户。在大额支付清算系统中还享有借记特权的只有国债登记公司，而且其借记操作还需有国债作抵押。

另外，这里解释一下借记或贷记对方的账户的含义。一般将对方账户作为会计恒等式的等式右边考虑（等式右边贷记表示增加，借记表示减少）（贷记和借记对方账户见图 7-21）。

2. 从资金流及信息流角度看银联清算业务

为更好地理解银联清算系统与央行大小额支付系统的关系，这里从资金流及信息流角度看一下银联清算业务。

□ 贷记对方账户：对方账户资金增加
□ 借记对方账户：对方账户资金减少

图 7-21　贷记和借记对方账户

(1)清算账户 VS.结算账户

银联境内清算的清算账户均开立在中国人民银行,跨境业务的清算账户开立在代理清算银行(中行和汇丰)。

境内成员机构的清算账户均开立在中国人民银行。银行一般在中国人民银行开立有准备金账户和备付金账户,一般使用其备付金账户用于和银联的清算。

境内商户和第三方机构的结算账户均开立在商业银行。

(2)银行卡收单(银联直连)资金流及信息流

1)用户在收单机构或收单行的 POS 机上刷卡消费。(信息流)

2)收单机构或收单行将消费报文发送给银联。(信息流)

3)银联交易系统记录交易数据,将消费报文给发卡行。(信息流)

4)发卡行从消费者卡中实时扣费,完成实时结算,并回复报文给银联。(资金流)

5)银联更新交易数据,回复报文给收单机构或收单行。(信息流)

6)银联在其清算系统完成清分。(信息流)

7)银联通过大额支付系统,完成收单行与发卡行清算账户的资金划拨(跨行清算)(资金流)。

8)银联通过小额支付系统或当地票据交换系统,完成第三方收单机构和商户结算账户的资金划拨(收单清算)(资金流)。

目前在银行卡收单市场中,第三方收单机构在全国范围内快速发展。有收单牌照的第三方支付机构,即通过线下布放 POS,替商户收单。因而收单业务其本质上就是收单机构代表商家参与银行间的清算(因为清算参与方有数量上的限制)。第三方支付机构一般是找一个合作的收单银行,对于收单银行自己的持卡人交易,收单银行自己处理。而其他银行持卡人通过该收单机构 POS 的交易,由合作收单银行转接到银联,再由银联转接到其发卡行,收单流程及本质:收单行(或收单机构)代替商家参与清算,见图7-22。

那么怎么理解收单行呢？事实上可以把收单机构或者收单行理解为一个消费后的挂账机构,消费者可以凭银行卡进行消费的挂账(赊账),之后再

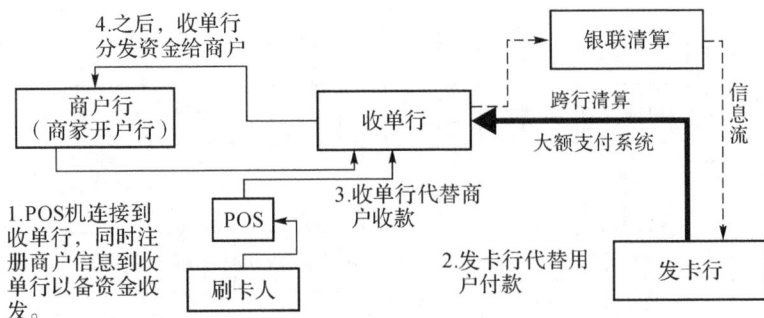

图 7-22　收单流程及本质：收单行（或收单机构）代替商家参与清算

通过银行自动还款。这个赊账的行为可以被称为收单，也就是收"赊账单"，当然现在的赊账单往往不是纸质的，电子形式的消费记录即可。因此银行卡收单业务就可以理解为收集消费信息，然后下发资金给各个商户。当然，需要先上送消费信息到银联进行清算对账之后，才能获得资金，然后才可以下发商户（详细的收单过程见图 7-23）。

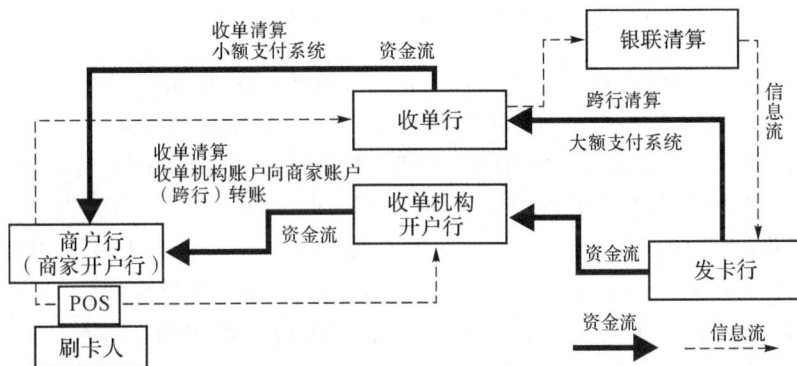

图 7-23　详细的收单过程

下面我们再详细描述一下银行卡使用过程中，持卡人的资金流向商户的流程，分以下几种情况。

情况 1. 持卡人的开户行与第三方机构（收单机构）开户行属于同一家

如果持卡人（A 行的卡）消费 X 元，第三方收单机构会把这笔交易直接转到 A 行，A 从持卡人的卡上扣除 X 元，其中 a 元手续费，把 X-a 块给第三方收单机构，第三方收单机构再扣除 b 元手续费，最后第三方收单机构给商户的钱为 X-a-b 元，这笔交易是不去银联的。持卡人的资金流向商户的流程（情况一）见图 7-24。

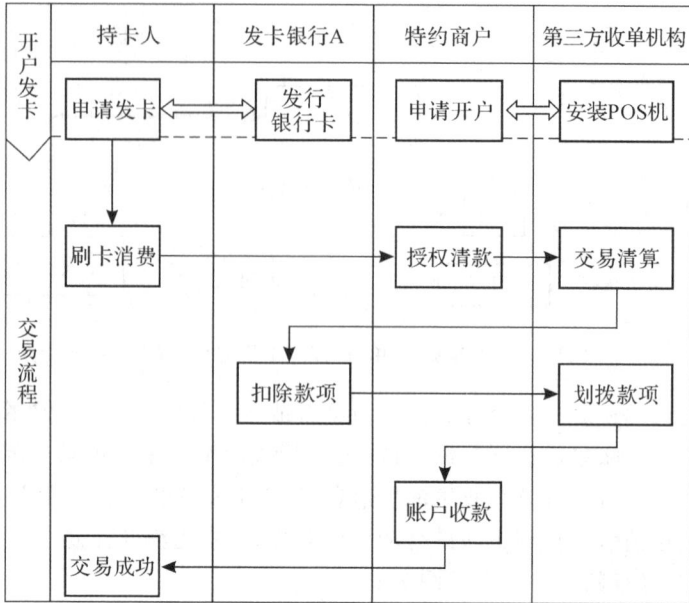

图 7-24 持卡人的资金流向商户的流程(情况一)

情况 2.持卡人开户行 B 与第三方机构的开户行 A 不属于同一开户行

如果持卡人(B 行的卡)消费 X 元,第三方收单机构会把这笔交易直接转到 A 行,A 行看不是自己的卡,就把交易转到银联,银联再转到 B 行,同时 B 行扣除持卡人卡里的 X 元,同时 B 行收取 m 元手续费,银联收取 n 元手续费,之后银联在转给 A 行 X-m-n,A 行再收取 q 元手续费,A 行再转给第三方收单机构 X-m-n-p,第三方收单机构再扣除 q 元手续费,剩下 X-m-n-p-q 元划到商户账户上。持卡人的资金流向商户的流程(情况二)见图 7-25。

银行卡系统通常由银行卡、ATM 和 POS 网络及其单独的清算系统构成。从业务处理角度来看,银行卡支付系统的处理要求介于大额支付系统和小额支付系统之间。一方面,它需要像大额支付系统那样对银行卡的授信进行实时处理即联机授信,但另一方面,它不需要像大额支付系统那样采用成本高昂的安全控制和实时结算(银行卡授权交易流程见图 7-26)。

由此也可以看出:

即便在大额支付系统和小额支付关闭情况下(例如春节升级),并不影响用户通过 POS 及或 ATM(支持跨行)的跨行刷卡交易(只涉及信息流流转)。涉及实际资金流转的资金划拨过程是可以延迟进行的。

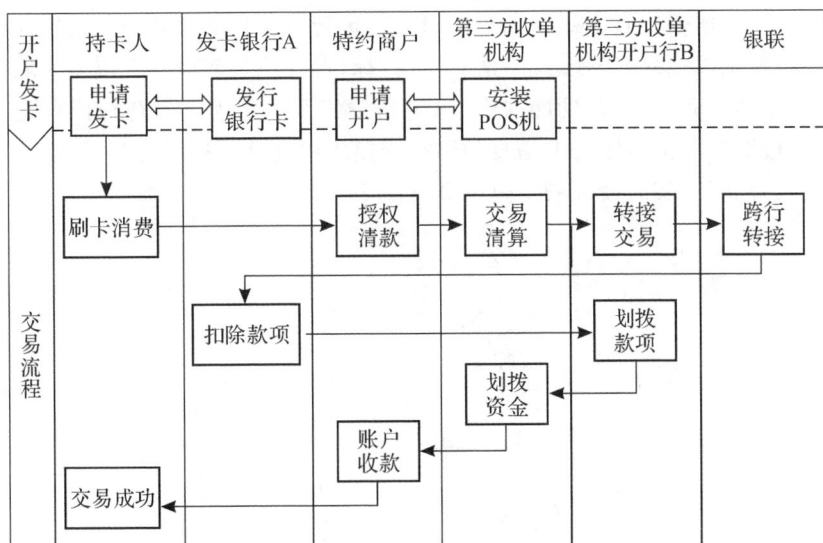

图 7-25 持卡人的资金流向商户的流程(情况二)

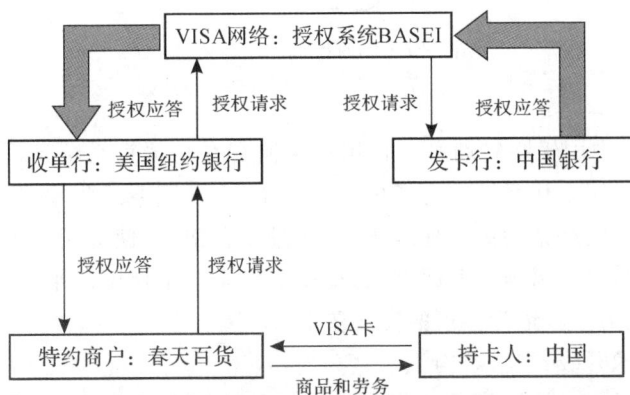

图 7-26 银行卡授权交易流程

但假如是通过银行网银跨行转账,由于需要通过央行的大额、小额支付或网上支付跨行清算系统,在央行系统升级的情况下是无法进行的。

这也是为什么中国人民银行跨行支付(CNAPS)放假需要停运,银联ATM跨行转账不受影响的原因。

其中对于银行卡的授信进行实时处理可以由前面提到的中国人民银行BCAS系统来实时完成,而结算的时候由于对实时性要求不高,则可以采用中国人民银行的小额支付系统来完成。

在中国银行卡支付系统是由中国银联来统一进行运营和管理的。2004

年12月,中国银联自主研发的中国第一代银行卡信息交换系统正式投入运行。该系统以"集中交换、统一清算"为目标,旨在通过建成一个覆盖区域广泛、业务品种齐全、处理功能强大、稳定高效的一体化银行卡跨行信息交换平台,最终实现国内银行卡信息的跨行交换集中处理,以及全国银行卡业务联网联合通用(实时授权和定时结算见图7-27)。

图 7-27　实时授权和定时结算

3. 银联二代系统

2008年中国银联启动第二代银行卡跨行交易清算系统建设。与第一代系统相比,第二代系统实现了核心系统主辅、外围系统集中,增强了系统抗灾难能力;网络架构更为标准化,并通过整合架构,使应用系统更具灵活性和扩展性,安全措施覆盖面增大,提高了安全技术保障水平,也进一步提升了运营能力。其最为显著的突破在于:

(1)技术升级:主辅架构

技术架构上,第二代系统将形成以交易转接系统两地"双中心同步运行"为核心(入网机构同时连接两个处理中心,向任意一个处理中心发送交易,两个中心均能处理转接交易,一旦某中心发生灾难事故,系统自动将送到本机的交易转到另一中心,由正常中心接管所有交易,保证业务连续性)。同时,以收单、发卡前置和外围应用系统为依托,以网络及基础环境为保障,采用统一技术标准、一体化运维管理的集中式系统架构,二代系统还体现了集中式、标准化、高可靠、松耦合、参数化设计等技术特点。

(2)业务创新:综合支付服务

业务层面上,第二代系统建设成为以转接清算服务为核心、支持 POS 等多渠道支付接入以及各种银行卡和创新支付工具使用的功能齐全的开放型支付服务平台；充分利用数据信息，通过联合营销支持系统和数据服务系统，提供面向商户、持卡人、成员机构等的个性化增值服务，全面提升银联网络对成员机构、商户、持卡人支付以外的附加价值。系统建成后，中国银联也将在以银行卡交易清算运营为主的卡组织基础上，向更加市场化的综合支付服务组织转型。

4. 银联网络拓扑结构

银联系统简称 CUPS(China Union Pay System)，其网络是一个二层的网络结构，其中的网络节点按层次不同，可划分为核心节点：上海信息中心/北京信息中心；骨干节点：银联分公司。银联网络拓扑图见图 7-28。

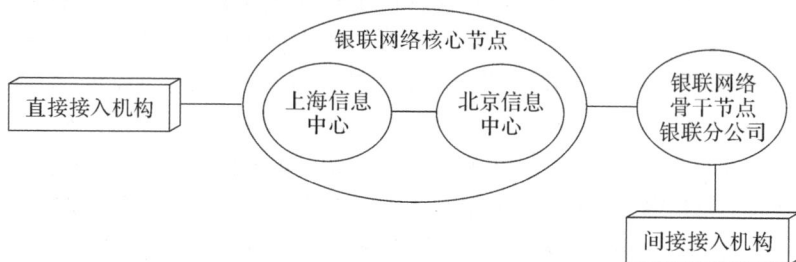

图 7-28　银联网络拓扑图

全国性的入网机构与境内的外资银行（如全国性的商业银行总行、汇丰银行境内机构）直接与上海信息中心与北京信息中心连接，属于直接接入机构。

间接接入机构，如当地农村信用社或城市商业银行，选择当地银联分公司接入银联网络；而全国性入网机构在各地的分支机构可选择当地的银联分公司接入，也可以采用总对总的方式，通过其全国性入网机构接入银联网络。

5. 银行卡支付体系特点

一是形成银行卡快速发展的局面，银行卡支付功能不断增强。2013年，我国信用卡新增发卡 6100 万张，累计发卡量达 3.9 亿张，比年初增长 18%，人均持卡量达 0.29 张，几乎相当于每个家庭拥有一张信用卡。银行卡支付的消费交易额占全国社会消费品零售总额的比重从 2001 年的 2.1% 上升到 2013 年的 55.8%。2013 年，我国信用卡交易总额达 13.1 万亿元，比上年增长 30.9%。

二是建立了具有自主知识产权、本土化的银行卡支付网络。经国务院同意，2002 年 3 月人民银行批准成立了中国银联，专门建设和运营全国统一的银行卡跨行支付网络。中国银联的成立加速了全国联网通用的实现,使国内具有了统一的"银联"标识人民币银行卡。从 2004 年开始,人民币银联卡开始走出国门,在 26 个国家和地区实现受理,大大便利了境内居民出境公务和旅游消费需要。

三是实行了政府推动和市场机制相结合的银行卡发展模式。党中央、国务院对我国银行卡工作始终高度重视和关心支持。国务院领导同志多次就事关银行卡发展的重大问题做出重要批示,为银行卡的发展指明了方向。中国人民银行会同有关部门采取了一系列政策措施,为银行卡发展创造良好的政策环境。特别是中国人民银行等九部委联合发布《关于促进银行卡产业发展的若干意见》,并联合召开全国银行卡工作会议,全面系统地提出了银行卡发展的政策措施及今后一个时期的工作重点,对银行卡的发展产生深远的影响。同时,银行卡的市场化程度不断提高,银行卡发卡、受理、机具布放和维护等各环节及收费定价方面都已引入市场竞争机制,对于降低交易成本、提高交易效率、改善服务质量发挥了积极作用。

四是对外币卡市场实行了完全开放的政策。中国人民银行采取了一系列措施促进境内外币卡境外使用以及境外外币卡境内使用,大大方便了外币卡的使用。特别是随着 2008 年北京奥运会和 2010 年上海世博会的举行,加强外币卡受理市场建设已成为银行卡工作的重点之一。

未来中国将进一步完善银行卡支付体系发展框架,主要包括以下方面:

丰富银行卡产品体系,推动银行卡应用发展。立足市场变化和客户需求,进一步拓展银行卡产品功能,满足持卡人多元化的需求。围绕加强银行卡受理市场这一核心工作,努力扩大受理范围,促进银行卡在公用事业、商业流通领域的应用,特别是在中小城市、中小商户的应用。巩固和扩大联网通用成果,提高联网通用质量。加强奥运城市用卡环境建设,带动全国银行卡发展。在防范信用卡风险的前提下,稳步发展信用卡。

进一步完善以我国为主的、本土化的银行卡支付网络模式。在人民币卡联网通用过程中,充分发挥中国银联跨行支付网络的核心作用,以及商业银行行内银行卡系统的基础性作用。将国内银行卡清算组织向 ISO 申请的、符合国际标准的 BIN 号技术标准作为我国人民币卡的核心技术标准。鼓励国内银行卡支付网络向境外延伸,建成适应中国人出境旅游消费需要的国际受理网络,增强银联品牌的吸引力。完善银行卡跨行交易网络功能,充分利用跨行信息转接的优势,作好相关服务工作。

健全银行卡支付体系监督管理体制。完善银行卡支付体系监督管理的法律基础,随着银行卡相关监管条例的出台和实施,作好组织实施工作和相关配套规章的制定工作。完善银行卡风险管理的业务和技术管理水平,创造安全、高效、和谐的用卡环境。建立支付网络日常运行维护和应急处理机制,确保其安全稳定运行。在拓展银行卡受理范围、打击银行卡犯罪、防范银行卡风险、研究出台相关支持政策、推广公务卡使用方面,加大与其他部门的合作力度,共同推进银行卡支付体系发展。

进一步完善政府推动和市场机制相结合的银行卡发展机制。在当前银行卡市场机制不充分的条件下,中国人民银行将充分发挥支付体系监督管理功能,并会同有关部门,通过有力的政府推动和监管,促进银行卡规范发展。同时,中国人民银行也将根据市场完善程度,进一步发挥市场机制的作用,调动商业银行、中国银联、广大商户和持卡人等市场主体参与银行卡发展的积极性和能动性。

7.5　网　联

网联即网联清算有限公司,是经中国人民银行批准成立的非银行支付机构网络支付清算平台的运营机构。网联的出现,直接宣告支付机构与银行"直连时代"从此终结。网联上线后,支付机构客户备付金将全部上存到央行专用存款账户进行集中存管,备付金的利差收入将以 0.35% 的年利率按季结息,本金也不可能再被挪作他用。同时,央行将能更全面、准确地掌握第三方支付数据,更好实施监管,降低各类风险隐患。

7.5.1　100%交存备付金

客户备付金是指支付机构为办理客户委托的支付业务而实际收到的预收待付货币资金。

根据国务院办公厅《关于印发互联网金融风险专项整治工作实施方案的通知》,非银行支付机构不得挪用、占用客户备付金,客户备付金账户应开立在中国人民银行或符合要求的商业银行。

2018 年 6 月 29 日,央行官网公布《关于支付机构客户备付金全部集中交存有关事宜的通知》(以下简称《通知》),人民银行决定将支付机构客户备付金集中交存比例逐步提高至 100%。《通知》提出,2018 年 7 月 9 日起,按月逐步提高支付机构客户备付金集中交存比例,到 2019 年 1 月 14 日实现100%集中交存。

此外,支付机构应于 2019 年 1 月 14 日前在法人所在地人民银行分支机构开立"备付金集中存管账户"，并于开户之日起 2 个工作日内将原委托备付金存管银行开立的"备付金交存专户"销户。

《通知》规定，2018 年 7 月 9 日起，按月逐步提高支付机构客户备付金集中交存比例，到 2019 年 1 月 14 日实现 100%集中交存。交存时间为每月第二个星期一（遇节假日顺延），交存基数为上一个月客户备付金日均余额。跨境人民币备付金账户、基金销售结算专用账户、外汇备付金账户余额暂不计入交存基数。

除上述跨境人民币备付金账户、基金销售结算专用账户、预付卡备付金账户和外汇备付金账户外，支付机构应于 2019 年 1 月 14 日前注销在商业银行的其余备付金账户。

《通知》还要求，本通知发布之日起，支付机构应根据与中国银联股份有限公司或网联清算有限公司的业务对接情况，于 2019 年 1 月 14 日前在法人所在地人民银行分支机构开立"备付金集中存管账户"，并于开户之日起 2 个工作日内将原委托备付金存管银行开立的"备付金交存专户"销户。支付机构"备付金集中存管账户"的资金划转应当通过中国银联股份有限公司或网联清算有限公司办理。鼓励、支持满足条件的支付机构提前执行。

中国银联股份有限公司和网联清算有限公司根据客户备付金集中交存安排，支持商业银行和支付机构按期、有序接入。

7.5.2　断直连

支付行业所谓的"断直连"，指的是 2017 年 8 月，央行支付结算司印发《中国人民银行支付结算司关于将非银行支付机构网络支付业务由直连模式迁移至网联平台处理的通知》。该通知表示，自 2018 年 6 月 30 日起，支付机构受理涉及银行账户的网络支付业务全部通过网联平台处理。"断直连"就意味着银行关闭了与第三方机构的直接合作通道，与第三方支付机构的业务已经完全经过网联进行。

此前不同第三方支付对接不同银行的系统，现在由银行统一对接网联，再由网联对接第三方支付，以实现网络支付资金清算的集中化、规范化。行业中约定俗成认为，"银联负责线下结算，网联主管线上交易结算"。

先来想象这样一个购物支付场景，当在淘宝上买了一双 300 元的鞋，通过支付宝，用绑定的招行卡付款。流程如下所示：

支付宝收到买家付款请求，自动向网联发起协议支付；

网联将交易信息保存数据库，再将请求转发给招行；

招行在买家的账户扣掉 300 元，告诉网联已扣款成功；

网联再告诉支付宝并传输,支付已成功,交易完成。

目前全部持网络支付牌照的115家支付机构以及424家银行已接入网联平台,99%的市场存量跨机构业务已完成向网联平台的业务迁移。从数据来看,网联平台日间处理的资金类交易已突破10亿笔。

支付机构与清算机构的合作链路将变为"商户—收单机构—银联—Ali/Tencent—银联/网联—发卡行",而不再是"商户—收单机构或聚合支付服务方—A/T—发卡行"。

新方案实行后,第三方支付机构的资金清算模式将从"商户—收单机构或聚合支付服务方—第三方支付机构—发卡行",转变成"商户—收单机构—银联/网联—第三方支付机构—银联/网联—发卡行"。

第 8 章　跨境支付系统

8.1　美国 CHIPS、SWIFT 和 Fedwire

8.1.1　系统概况

CHIPS(Clearing House Interbank Payment System)是"纽约清算所银行同业支付系统"的简称,是全球最大的私营支付清算系统之一,于 1970 年建立,由纽约清算所协会经营。主要进行跨国美元交易的清算,处理全球九成以上的国际美元交易。其运营方纽约清算所成立于 1853 年,是美国最早的清算机构,创立的目的是解决纽约市银行间混乱的交易情况,建立秩序。在美联储于 1913 年成立之前,纽约清算所一直致力于稳定货币市场的流通波动,在那以后,清算所则开始运用自己的技术和组织能力来满足银行系统内部日益分化和交易量不断扩大的要求。

SWIFT (Society for Worldwide Interbank Financial Telecommunication)是指全球同业银行电讯协会,成立于 1973 年,是全球各大银行创办的金融服务性机构,为金融机构提供安全报文交换服务与接口软件,覆盖 200 余个国家,拥有 7500 家直接与间接会员。简单地说,SWIFT 就是一家负责发送和解读报文的机构,例如,从工商银行向新加坡华侨银行汇款,工商银行就需要向 SWIFT 发送报文,报文内容包括时间、金额、有效期、出入银行编码、账户名称等信息,SWIFT 经过解码将报文送至清算行后完成汇款。

SWIFT 可为各种类型的支付系统之间建立连接,包括 CLS、Netting/净额系统、证券交易系统、国际证券集中托管系统、RTGS/实时全额结算系统等。

CHIPS 位于纽约,显然在美国的掌控之中。而 SWIFT 位于比利时布鲁塞尔,美国为获取 SWIFT 数据还费了一番周折——美国财政部在 20 世纪 80 年代就尝试获取 SWIFT 数据库,但当年未能如愿。在"9·11"事件后,美国以打击恐怖主义的名义如愿以偿。

SWIFT 是全球行间报文交换网络,而非支付系统;而 CHIPS 是美国两个核心支付系统之一,是一种美元大额清算系统,其结算通过另一个核心支付系统——联储的 RTGS 系统 Fedwire 完成。

CHIPS 是一个美元大额清算系统,由 21 家美国银行持股的清算所支付公司(The Clearing House Payments Company, L. L. C.)运营。CHIPS 日处理交易 28.5 万笔,金额 1.5 万亿美元,平均每笔金额 500 万美元。47 家直接会员来自 19 个国家,包括我国中行与交行,全球 95% 的美元跨国支付由该系统完成。金融机构可通过 CHIPS 私有 IP 网络或 SWIFTNet 与 CHIPS 连接,支持 ANSI X. 12 820、UNEDIFACT、XML 多种消息格式。

美国类似中央银行的机构称为美国联储储备委员会,美联储基本上通过公开市场运作操控联邦基金利率(又称隔夜利率)来贯彻货币政策。美联储的主要任务是:管理及规范银行业、通过买入及售出美国国债来执行货币政策、维持一个有效的支付系统,同时美联储不能发行美国国债。

8.1.2　系统的耦合协同

美联储实时大额支付系统 FedWire 是美国金融基础设施的重要组成部分。FedWire 的用户包括联邦储备银行及其分支机构,国库和其他政府代理机构,以及储蓄机构、信贷联盟、外国中央银行及政府机构等。储蓄机构主要利用 FedWire 向伙伴银行转移账户余额,或根据客户要求向其他机构转移资金。根据银行客户的要求而进行的转账包括买卖政府的证券、储蓄和其他大额、时间性强的支付。国库和其他联邦政府代理机构利用 FedWire 大量筹集、分配资金。

FedWire 的功能齐全,它不仅提供资金调拨处理,还具有清算功能。因此 FedWire 不仅提供大额资金支付功能,还使跨行转汇得以最终清算。此外,FedWire 还提供金融信息服务。

而 CHIPS 直接会员在 CHIPS 开设清算账户,同时在联储银行开设结算账户,CHIPS 自身也在联储银行开设结算账户。CHIPS 进行双边/多边连续轧差清算,日终通过 FedWire 完成结算。

例如,假设银行 X 欠银行 Y 的资金。蓝色箭头表示信息流,紫色箭头表示资金流。由于银行 X 和 Y 不是 CHIPS 的直接会员,所以需要通过银行 A 和 B 作为代理行。银行 X、Y 通过 SWIFT 系统与 A、B 建立起联系。银行 A、B 则通过 FedWire 系统向 CHIPS 划拨资金。信息流通过 SWIFT、FedWire 转入 CHIPS 系统,最终通过 CHIPS 系统向银行 A、B 划拨资金。清算流程结束(CHIPS 和 FedWire 见图 8-1)。

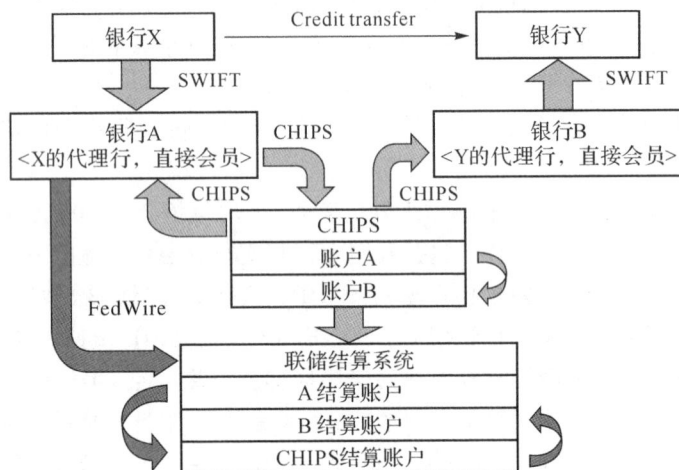

图 8-1　CHIPS 和 FedWire

通过 CHIPS 系统传输和处理的信息主要有以下几种:

1)资金转账(Funds Transfer)信息。即将储备账户余额从一个金融机构划拨到另一个金融机构的户头上。这些资金几乎全是大额资金。

2)传输美国政府和联邦机构的各种证券(Securities Transfer)交易信息。

3)传输联邦储备体系的管理信息和调查研究信息。

4)自动清算(ACH)业务。在美国,大量采用支票作支付工具,通过 ACH 系统,就可使支票支付处理实现电子化。ACH 系统通过自动票据清分机,实现支票和其他纸凭证的自动阅读和清分,再进行传输和处理,以使支票支付的处理过程实现电子化。现在,所有的美国联邦储备银行都提供对支票的电子支付服务,大多数的金融机构可接收电子形式的支票。图像处理和条码技术是支票电子支付系统的两大关键技术。图像处理包括获得物理支票的图像和存储其中的数据信息,然后将图像信息传送到支付机构。条码技术使支付机构能对拒付支票自动进行背书,并可识别背书,以加快退票处理。

　　5)批量数据传送(Bulk Data)。通过 FedWire 进行的资金转账过程,是通过联邦储备成员的联邦储备账户实现的。因此,资金转账的结果将直接影响成员行持有的联邦储备账户的储备余额水平。

　　这样,通过 FedWire 结算的资金立即有效并立即可用。这也使FedWire 成为可使用在美国的任何资金转账(包括来自 CHIPS 和其他支付网络的资金转账)实现最终清算的唯一网络系统。

　　2001 年之前 CHIPS 只是一种记账方式,每天 17:00 前计算每家会员银行的净进额或者净出额,然后在 17:15 通过 FedWire 系统汇出应汇款项。

　　2001 年之后,CHIPS 采用了 RTNS[①](实时净额结算方式),该方式综合了 RTGS 和 DNS 两种方式的优点,实行连续轧差结算。

8.1.3　系统的重要性

　　CHIPS 和 SWIFT 并非纽约清算所银行同业支付系统和全球同业银行电讯协会这么简单,它们的数据库是真正的无价之宝,因为全球任何一笔美元交易和商业汇款都在 CHIPS 和 SWIFT 的数据库中,只要顺着交易线索进行深度挖掘,就可以获取大量国家机密和商业情报。

　　举例来说,某国若是执行某个外交战略,就免不了和外国政府或机构发生资金往来或是对外援助,而每一笔资金流动的规模、时间和流动方向都会在 SWIFT 的数据库留下印记,可以通过数据分析,研究该国的外交战略。

　　CHIPS 和 SWIFT 的数据库除了能挖掘国家机密外,还能获取商业情报。因此,对于国内的银行和对冲基金而言,一旦进入国际金融市场,所有资金调动完全被国际金融巨鳄看得一清二楚,而在自己两眼一抹黑的情况下,与知己知彼的国际金融巨鳄在国际金融市场博弈,其凶险程度可想而知。

　　另外,虽然美国获取 SWIFT 的数据库并非单纯地为了打击恐怖主义,但 CHIPS 和 SWIFT 的数据库确实在打击恐怖主义方面发挥了很大作用——美国财政部通过对 CHIPS 和 SWIFT 的数据库的深度挖掘,掌握了极端或非法组织的资金流向方面的相关数据,借此成功破获数十起恐怖主义袭击案件。

　　美国两次金融战争中,CHIPS 和 SWIFT 充当了"千里眼""顺风耳",并

---

① 　可以参考 https://m.sohu.com/a/239422381_698981 陆晓明《人民币跨境银行间支付清算系统的发展、趋势及银行对策》一文。

完成对对手的最后致命一击。深度挖掘 SWIFT 和 CHIPS 数据资料不仅能用于分析国家对外战略、获取商业机密和打击恐怖主义,在金融战争中更能发挥出金融核打击般的奇效。

8.2　跨境人民币清算

为了摆脱对于 CHIPS 的牵制,捍卫国家金融安全。2011 年央行开始组织开发人民币跨境支付系统 CIPS(Cross-border Inter-bank Payment System),希望将其打造成为未来人民币跨境支付的主要渠道,提高人民币跨境清算的效率和交易安全。

在解析 CIPS 之前很有必要了解一下当前跨境人民币清算的主要渠道。一国货币的全球清算体系包括境内清算体系、离岸清算体系和跨境清算体系。境内清算体系处理货币在一国境内的支付结算业务,以银行间大额支付系统为枢纽,包括各类银行间批发、零售清算系统和商业银行内部清算系统。离岸清算体系处理货币在境外国家或地区的支付和结算业务,一般由东道国某家银行担任清算行并运行该清算体系。跨境清算体系处理货币跨境的支付结算业务,人民币的跨境清算目前主要有人民币代理行模式、人民币境外清算行模式和非居民人民币账户模式(人民币的跨境清算见图 8-2)。

图 8-2 从右到左可以看到服务等级是逐步提升的。最右边的 NRA 账户模式是人员来国内办理,比较不便。而代理行模式则是为了方便境外客户,将繁杂的跨境事务由银行进行对接,由境内代理行和境外参与行对接,省却了境外客户的麻烦,服务比 NRA 模式更为方便了。而最为方便的是境外清算行模式,干脆把我们的人民币清算职能移到境外,不但方便了客户,而且方便了境外的参与行,而把繁杂的跨境事务留给我们自己的清算行来完成。

下面对于人民币跨境清算模式进行详细说明,以 A 行代表国内某银行,B 行代表境外某银行。考虑以下支付场景,公司 a 购买了公司 b 的商品,然后需要转给公司 b 一笔交易资金。如果双方的账户在同一家银行,那么就可以通过行内系统转账。如果一方在工行而另外一方在招行,那么可以通过同城票据交换系统/同城电子票据交换系统/人民银行大小额系统进行转账。

但如果交易属于跨境交易,就出现问题了,这些系统只能在同一国内使

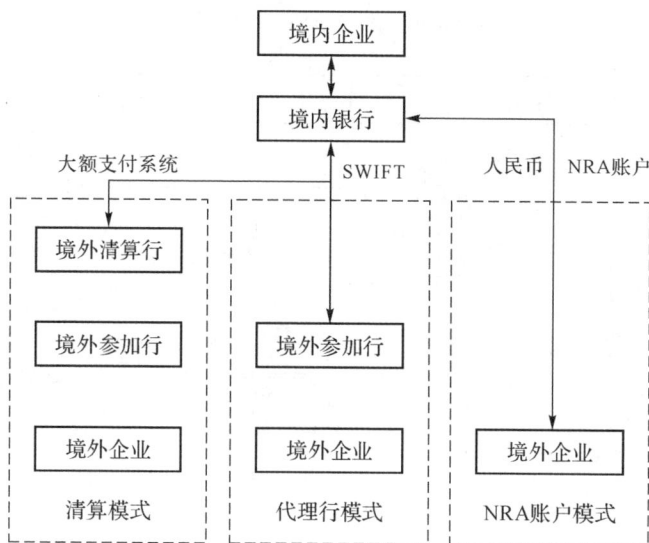

图 8-2　人民币的跨境清算

用。譬如公司 a 的账户在国内 A 行,公司 b 的账户在国外 B 行。如果两者用人民币交易,那么可能的支付方案有:

1)公司 b 来中国境内的银行开个户,然后双方在境内解决转账问题。境外公司 b 在境内银行开立的银行账户称之为 NRA 账户。

2)公司 b 在境外银行 B 行开户,由 B 行来中国的银行开个户,然后公司之间通过境外银行 B 进行人民币结算,这种方式称为代理行制度,代理行为境内银行 A,境外银行 B 为参与行。

3)公司 a 和公司 b 一起在境外的 C 银行开立人民币账户,而由境外的 C 银行来与中国国内进行人民币清算,这被称为境外人民币清算行制度,其中境外的 C 银行充当了境外人民币清算行。

清算行制度建立的条件是有足够量的人民币流通在境外,并且这些人民币确实被各交易方接受。否则我们存在 C 行的钱就无法用于支付。

如果我们用美元交易,也是同样的道理,只不过 1)和 2)主体变成了美国的银行。对于 3),美元也有境外清算行。

再来分析一下跨境清算的原理。简单而言,如果 A 行和 B 行要清算:

1)两家银行可以同时在 C 行(C 行也可以是 A、B 其中一个)开户,然后通过 C 行的行内系统对两家银行的账户进行一借一贷的清算操作。

2)通过当地某个公共银行清算系统直接清算,前提是两家银行位于同一个地区(城市、国家)。

总结起来,跨境人民币清算(图 8-3)有三类模式。

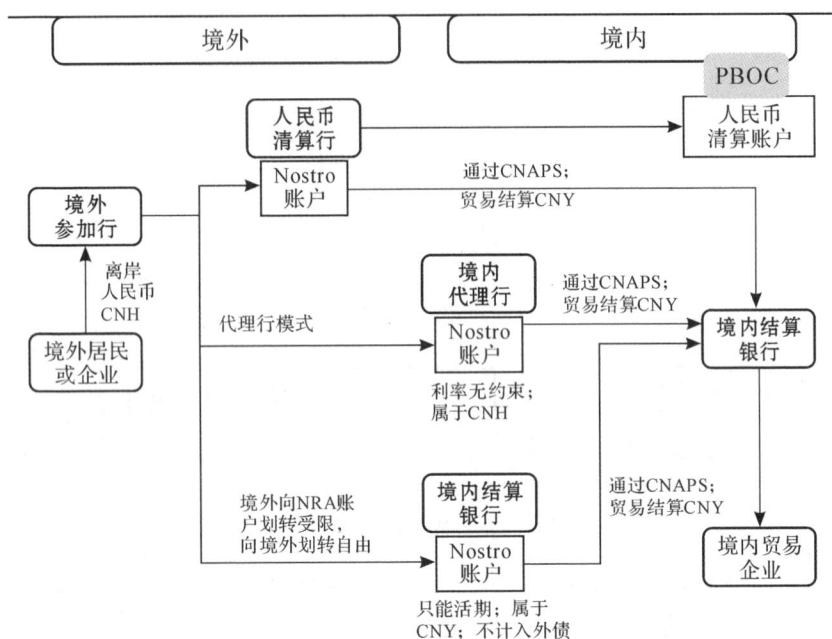

图 8-3　跨境人民币清算

非居民人民币账户(NRA)模式。经中国人民银行核准,境外企业可在境内银行开立非居民人民币账户,直接通过境内银行行内清算系统和中国人民银行跨行支付系统进行人民币资金的跨境清算和结算。

人民币代理行模式。境外 B 行在具有国际结算能力的境内 A 行开立人民币账户,并通过 SWIFT 联系 A、B 两银行,实现人民币的跨境清算。包括经常项目、资本项目交易的结算清算,人民币兑换,账户融资,银行间债券市场代理结算等。

人民币境外清算行模式。A 行和 B 行在境外人民币清算银行 C 行开立账户,通过该行进行人民币跨境清算。之前经中国人民银行授权的境外人民币清算行共有 12 家(都是中资银行海外分行),但除了中银香港和中国银行澳门分行以外,其他清算行都没有同国内的大额支付系统直接连接。结果是,其他 10 家清算行都必须经由港、澳两家中行完成人民币在中国人民银行层面的最终清算(港、澳清算行见图 8-4)。

为便于理解,可以认为清算行模式相当于把代理行从国内外移到境外。地区清算行在功能上有点类似于海外的"中国人民银行",负责进行该地区

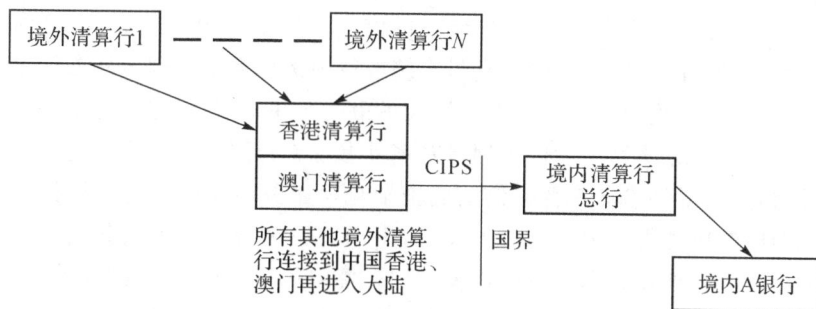

图 8-4　港、澳清算行

的人民币清算（人民币跨境清算见图 8-5）。截至 2021 年 1 月我国已经在 25 个国家和地区设立了 27 个人民币清算行，覆盖东南亚、欧洲、南北美洲、大洋洲、中东和非洲等。

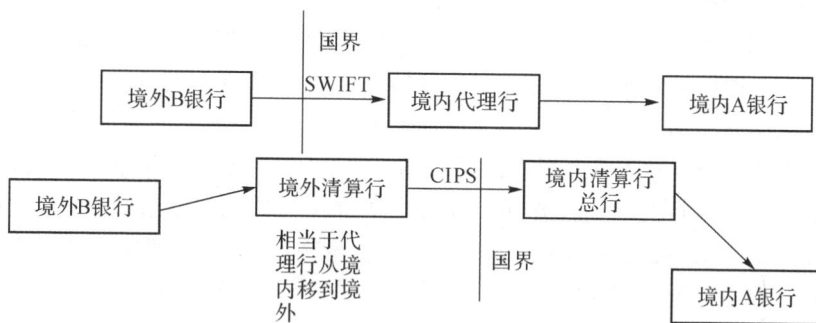

图 8-5　人民币跨境清算

在操作细则上具体来看，商业银行可以通过三个渠道进行跨境人民币资金的清算和结算：一是清算行模式。经中国人民银行和中国香港、澳门金融管理局认可，港、澳人民币业务清算行是中银香港和中国银行澳门分行，分别在中国人民银行深圳中支和珠海市中支开立人民币清算账户后，直接通过中国人民银行跨行支付系统与境内银行传递清算信息，并通过其开立的人民币结算账户与境内银行进行跨境人民币资金的清算与结算。境外参加银行经由港澳人民币清算行，完成人民币业务的最终清算。港、澳人民币清算行可以进入银行间外汇市场进行人民币平盘交易，也可以通过全国银行间同业拆借市场拆入和拆出资金，拆入和拆出资金的余额均不得超过该清算银行所吸收人民币存款上年末余额的 8％，期限不得超过 3 个月。

二是代理行模式。境外人民币业务参加行在境内代理银行开立清算账户（即人民币同业往来账户），当跨境资金通过代理行模式清算时，境外参加银行首先通过 SWIFT 系统将资金收付信息传递至境内代理银行,境内代理银行通过中国人民银行跨行支付系统或行内清算系统代理境外参加银行办理资金汇划,境内代理银行借贷记人民币同业往来账户,完成与境外参加银行之间的资金结算。境内代理行对境外参加银行开立的账户设定铺底资金要求,并为境外参加银行提供铺底资金兑换服务。在中国人民银行确定的限额内向境外参加银行购售人民币,中国人民银行对购售业务实行年度人民币购售日终累计净额双向规模管理。境内代理银行可为在其开有人民币同业往来账户的境外参加银行提供人民币账户融资,用于满足账户头寸临时性需求,境内代理银行对境外参加银行的账户融资总余额不得超过其人民币各项存款上年末余额的 1‰,融资期限不得超过 1 个月。

三是非居民账户(NRA)模式。经中国人民银行当地分支行核准,境外企业可申请在境内银行开立非居民银行结算账户,直接通过境内银行行内清算系统和中国人民银行跨行支付系统进行人民币资金的跨境清算和结算。

非居民账户为活期存款账户,该账户不得用于办理现金业务,确有需要的,需经中国人民银行批准。也不得将账户内的资金转换为外币使用,另有明确规定的除外。

截至 2020 年全球离岸人民币市场已设立了 27 家人民币清算行,这对人民币走向国际化有重要作用。比如中国在美国纽约设立清算行,无疑具有里程碑意义,因为纽约是全球最重要的金融中心,对于我国居民最直接的影响就是进一步便利人民币在美国使用和跨境贸易,扩大中美客户之间人民币的使用程度,并帮助企业和个人降低汇兑损失和交易成本。

在美国美元占主导地位,美国人基本不用其他货币,建立清算行后,可以促进当地更多人使用人民币,当然这个短期内可能性不大,不过中国银行可以通过与当地金融机构合作,带动更多银行特别是美国本土银行开展人民币汇款、兑换、结算等服务,从而为人民币使用构建一张更广阔的网络。

下一步就是促进美元和人民币之间的直接兑换,这将大大方便赴美旅游人士,例如到美国旅游,万一美元带得不够,就可以直接到当地银行用人民币兑换美元。

不过人民币要真正要达到像美元或者欧元的国际地位,还需较长时间,如在欧洲设立首家人民币清算行已有两年多时间,现在拿着人民币现钞付款还有难度,但在付小费时使用人民币,大家已能欣然接受。相信随着中国经济的发展以及人民币在国际化道路上行稳致远,"揣着人民币走天下"将不再遥不可及。

8.3　人民币跨境支付系统 CIPS

8.3.1　CIPS 的重要意义

中国是世界第二大经济体、第一大贸易国，人民币在国际金融体系当中应当扮演非常重要的角色。而几十年来，人民币基本上是一种只可以在中国境内使用和交易的货币。除了有限的边境贸易、个人旅游消费，人民币在中国境外难觅踪迹。中国与外界的交易，是通过外币进行的。换句话说，直到最近几年，人民币的离岸市场都是不存在的。

自从 2009 年我国开始试点跨境贸易人民币结算，人民币开始可以成规模地输出境外。2010 年，中国香港金管局和中国人民银行更明确了人民币在中国境外可以自由汇兑。在这个基础上，中国香港的银行可以根据常用的银行惯例和规定，为客户提供人民币银行服务。以此为基础，一个包括了人民币存款、贷款、外汇交易投资等业务的离岸人民币市场就此产生了。

离岸人民币市场的用户，只要资金不与中国境内发生往来，就可以享受到和美元、欧元类似的，不受中国境内资本管制的金融服务。利率和汇率都是由市场决定的，而且可以和中国境内的——即在岸的——市场不同。

所以，无论是基于便利性、自由度，还是风险控制，乃至于套利的动机，加之境内外的政策支持，离岸人民币市场蓬勃发展了起来。现存于离岸人民币市场当中的人民币客户存款总量已经超过一万亿元。

如果把这些在中国境外进行付款的人民币看作一种货币的话，这个货币已经是世界第七大支付货币，其每个月的支付量超越了新加坡元乃至瑞士法郎。而这个支付货币的排名，在 2012 年 1 月的时候，还是世界第 20。如此的交易量，如此的增长势头，令离岸人民币作为金融机构的一种生意，乃至一个地区的金融产业发展，已经让人完全不能小视。

人民币清算行的作用，在于架设一座境外与中国境内之间的桥梁，同时可以在当地为银行提供一个人民币清算的基础设施。就是说，拥有了一个人民币清算行之后，当地的银行可以比较方便地帮客户把人民币付到中国境内，反之亦然；同时，人民币清算行作为中心，当地的银行去到人民币清算行开户，可以比较方便地形成一个当地的人民币银行间支付网络，那么当地的银行间开展外汇交易，并以此为基础开展其他金融资产的交易，也都变得顺理成章。

值得特别说明的是,此处的"当地"是一个比较宽泛的概念,并不一定局限在某一国,因为如果根据所在国家的金融法规,清算行可以为外国银行开立人民币同业账户,那么所形成的网络就可以延伸到多个国家,形成辐射效应。从这点上看,也不难理解各国金融产业当局希望以点带面的精神。

一国货币的全球清算体系包括境内清算体系、离岸清算体系和跨境清算体系。随着中国成为第一贸易大国和国家推出"一带一路"倡议,跨境人民币业务规模不断扩大,加上中国稳健的货币政策和某大国家不负责任币政策形成鲜明对比后,越来越多的国家将人民币作为储备货币,人民币也一举成为中国第二大跨境支付货币和全球第四大支付货币。

但是从总体来看原有的跨境模式也存在较大的局限性。原来的代理行模式与清算行模式,两者在清算效率、合规监管等方面都存在一定的问题,无法支持业务的长期、快速发展。问题主要体现在以下几个方面:

清算路径长。清算业务的效率很大程度取决于清算主体的集约化程度,如清算主体均在统一的平台或支付体系内,则支付的效率和质量将得到有效保证。跨境人民币的两种模式,特别的代理行模式,清算账户散落在不同代理行或支付体系中,无法形成集约化效应,清算效率低下。

手工申报信息的效率低、误差大。由于清算主体不在统一的支付体系中,因此,交易信息只能由各商业银行自行申报,由于申报的信息量较大,涉及不同口径,大部分商业银行仍采用手工申报的方式。

信息标准不兼容。原有跨境支付交易,是在境内大额实时支付系统跨行交易基础上做的简单改造。因而并不兼容 SWIFT 支付标准,需商业银行进行标准转换。而在这个转换过程中,易造成信息丢失,而大比率的交易落地人工处理也大幅影响了业务处理效率和服务水平。

在人民币跨境支付结算需求迅速增长、对金融基础设施的要求越来越高的背景下,中国人民币跨境支付系统(CIPS)2015 年 10 月 8 日上线运行,为境内外金融机构人民币跨境和离岸业务提供资金清算、结算服务,成为人民币国际化的关键一步。CIPS 对人民币国际化和中国金融安全具有重大意义。

8.3.2 CIPS 与现代化支付系统 CNAPS

上面谈到的人民币跨境清算的三种模式,每种模式的实现都涉及清算系统。在代理行模式下,境内外银行通过环球报文交换系统 SWIFT 传递跨境支付信息,然后通过 CNAPS 进行清算(国内的代理行都直接接入了 CNAPS 系统)。境外人民币清算行模式下,境外银行通过 SWIFT 传递跨境支付信息,境外人民币清算行通过中行港、澳分行最终连接到境内大额支付系统 HVPS 完成最终清算。非居民账户模式则是境内银行直接通过 CNAPS 进行清算。所以,我们可以看出所有的人民币跨境清算模式最终都是通过 CNAPS 开展的。CNAPS 是指中国现代化支付系统,由大额支付系统 HVPS 和小额批量支付系统 BEPS 组成。HVPS 采取逐笔实时方式处理业务,全额清算,犹如人民币清算网络的大动脉;BEPS 在一定时间内对多笔支付业务进行轧差处理,净额清算资金,犹如人民币清算网络的毛细血管。

但是,在跨境人民币清算过程中,业界发现如果直接使用 CNAPS 处理人民币跨境支付会存在一定的局限性。因为 CNAPS 建立的初衷是满足国内银行间人民币支付清算的需求,并未考虑日后跨境人民币清算量日渐增加的情况。CNAPS 进行跨境人民币清算有何局限呢?

第一,运行时间过短,不适合跨时区清算。早上 8:30 开启,下午 4:30 关闭,一天运行 8 个小时。对于有六七个小时时差的地区,根本没有充足的时间来处理清算业务。[①] 第二,与国际清算系统接口无法完全匹配。在代理行和境外清算行模式下都必须通过 SWIFT 报文系统传递跨境清算信息。但 SWFIT 不支持中文报文,且一些字段与大额支付系统报文不兼容,影响了清算效率。第三,部分业务无法实现实时跨境结算。CNAPS 尚未与境内外币支付系统、证券清算系统互连互通,难以实现跨境清算所需的人民币和外币同步支付结算和人民币证券券款对付结算。

鉴于以上 CNAPS 的局限性,同时考虑到随着人民币国际化的不断推进和资本项目的不断开放,未来跨境支付结算量将稳步增加,现有的清算体系将不具备可持续性。于是中国人民银行下定决心针对跨境人民币清算开发一套新系统,这就是 CIPS。

CIPS 将与 CNAPS 相互独立,又互连互通。境内机构可以作为这两个系统的直接参与者,而境外机构将不再与 CNAPS 直连,只是作为 CIPS 的直接或间接参与者。CIPS 将解决上述 CNAPS 存在的主要问题:一是连接境内外直接参与者,处理人民币贸易类、投资类等跨境支付业务;二是采用国际通行报文标准,支持传输包括中文、英文在内的报文信息;三是覆盖主要时区人民币结算需求;四是提供通用和专线两种接入方式,让参与者自行选择。

---

① 目前 CNAPS 大额支付系统运行时间已经进行了调整,但按照国际惯例,参照 FEDWIRE 的做法,还是将跨境支付系统和国内支付系统分别运行。

CIPS 上线后将对目前的清算模式产生影响。代理行模式仍然存在，参与者可以自行选择使用 CIPS 或是继续使用代理行模式。境外清算行模式略有变化，港、澳人民币业务将不再与 CNAPS 连接，转而直接接入 CIPS 完成跨境人民币资金清算，其他境外清算行亦将如此。从这样的安排可以看出，CIPS 有点类似于"中国的 CHIPS"，只不过其中结算的是人民币而已。

从信息交互角度比较。CIPS 系统的运行机制，其实主要借鉴了纽约清算所美元清算系统（CHIPS）。通过参考 CHIPS 与美联储清算结算系统（FEDWRIE）的交互关系，形成了 CIPS 在大额支付系统开立清算账户，依托大额实时支付系统完成日初注资和日终结算，日终账户清零的结算机制。参加行可利用在大额支付系统已有账户，进行资金的注入和调整，极大地便利了系统的整体实施和推动。

从参与者结构角度比较。在这一点上，CIPS 同样参考了 CHIPS，设置直接参与者和间接参与者这两类角色。直接参与者是指在 CIPS 开立账户，可以通过 CIPS 直接接收和发送报文的机构。间接参与者是指未在 CIPS 开立账户，委托直接参与者通过 CIPS 办理人民币跨境支付结算业务的机构。CIPS 为每个参与者分配系统行号，作为其在系统中的唯一标识。

从支付场景和流程角度比较。1）当境外客户向境内客户支付时，如果客户是在境外直接参与行开户的，则直参行借记境外客户在直接参与行开立的清算账户，再通过 CIPS 将人民币汇至境内客户的开户行。如果客户是在境外间接参与行开户的，则境外间接参与行以 SWIFT 报文将支付指令发送境内直参行处理。2）境内客户向境外客户支付时，则先通过 CIPS 清算，再由直参行贷记间参行在直参行的代理清算账户，并通知间参行解付客户。

这里稍微说明一下国际结算中的银行往来账户借记和贷记的区别。

借记是指银行账户上的资金减少，贷记则是指银行账户上的资金增加。"借"和"贷"是站在银行的角度来记账的，银行负债减少是借记，负债增加则是贷记。

在头寸拨付上，汇出行会授权汇入行借记汇出行账户，也就是汇入行可以直接从汇出行的账户中将钱扣除下来，交给收款人。即汇入行在汇出行开立账户，主动贷记。汇出行在汇入行开立账户，授权借记（贷记汇入行账户、借记汇出行账户见图 8-6）。

另外，目前的 CIPS 系统与海外清算行在功能上并不重复，双方共同合作、互利共赢。

从整体架构上看，境外人民币清算行可视为区域枢纽节点，CIPS 则为

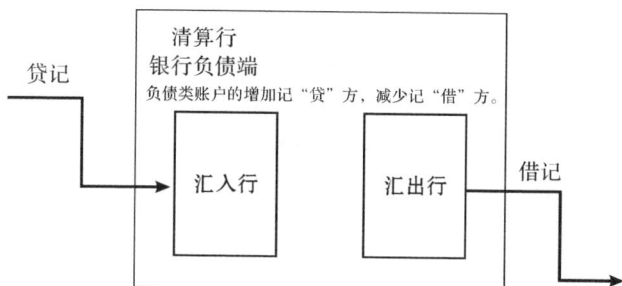

图 8-6 贷记汇入行账户、借记汇出行账户

全球中心核心节点。

从业务流转方向上看,通常境外人民币清算行可以独自处理该区域内的人民币业务,而跨区域的人民币业务则可通过 CIPS 完成。

但从目前的运营情况上看,CIPS 也正在直接或协同人民币清算行完成单一区域内的人民币清算业务。

8.3.3 CIPS 二期

CIPS 二期相对于 CIPS 一期,升级了以下几个方面:

一是丰富结算模式。在实时全额结算模式基础上引入定时净额结算机制,实现流动性更为节约的混合结算机制,满足参与者的差异化需求。

二是支持金融市场业务。根据不同金融交易的资金结算需要,系统能够支持人民币付款、付款交割(DvP)结算、人民币对外币同步交收(PvP)、中央对手集中清算和其他跨境人民币交易结算等业务。

三是延长系统对外服务时间。系统运行时间由 5×12 小时延长至 5×24 小时 $+4$ 小时,全面覆盖全球各时区的金融市场,充分考虑境外参与者和其客户的当地人民币业务需求,支持当日结算。

四是拓展直接参与者类型。引入金融市场基础设施类直接参与者,明确不同类型参与者的准入条件,为引入更多境外直接参与者做好制度和业务准备。

五是进一步完善报文设计。增加报文类型和可扩展性,优化报文字段定义,便利参与者和相关部门进行合规管理。

六是建成 CIPS 备份系统。实现上海主系统向无锡备份系统的实时数据复制,提高了 CIPS 的业务连续运行能力。

CIPS 二期时序调整后的夜间时段正值欧美金融市场的营业时间,且将开通定时净额结算业务,对参与者的流动性管理要求提高。为此,人民银行决定为银行间货币市场加开夜盘，CIPS 直接参与者可根据结算需要，通过银行间货币市场融入资金注入 CIPS 账户。这种新的制度安排可以满足境内外直接参与者夜间调剂流动性的需要，保障支付清算安全，也有利于境内外金融市场接轨，对支持我国金融市场健康发展具有积极意义。未来，可有序向全球人民币业务参与主体开放，推动中国金融市场对外开放和人民币国际化进程。

下编　微观支付

　　支付总体而言离不开账户，虽然亦有例外，但是账户在支付中的重要作用可谓是不言自明。

　　微观的账户类型和账户操作令人目不暇接，围绕各类账户的支付规则不尽相同，就似满盘珍珠散落无从拾起。倘若以支付为一根银丝，串起颗颗珍珠，宛如珍珠项链，佩于项上熠熠生辉。

第9章 银行账户

9.1 银行账户分类

9.1.1 银行账户概述

银行账户类型中有结算账户、储蓄账户和存款账户等。

银行结算账户(Bank Settlement Accounts),是指存款人在经办银行开立的办理资金收付结算的人民币活期存款账户。银行结算账户按存款人不同分为单位银行结算账户和个人银行结算账户。结算账户有以下几个特点:

结算账户只能办理人民币业务。这与外币存款账户不同,外币存款账户办理的是外币业务,其开立和使用要遵守国家外汇管理局的有关规定。

结算账户能办理资金收付结算业务。这是与储蓄账户(Savings Account)的明显区别。储蓄的基本功能是存取本金和支取利息,但是不能办理资金的收付。即储蓄账户仅限于办理现金存取业务,不得办理转账结算。个人储蓄账户和个人结算账户具有明确区分的不同功能。

结算账户是活期存款账户。这与单位的定期存款账户不同,单位的定期存款账户不具有结算功能。另外,开设结算账户的单位和个人,只要符合相关条件,均可在异地开立相应的结算账户,不受属地限制。

按《人民币银行结算账户管理办法》(中国人民银行令 2003 第 5 号)规定,个人银行结算账户是指个人客户凭个人有效身份证件以自然人名称开立的,用于办理资金收付结算的人民币活期存款账户。个人结算账户没有个数限制,可以根据实际需要在本地或异地开立多个结算账户。个人结算账户是个人专门的账户,可用来办理转账汇款、刷卡消费、投资、贷款等各项支付结算业务。

个人银行结算账户是个人可以使用票据、信用卡进行货币给付及资金清算的账户,可办理个人转账收付和现金存取,必须恪守信用,管理比较严格。简单地说无论去信用社或银行,只要开户时申请了借记卡的,都是结算账户。而储蓄账户则仅限于办理现金存取业务,要求没那么高。一般在默认情况下,银行或信用社也只会给客户开结算账户,因为用途比较广泛,除非客户明确提出只开储蓄账户。

个人银行结算账户有三个功能:一是活期储蓄功能,可以通过个人结算账户存取存款本金和支取利息。二是普通转账结算功能,通过开立个人银行结算账户,办理汇款,支付水、电、话、气等基本日常费用,代发工资等转账结算服务,使用汇兑、委托收款、借记卡、定期借记、定期贷记、电子钱包(IC卡)等转账支付工具。三是通过个人银行结算账户使用支票、信用卡等信用支付工具。个人银行结算账户使用支票、信用卡等信用支付工具是丰富个人资金结算手段、促进银行结算服务功能全面提升的必然趋势,也是社会发展进步的重要体现,因此,银行在防范支付风险的前提下,应大力予以推广和扶持。

9.1.2 法规脉络

银行账户是社会资金运行的起点和终点,是单位和个人生产生活的重要基础。银行账户实名制是一项重要的、基础性的金融制度,是金融账户实名制和经济活动的基础,是建设惩防体系、打击违法犯罪活动、维护经济金融秩序的重要保障。因此中国人民银行高度重视银行账户服务,于 2015 年12 月 25 日发布了《关于改进个人银行账户服务加强账户管理的通知》,宣告了个人银行账户管理正式启幕(银行账户与支付账户进行分类的文件依据,见表 9-1)。

表 9-1　银行账户与支付账户进行分类的文件依据

人民银行

序号	标题	发文字号	文件类型	发文日期
1	非银行支付机构网络支付业务管理办法	中国人民银行公告〔2015〕第 43 号	部委文件	2015 年12 月 28 日
2	中国人民银行关于改进个人银行账户服务加强账户管理的通知	银发〔2015〕392 号	部委文件	2015 年12 月 25 日

2016 年 9 月 30 日央行下发《中国人民银行关于加强支付结算管理防范电信网络新型违法犯罪有关事项的通知》,再次细化银行账户管理。2016 年 11 月 25 日央行下发特急文件《中国人民银行关于落实个人银行账户分类管理制度的通知》,重申账户管理形式,并对原通知在账户分类的管理上做出了更为详细的解释。

为了促进Ⅱ、Ⅲ类账户开户及应用,2018 年 1 月 12 日中国人民银行发布《关于改进个人银行账户分类管理有关事项的通知(银发〔2018〕16 号文)》,扩大了Ⅱ、Ⅲ类账户的应用范围。此次《通知》从开户、资金转入转出及限额等方面,都有了更多的改进新规。例如Ⅲ类户任一时点账户余额从不得超过 1000 元提升到了 2000 元。

9.1.3　账户分类

个人银行账户分类管理制度将个人银行结算账户分为Ⅰ、Ⅱ、Ⅲ类银行结算账户(以下简称Ⅰ、Ⅱ、Ⅲ类户),根据实名程度和账户定位,赋予不同类别账户不同功能,个人根据支付需要和资金风险大小使用不同类别账户,从而实现在支付时隔离资金风险、保护账户信息安全的目的。

简单地说,Ⅰ类账户是全功能账户,常见的借记卡就属于Ⅰ类账户;Ⅱ、Ⅲ类账户则是虚拟的电子账户,是在已有Ⅰ类账户基础上增设的两类功能逐级递减,资金风险也逐级递减的账户(个人人民币银行结算账户分类见图9-1)。

将银行个人账户分为不同权限等级的三类账户,具体来说,三类银行账户就像是三个不同资金量和用途的钱包。

Ⅰ类账户可以比作“个人金库:不必随身携带,避免卡片遗失”,即具有全功能的账户,可以存款、转账、消费缴款、购买理财产品等。使用范围和金额不受限制,对安全性要求高。例如个人的工资收入等主要资金来源都存放在该账户中,安全性要求较高,主要用于现金存取、大额转账、大额消费、购买投资理财产品、公用事业缴费等。

Ⅱ类账户可以比作“日常钱包:日常限额使用、避免大额损失”,即主要是消费和理财账户,是以 62 开头的一个银行卡号,没有实体卡片。这类账户可以购买理财产品,也可以进行一定限额的消费和缴费支付,但不能转账和存款。例如个人日常刷卡消费、网络购物、网络缴费通过该账户办理,还可以购买银行的投资理财产品。

Ⅲ类账户可以比作“零钱袋子:可以随用随充、便捷安全”,即仅能小额消费和缴费支付,不等办理其他业务,并设置有 2000 元的限额。这类账户

	Ⅰ类账户	Ⅱ类账户	Ⅲ类账户
主要功能	全功能 就是常见的借记卡、存折	·储蓄存款及投资理财 ·限额消费和缴费 ·限额向非绑定账户转出资金镤务	·限额消费和缴费 ·限额向非绑定账户转出资金业务
账户余额	无限制	无限制	账户余额 ≤1000元 ●——▶ 2000
使用限额	无限额	非绑定账户转账、存取现金、消费缴费 日累计限额合计 1万元 年累计限额合计 20万元	非绑定账户转账限额、消费缴费 日累计限额合计 5千元 ●——▶ 2000 年累计限额合计 10万元 ●——▶ 5万
账户形式	借记卡及储蓄存折	电子账户 也可配发实体卡片	电子账户

图 9-1　个人人民币银行结算账户分类

注:2018 年中国人民银行发布《关于改进个人银行账户分类管理有关事项的通知(银发〔2018〕16 号文)》,对上图中限额做出了一定的调整。

也是以 62 开头的一个银行卡号,同样没有实体卡片。主要用于金额较小、频次较高的交易,尤其是目前银行基于主机的卡模拟(HCE)、手机安全单元(SE)、支付标记化(Tokenization)等创新技术开展的移动支付业务,包括免密交易业务等。总体来说,Ⅰ类户的特点是安全性要求高,资金量大,适用于大额支付;Ⅱ、Ⅲ类户的特点是便捷性突出,资金量相对小,适用于小额支付;Ⅲ类户尤其适用于移动支付等新兴的支付方式。

值得一提的是,银行卡的分类管理将实现账户风险隔离,降低风险。例如,当持卡人的工资卡设定为Ⅰ类账户并关联到手机支付宝钱包里,一旦手机中毒或者丢失,相当于工资卡也丢失了。而如果将非工资卡的某张银行卡设定为Ⅲ类账户,这类账户专门用来绑定支付宝,其限额 2000 元,万一手机丢失或者被盗刷,风险也可控制,减少个人损失。

9.1.4　账户新规

个人银行账户分类管理制度实施以来,社会各界反应良好,社会公众开立Ⅱ、Ⅲ类户的意愿较为强烈,开户数量和业务办理快速增长。为进一步提升客户体验,优化个人银行账户服务,充分发挥个人银行账户分类管理的作用,人民银行在深入调研、广泛征求各方意见的基础上,于 2018 年 1 月 12 日发布了《关于改进个人银行账户分类管理有关事项的通知(银发〔2018〕16 号文)》,对账户的开立和使用做出了一定的调整。调整主要从便利Ⅱ、Ⅲ类户开立和使用着手,重点推广应用Ⅲ类户,进一步发挥Ⅲ类户在小额支付领域的作用,从而推动Ⅱ、Ⅲ类户成为个人办理网上支付、移动支付等小额消费缴费业务的主要渠道。

1. 账户开立

个人开立Ⅲ类户时,可暂缓出示身份证件,只需填写个人姓名、身份证件号码、绑定账户账号和联系方式等基本信息即可开户。只有当同一个人在同一家银行所有Ⅲ类户资金双边收付金额累计达到 5 万元(含)以上时,银行才要求个人在 7 日内提供有效身份证件,并留存身份证件复印件、影印件或影像,登记个人职业、住所地或者工作单位地址、证件有效期等其他身份基本信息。

除银行柜台外,银行接触客户的所有渠道,如网上银行、手机银行、自助机具等,均提供Ⅱ、Ⅲ类户开户服务。

2. 账户使用

在满足反洗钱、反诈骗要求的前提下,放宽Ⅲ类户的使用限制。一是非面对面线上开立Ⅲ类户能够接受非绑定账户入金,以满足个人之间小额收付款、发放红包、与个人支付账户对接、银行或商户小额返现奖励等场景需求。二是Ⅲ类户账户余额从 1000 元提升为 2000 元。据测算,2017 年,银行卡跨行交易(剔除房产、汽车、批发、投资理财等大额消费行业类别)单笔 2000 元以下的笔数约占 81%,提升Ⅲ类账户余额上限至 2000 元可更好地满足社会公众日常小额支付需求。三是允许银行向Ⅲ类户发放本行小额消费贷款并通过Ⅲ类户还款,鼓励银行基于Ⅲ类户提供更多元化的产品设计和功能组合。四是将Ⅲ类户消费和缴费支付、非绑定账户资金转出等出金的日累计限额从原 5000 元下调至 2000 元,年累计限额从原 10 万元下调为 5 万元,更好地平衡安全和效率的关系,一方面满足小额支付需求,另一方面符合Ⅲ类户定位。

3. 资金流向

现行个人银行账户分类制度对Ⅱ、Ⅲ类户与支付账户之间的出入金管理作出了较为严格规定,即非面对面线上开立的Ⅱ、Ⅲ类户可以向支付账户出金,未用完余额可从支付账户退回,但Ⅱ、Ⅲ类户不能直接从支付账户入金(银行账户和支付账户出入金规则见图 9-2)。

主要原因是,支付账户的实名程度相对不高,且支付账户出入金对象不

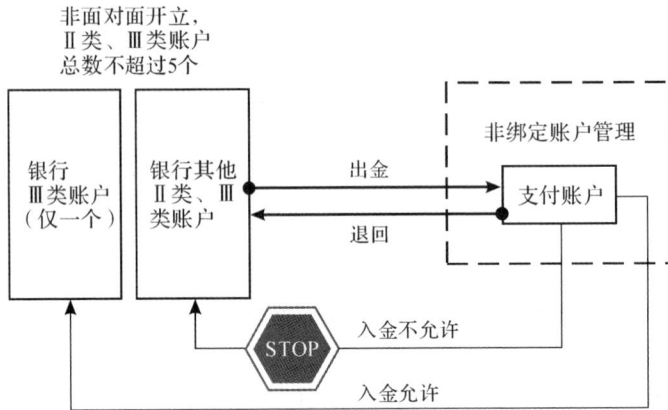

图 9-2　银行账户和支付账户出入金规则

受限,如允许支付账户与线上开立Ⅱ、Ⅲ类户之间任意转入、转出资金,不利于落实账户实名制,不利于保护绑定Ⅰ类户以及Ⅱ、Ⅲ类户资金安全。为落实个人账户实名制,防范风险,新规进一步重申将支付账户作为非绑定账户管理,即支付账户不能直接向线上开立的Ⅱ、Ⅲ类户入金,但允许非绑定账户入金的1个Ⅲ类户除外。

4. 防范犯罪

进一步放宽Ⅲ类户开立和使用管理后,如何防范其被用于诈骗、洗钱犯罪呢?主要有以下安全防范措施:

一是限制金额。即将Ⅲ类户消费和缴费支付、非绑定账户资金转出等出金的日累计限额从原5000元下调至2000元,年累计限额从原10万元下调为5万元,通过控制Ⅲ类户支出额度,确保风险相对可控。

二是限制次序。规定非面对面线上开立的Ⅲ类户通过绑定账户入金后,才可接受非绑定账户入金,以此方式确认绑定账户实际控制人与Ⅲ类户开立人为同一人,防范不法分子通过获取他人身份信息和银行账户信息后冒名开立。

三是限制数量。即规定同一家银行通过线上为同一个人只能开立1个允许非绑定账户入金的Ⅲ类户,防止不法分子通过开立多个此类账户变相扩大Ⅲ类户的转账限额,将Ⅲ类户用于转移电信网络诈骗资金等。同时,规定同一银行法人为同一人开立Ⅱ、Ⅲ类户的数量原则上分别不超过5个,这样规定既有原则,易于风险控制,又便于银行根据实际情况灵活掌握。

9.2　有限公司与合伙人企业

9.2.1　公司的概念来源

哥伦比亚大学校长尼古拉斯·巴特勒曾经说过："现代社会最伟大的发明就是有限责任公司！即使蒸汽机和电气的发明也略逊一筹。"历史已经证明,公司制度的发明,极大地推动了人类社会的经济发展。铁路和运河的修建,都需要大量资金,问题是如何筹集这些资金？股份有限公司的出现,就成为筹集资金最有效的方式。马克思曾做过形象的比喻："假如必须等待积累,以使某些单个资本增长到能够修建铁路的程度,那么恐怕直到今天,世界上还没有铁路。但是,通过股份公司转瞬之间就把这件事完成了。"

在公司出现之前,很多科学技术发明及其转化为商品主要依靠发明者个人的力量,或者是世代相传的力量,或者是得到一些开明官员的支持,很难得到群体和社会力量的支持,历史已经证明,科学技术的发明、提高并转化为现实生产力,除发明者个人的努力外,还需要很多资源、要素的支持。特别是,需要持续不断的资金支持,而公司能通过一种特定设计的制度圆满地完成这项功能。

在市场经济条件下,需要有一个经济组织,能够把科学技术发明转化成现实生产力过程所需要的各种资源、要素,并把它们组织起来,实现这个目标。

但这个组织需要解决两个问题:第一,要有人愿意投资。投资人投资后最大的担心是投资出现问题是否要承担一切后果,即是否要承担无限责任。如果不能解决这个问题,就不会有大量的人愿意不断投资。第二,要让人放心地投资。因为投资人很多,但不是每一个投资人都直接参与经营。如果不能将投资人个人的财产和所投资的经济组织的财产界限划分清楚,不直接参与经营的投资人由于信息不对称,就会担心自己投资的资产很容易被直接参与经营的投资人拿走。由此大量不直接参与经营的投资人就不会放心地投资。

公司制度的设计对这两个问题给出了答案。

解决第一个问题的办法是使投资人的风险可控,就是有限责任。公司所有的投资人以其出资额为限承担有限责任。这种让投资人风险有限、收益无限的制度,可使想冒险、想投资的人大胆地投资。

解决第二个问题的办法是将投资人个人的财产和所投资的经济组织之间的财产界限划分清楚,使这个经济组织成为有独立财产、独立人格的组织,即独立的法人机构,独立的法人财产。

简单地说,投资人投资成为股东后,除了在公司盈利时享有分红外,任何以未经全体股东同意的方式谋取公司利益的行为都是违法的。即使是股东也是一样。其含义就是法人财产要像个人财产一样受到保护、不可侵犯。这样才能使那些不直接参与经营的投资人放心投资,使陌生人之间的合作成为可能。

有限责任与划清财产界限是相联系的两个问题,如果股东与公司财产界限划不清楚,股东就必须对公司承担无限责任。这两个问题的解决,最终设计出了一个非常精巧的经济组织,就是公司,有限责任公司。这是一个天才的设计,它实现了自利与合作最好的结合。

股份公司出现之后,又进一步解决了通过股权转让退出公司的问题。公司解决了可以持续不断地筹集资金的难题,进而就可以借贷,可以购买技术,可以雇佣人员,可以采购资源,公司就成为市场要素配置的平台、各种资源组合的平台、投资人利益实现的平台、专业化分工合作的平台、知识积累和知识传授的平台。

公司将这些资源整合在一起,从此奇迹不断发生。公司力量不断显现。公司其实就是一组制度和规则的组合。

9.2.2 公司和企业的区别

企业在概念范畴上是包含公司的,公司只是企业的一个部分。所以企业是比公司大的统称。

企业是上位概念,指的是以营利为目的的组织。公司(指的是有限公司、股份有限公司)是企业的一种,是指依据公司法设立的组织。企业的定义,是泛指一切从事生产、服务或流通活动,以谋求经济利益的经济组织。企业是组织众多个人开展经济活动的一种方式,它通常有3种组织形式:

1. 公司制企业(即平时所说的公司);
2. 个人独资企业(个体工商户);
3. 合伙制企业。

所以企业主要指独立的营利性组织,并可进一步分为公司企业和非公司企业。其中,公司企业即依照《公司法》设立的企业。而后者非公司企业,如个人独资企业、个体工商户、合伙企业等。

从概念范围来说,公司是企业的一种形式,它也属于企业的范畴。反之,企业不一定是公司,企业是一个大概念,除了公司外,还包含独资企业和合伙企业。

9.2.3　法人与非法人

根据我国法律,"法人"是指具有民事权利能力和民事行为能力,依法独立享有民事权利和承担民事义务的组织。法人与自然人不同,是种无生命的社会组织体,法人的实质,是一定社会组织在法律上的人格化。因此,称呼公司的董事长或者总经理为法人是错误的。简单地说法人不是"人",它必须通过自然人来表示它的意志,那么能够代表法人的人,就被称为法人代表或者法定代表人,在公司中就是董事长或者执行董事。

企业法人的这种独立资格的好处在于:企业法人独立于企业成员,即企业法人与组成企业法人的成员互相分离,各自有自己独立的财产权利,也就是各自银行账户资金不能混为一体。

简单地说,法人企业只以企业的资产对外承担民事责任,投资人不会再拿出钱来去清偿债务;但是非法人企业的话,如果企业资不抵债,那么投资人就必须要用自己的钱去清偿债务。

企业和公司的关系是:企业中包含着公司,但公司不包含企业。企业除了包括公司以外,还有合伙企业、外商投资企业、个人独资企业,但不包括个体工商户(企业与公司见图 9-3)。

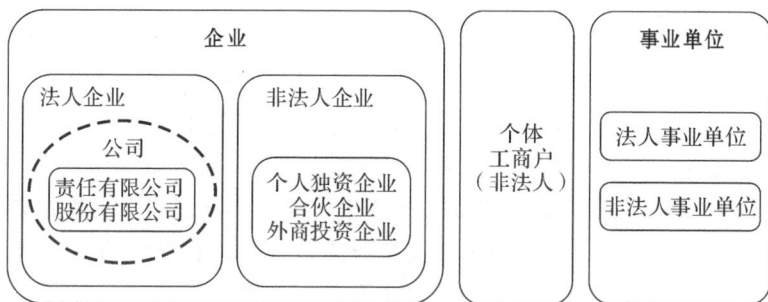

图 9-3　企业与公司

个体工商户承担的是无限连带责任而不是有限的责任风险,不是法人企业。从税务角度来看,个体工商户或个人独资企业的经营所得只缴个人所得税;而有限公司的经营所得既要缴纳企业所得税,也要缴纳个人所得税。

关于对"法人银行"的理解。根据《中华人民共和国商业银行法》第二条："本法所称的商业银行是指依照本法和《中华人民共和国公司法》设立的吸收公众存款、发放贷款、办理结算等业务的企业法人。"第十七条："商业银行的组织形式、组织机构适用《中华人民共和国公司法》的规定。"再根据《中华人民共和国公司法》第十四条："公司可以设立分公司。设立分公司，应当向公司登记机关申请登记，领取营业执照。分公司不具有法人资格，其民事责任由公司承担。公司可以设立子公司，子公司具有法人资格，依法独立承担民事责任。"综上：第一，分行不具有法人资格。第二，分行的法律地位应该等同于公司的分公司，其民事责任由总行承担，但不能说它是"其他组织"。第三，分行的行长不是法定代表人，只是"法定负责人。以营业执照或金融许可证的名称为准"。

9.2.4 个人独资企业和一人有限责任公司

个人独资企业和一人有限责任公司的区别有：

1）投资主体不同。一人有限责任公司的投资主体可以是自然人，也可以是法人；个人独资企业的投资主体只能是自然人。

2）法律形式不同。一人有限责任公司属于法定的民事主体，具有法人资格；而个人独资企业属于非法人组织，不具有法人资格。一人有限责任公司的名称应该带有"有限责任公司"字样，而个人独资企业的名称则不能称公司。

3）设立条件不同。一人有限责任公司的注册资本最低限额为人民币10万元，股东应当一次足额缴纳公司章程规定的出资额；个人独资企业的设立并没有法定注册资本最低限额的限制，只需"有投资人申报的出资"即可。另外，一人有限责任公司的货币出资金额不得低于有限责任公司注册资本的30%。而个人独资企业对出资形式未作任何强制性规定。

在2014年2月7日，国务院关于印发注册资本登记制度改革方案的通知（国发〔2014〕7号），注册公司由实缴改为认缴制。放宽注册资本登记条件。除法律、行政法规以及国务院决定对特定行业注册资本最低限额另有规定的外，取消有限责任公司最低注册资本3万元、一人有限责任公司最低注册资本10万元、股份有限公司最低注册资本500万元的限制。不再限制公司设立时全体股东（发起人）的首次出资比例，不再限制公司全体股东（发起人）的货币出资金额占注册资本的比例，不再规定公司股东（发起人）缴足出资的期限。

4）民事责任承担方式不同，也是最本质的不同。一人有限责任公司对债权人承担有限责任，个人独资企业对债权人则承担无限责任。

投资者责任承担不同。一人有限责任公司的股东以认缴的出资额为限承担"有限责任",仅在股东不能证明公司财产独立于股东自己的财产的情况下对公司债务承担连带责任;个人独资企业的投资人以其个人财产对企业债务承担无限责任。

5) 民事责任承担主体不同。在一人有限责任公司中,民事责任的承担主体有二,一为公司,二为股东。个人独资企业的民事责任承担主体则显得较为单一,根据《个人独资企业法》第 2 条、第 18 条的规定,"投资人以其个人财产对企业债务承担无限责任"。

6) 转投资不同。一个自然人股东的一人有限责任公司对外进行投资时,不能投资设立新的一人有限责任公司。个人独资企业在转投资方面则完全没有限制,个人独资企业的投资人个人完全可以通过受让股份或购买股票的方式成为其他有限责任公司或股份有限责任公司的股东。

9.3　电子银行与银行卡

电子银行是指客户通过网上银行、电话银行和手机银行等电子渠道发起的支付业务,包括网上支付、电话支付和移动支付等多种业务类型。

银行卡是指经批准由商业银行(含邮政金融机构)向社会发行的具有消费信用、转账结算、存取现金等全部或部分功能的信用支付工具。它具有消费信用、转账结算、存取现金等全部或部分功能,包括信用卡和借记卡(Debit Card)两种。信用卡可以透支,而借记卡不能透支。信用卡又分为贷记卡(Credit Card)和准贷记卡。贷记卡是指发卡银行给予持卡人一定的信用额度,持卡人可在信用额度内先消费后还款的信用卡。准贷记卡是指持卡人先按银行要求交存一定金额的备用金,当备用金不足支付时,可在发卡银行规定的信用额度内透支的信用卡。准贷记卡是一种具有中国特色的信用卡种类,国外并没有这种类型的信用卡。80 年代后期,中国银行业从国外引入信用卡产品。因为当时中国个人信用体制并不是很完善,中国银行业对国外的信用卡产品进行了一定的更改,将国外传统的信用卡存款无利息,透支有免息期更改为存款有利息、透支不免息。

银行卡按照其他的角度还可以进行多种分类。按是否给予持卡人授信额度分为信用卡和借记卡;按信息载体不同分为磁条卡和芯片卡。按发行主体是否在境内分为境内卡和境外卡;按发行对象不同分为个人卡和单位卡;按账户币种不同分为人民币卡、外币卡和双币种卡等。

银行卡减少了现金和支票的流通,而且借助 ATM、POS 等自动化设备,使银行业务突破了时间和空间的限制,从而发生了根本性的变化。银行卡产业的发展不仅使银行业受益,对整个国民经济和社会发展也都具有重要的促进作用。

银行卡是首次出现的电子类支付工具,具有很多优点。第一,发展银行卡产业可以有效地引导和刺激消费,促进国民经济增长。银行卡的现金替代效应可以有效地刺激人们的消费欲望,尤其是信用卡的信用消费功能可以将潜在需求转化为现实需求,有效拉动内需。

第二,银行卡对现金的替代,将大幅提高支付效率,降低社会交易成本。一个典型的交易过程可以帮助人们了解银行卡相比现金在提高支付效率方面的巨大改进。例如,一家企事业单位从银行提款向员工支付薪酬,到员工在商户消费付款,再到商户将销售所获款项存入银行账户的整个过程,如果采取现金交易,将包括银行柜员点款、付款——单位会计人员点款、验钞、运送以及保管现金——会计人员发放现金薪酬时点款——领款员工点款、验钞、保存现金——员工在商户消费时点款——商户收银员点款、验钞——日终商户会计点款、运送现金至银行——银行柜员点款、验钞、存入商户账户等众多环节,“搬运现金”的过程将耗费大量时间、人力和物力。而如果使用银行卡,则以上过程将大大简化,只需企事业单位会计人员直接通过网上银行将薪酬打入员工银行卡、持卡人在商户刷卡消费、收单机构将持卡消费款项打入商户账户等很少的几个环节。整个过程几乎全部通过电子化手段完成,效率大幅提高,成本却大幅降低。因此,银行卡的推广使用,不仅可以免去使用现金所产生的货币制造、运输、保管等各环节的费用开支,而且极大地提高了支付效率,从而促进整个经济系统运行效率的提高。

第三,银行卡的普及能显著提高交易的透明度,对完善税收体系、增加财政收入有明显的促进作用。使用银行卡支付,纳税人的收入和支出信息都有记录可查,政府能够通过税收监控,有效防止个人所得税流失。银行卡支付的普及,也使政府能够有效地监控各类商户的销售活动,为企业增值税及所得税的征收提供有力的依据,有效防止偷税漏税行为,显著增加税收收入。银行卡的服务范围向公用事业、税务、电信、路征管理、劳动及社会保障等众多领域的拓展,还可以为各种执收执罚过程中票款分离和罚缴分离提供方便,促进财政收支两条线管理。使用银行卡支付,还有利于打击地下经济、防止洗钱、控制非法收入、预防和遏制腐败。以韩国为例,银行卡产业的发展大大改变了韩国地下经济猖獗、偷漏税严重的状况。由于银行卡产业的迅速发展,韩国地下经济占 GDP 的比重从 20 世纪 90 年代初的 18% 至

20％,降至 2002 年的 10％左右。2001 年,韩国税收增加 58 亿美元,其中从持卡消费征收的部分达 12％。

第四,带动相关产业的发展。银行卡产业作为信息技术密集型产业,其发展将直接促进与银行卡相关的软硬件开发、生产及销售,促进通信、系统集成、网络运营服务、电子技术等相关信息产业发展,提高信息技术产业在国民经济中的比重,全面提高国民经济信息化水平。

第五,是促进传统商业模式的改变和产业结构升级。银行卡的不断普及,特别是互联网支付、电话支付、移动支付等新型支付方式的兴起,极大地促进了电子商务的发展。一些原来难以实现的商户与个人之间(B2C)、个人与商户之间(C2B)以及个人与个人之间(C2C)的非面对面交易,因为有了银行卡和基于银行卡的各种新兴支付方式而迅猛发展。而原来很多传统上一直通过面对面交易实现的普通商品采购、订票等交易行为,现在也同样通过互联网、固定电话、移动电话等渠道进行,买卖双方甚至不用经过任何直接接触的过程就可完成交易。银行卡的推广使用,在催生了各种新型商业模式的同时,也正在引起传统商业模式的深刻变革,促进我国相关产业的升级。

第10章　支付场景一：企业支付

10.1　企业账户

现代的非现金支付都是基于账户的，账户是支付领域中一个最基本的要素。关于银行账户，一般而言，其存款账户（Deposit Account）是一个宽泛的概念，它包括我们通常说的结算账户或往来账户（Settlement Account，Current Account）、储蓄账户（Savings Account）和定期存款账户（Time Deposit Account）。在深入了解各类账户之前，先来看看账户的所有者及其创立账户时的一些规定。

存款人一般分为非自然人和自然人，一般是指在中国境内开立银行结算账户的机关、团体、部队、企业、事业单位、其他组织（以下统称单位）、个体工商户和自然人。即存款人不仅仅是指自然人。以自然人名称凭个人身份证件开立的银行结算账户为个人银行结算账户。非自然人为了支取现金而在银行开立的账户称为基本账户，基本账户具有唯一性。非自然人填制开户申请书、经开户行审核同意并凭中国人民银行当地分支机构核发的开户许可证才可以开立基本户（现开户许可证制度已取消而改为备案制）。

个体工商户虽然是自然人，但是其凭营业执照以字号或经营者姓名开立的银行结算账户需纳入单位银行结算账户管理。

非自然人是指：

企业法人（＊法人是具有民事权利主体资格的社会组织，是自然人的对立，而法人代表则必须是自然人）；

非法人企业；

机关、事业单位；

团级(含)以上军队、武警部队及分散执勤的支(分)队;

社会团体;

民办非企业组织;

异地常设机构;

外国驻华机构;

个体工商户(* 个体工商户是自然人,而列在非自然人之列属于特例。个体工商户属于自然人,不是法人);

居民委员会、村民委员会、社区委员会;

单位设立的独立核算的附属机构;

其他组织。

10.1.1　个体工商户

之所以将个体工商户纳入单位银行结算账户,主要是提高个体工商户的经济地位,满足其日常经营的支付结算需要,促进个体经济健康发展。一方面,个体工商户作为非公有制经济的重要组成部分,应同其他经济组织享有平等的生产经营权利,其身份应受到重视,贡献应得到认可,权利应得到保障。将其纳入单位银行结算账户管理,表明个体工商户开立的银行结算账户享有同单位银行结算账户相同的银行结算服务。

个体工商户可以凭营业执照、组织机构代码证、税务登记证、法人身份证原件及复印件到银行开立结算账户。个体户是可以有银行基本账户的,但不是必须有的,个体工商户可以根据自身需求来决定是否申请基本户。根据《个体工商户条例》第二十条:"个体工商户可以凭营业执照及税务登记证明,依法在银行或者其他金融机构开立账户,申请贷款。"金融机构应当改进和完善金融服务,为个体工商户申请贷款提供便利。

另外,《中华人民共和国个人所得税法》不仅规定了个体工商户的收入归个人所有,而且明确了其单位负责人个人所得税的缴纳方式。《个人所得税法》第 2 条规定个人所得税的征税内容包含"个体工商户的生产、经营所得",从法律角度上把个体工商户的生产经营所得纳入个人所得,而不是企业所得。第 6 条规定个体工商户的应纳税所得额为每一纳税年度的收入总额,减除成本、费用以及损失后的余额,该法附表二规定此类所得税适用 5 级超额累进税率,明确了个体工商户个人所得税的缴纳方式。

在实际工作中,由于生产经营规模小,又无建账能力,税务机关将个体工商户作为定期定额户进行管理,按规定缴纳定额税。所以说,个体工商户的生产经营所得只要缴纳了规定金额的个人所得税,就可以自由支配,转入个人银行结算账户或存入储蓄账户。

10.1.2 企业四类账户

1.分类和定义

企业银行结算账户包括四种即：基本存款账户、一般存款账户、专用存款账户、临时存款账户（企业账户类型见图10-1）。

基本存款账户是指存款人办理日常转账结算和现金收付而开立的银行结算账户，是存款人的主要存款账户。基本存款账户的使用范围包括：存款人日常经营活动的资金收付，以及存款人的工资、奖金和现金的支取。开立基本存款账户是开立其他银行结算账户的前提。

一般存款账户是指存款人因借款或其他结算需要，在基本存款账户开户银行以外的银行营业机构开立的银行结算账户。一般存款账户主要用于办理存款人借款转存、借款归还和其他结算的资金收付。一般存款账户可以办理现金缴存，但不得办理现金支取。

图 10-1 企业账户类型

专用存款账户是存款人按照法律、行政法规和规章，对其特定用途资金进行专项管理和使用而开立的银行结算账户。专用存款账户用于办理各项专用资金的收付，允许支取现金的专用存款账户，须经批准同意。基本建设资金，更新改造资金，财政预算外资金，证券交易结算资金，粮、棉、油收购资金，单位银行卡备用金，证券交易结算资金，期货交易保证金，金融机构存放同业资金，收入汇缴资金和业务支出资金，党、团、工会设在单位的组织机构经费及其他按规定需要专项管理和使用的资金可以申请开立专用存款账户。总之，专用存款账户是企业因特定用途需要所开立的账户。虽然只有基本账户才能支取现金，但如果另外还要开一个可以取款的账户，而且资金具有一定的专门用途，那么申请办理一个专用账户也是可以取款的。

临时存款账户是存款人因临时需要并在规定期限内使用而开立的银行结算账户，用于办理临时机构以及存款人临时经营活动发生的资金收付。临时存款账户支取现金，应按照国家现金管理的规定办理。开立临时存款账户的范围有：设立临时机构、异地临时经营活动、注册验资等。总之，临时存款账户是指企业因临时生产经营活动的需要而开立的账户，本账户既可

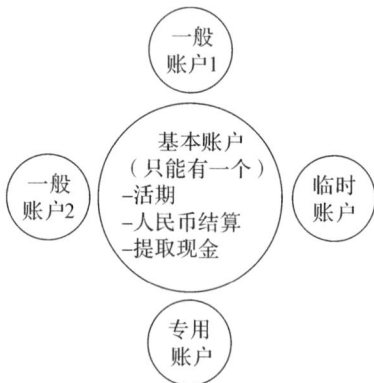

以办理转账结算,又可以根据现金管理规定存取现金。

2.区别和变更

每个企业只能在一家银行开立唯一的基本存款账户,用于存取现金及转账。即基本户必须也只能开一个,而一般户可以随便开多少个,不开也没关系。基本户在特殊情况下可以开设第二个,即针对机关和事业单位、军队和武警、社会团体和宗教组织,已在银行开立一个基本存款账户的,可以根据其资金性质和管理需要另开立一个基本存款账户。

企业可根据业务需要开立一般存款账户,一般存款账户不受数量限制。但一般存款账户不能支取现金。即一般户比基本户只少了一个功能,就是取现金,其他的完全一样。

另外就是存款人不得因开户银行严格执行制度、执行纪律,而转移基本存款账户。已开立基本存款账户的存款人,开立、变更或撤销其他三类账户,必须凭基本存款账户开户许可证办理相关的手续,并在基本存款账户开户许可证上进行登记,便于全面反映和控制存款人的各类银行账户的开、销户情况,加强银行结算账户的管理。由此,体现了基本存款账户在四类单位银行结算账户中处于统驭地位,是单位开立其他银行结算账户的前提,其他三类单位银行结算账户则作为其功能和作用的补充。

3.注意事项

企业必须按规定使用银行结算账户,负责银行结算账户的安全。不得以出租、出借银行结算账户,不得利用银行结算账户套取银行信用,更不得利用银行结算账户谋取利益。

企业重大事项变更应及时报请其开户银行。主要包括:①企业名称更改,但开户银行及账号不改变的,应及时向开户银行提出银行结算账户的变更申请,并出具有关部门的证明文件。②企业法定代表人或主要负责人、住址以及其他开户资料发生变更时,及时通知开户银行。③撤销银行结算账户的应申请开户银行。一般包括下列情况:一是企业被撤并、解散、宣告破产或关闭的;二是企业注销、被吊销营业执照的;三是企业因迁址需要变更开户银行的;四是其他原因需要撤销银行结算账户的。

企业撤销银行结算账户,必须与开户银行核对银行结算账户存款余额,交回各种重要空白票据及结算凭证和开户登记证,银行核对无误后方可办理销户手续。存款人未按规定交回各种重要空白票据及结算凭证的,应出具有关证明,造成损失的,由其自行承担。

企业应加强对预留银行签章的管理。单位遗失预留公章或财务专用章时,应向开户银行出具书面申请、开户登记证、营业执照等相关证明文件;更换预留公章或财务专用章时,应向开户银行出具书面申请、原预留签章的式样等相关证明文件。

明确违反银行账户管理规定应承担的责任。下列行为违反银行账户管理办法:①违规开立银行结算账户;②伪造、变造证明文件欺骗银行开立银行结算账户;③违反本办法规定不及时撤销银行结算账户。④违反规定将单位款项转入个人银行结算账户;⑤违反本办法规定支取现金;⑥利用开立银行结算账户逃废银行债务;⑦出租、出借银行结算账户;⑧从基本存款账户之外的银行结算账户转账存入、将销货收入存入或现金存入单位信用卡账户;⑨法定代表人或主要负责人、存款人地址以及其他开户资料的变更事项未在规定期限内通知银行。违反上述现象,有关企业及其经办人都将受到相应的经济处罚,情节严重,构成犯罪的,还要依法追究其刑事责任。

4. 作用和意义

企业在银行开立的结算账户,是连接社会资金的纽带和桥梁,是实现经济金融正常运行的必要手段,也是确保企业及社会资金正常周转流通和促进社会主义市场经济发展的必经之路。但近年来,伴随国有、集体企业改制步伐的加快,特别是外资和民资的相继大量出现,企业与银行之间的账户资金结算关系变得日渐复杂和频繁起来。加上在资金循环方面固有矛盾的暴露,以及企业事业单位财会人员缺乏相关知识、结算法规观念淡薄和私利作祟,所以一度出现了企业事业单位乱开账户、无理拒付货款和逃避银行信贷结算监督的现象。这种现象直接导致了资金的转移和分流、影响了资金的使用效率和效益。因此,确保企事业单位财会人员知晓银行结算账户的开立和使用规定,对于加强银行结算账户管理和维护经济金融秩序稳定意义重大。

另外,从国家和地方的税收角度,银行账户也具有重大的监管意义。根据税务征管法规定,企业要向税务局报告所有的银行账户,也就是说,税务局有权力查询企业所有的银行账户,包括基本户、一般户、临时户、专用户。经县以上税务局(分局)局长批准,凭全国统一格式的检查存款账户许可证明,税务机关有权查询从事生产、经营的纳税人、扣缴义务人在银行或者其他金融机构的存款账户。税务机关在调查税收违法案件时,经设区的市、自治州以上税务局(分局)局长批准,可以查询案件涉嫌人员的储蓄存款。税务机关查询所获得的资料,不得用于税收以外的用途。

10.1.3 结算账户转账

为规范人民币银行结算账户(以下简称银行结算账户)的开立和使用,

加强银行结算账户管理,维护经济金融秩序稳定,根据《中华人民共和国中国人民银行法》和《中华人民共和国商业银行法》等法律法规制定,经 2002 年 8 月 21 日第 34 次行长办公会议通过,由中国人民银行于二○○三年四月十日颁布实施了《人民币银行结算账户管理办法》,共计七章七十一条。

从单位的结算账户中划转资金到个人的结算账户中,必须遵循《人民币银行结算账户管理办法》。只有符合《办法》第三十九条、第四十条、第四十一条的规定,才可以顺利转入个人结算账户。

以下是《办法》第三十九条、第四十条、第四十一条。

第三十九条　个人银行结算账户用于办理个人转账收付和现金存取。下列款项可以转入个人银行结算账户:

(一)工资、奖金收入。(二)稿费、演出费等劳务收入。(三)债券、期货、信托等投资的本金和收益。(四)个人债权或产权转让收益。(五)个人贷款转存。(六)证券交易结算资金和期货交易保证金。(七)继承、赠与款项。(八)保险理赔、保费退还等款项。(九)纳税退还。(十)农、副、矿产品销售收入。(十一)其他合法款项。

第四十条　单位从其银行结算账户支付给个人银行结算账户的款项,每笔超过 5 万元的,应向其开户银行提供下列付款依据:

(一)代发工资协议和收款人清单。(二)奖励证明。(三)新闻出版、演出主办等单位与收款人签订的劳务合同或支付给个人款项的证明。(四)证券公司、期货公司、信托投资公司、奖券发行或承销部门支付或退还给自然人款项的证明。(五)债权或产权转让协议。(六)借款合同。(七)保险公司的证明。(八)税收征管部门的证明。(九)农、副、矿产品购销合同。(十)其他合法款项的证明。从单位银行结算账户支付给个人银行结算账户的款项应纳税的,税收代扣单位付款时应向其开户银行提供完税证明。

第四十一条　有下列情形之一的,个人应出具本办法第四十条规定的有关收款依据。

(一)个人持出票人为单位的支票向开户银行委托收款,将款项转入其个人银行结算账户的。

(二)个人持申请人为单位的银行汇票和银行本票向开户银行提示付款,将款项转入其个人银行结算账户的。

注意到人行在 2007 年又发布了《关于改进个人支付结算服务的通知》,简化了从单位银行结算账户向个人结算账户支付款项的手续。从单位银行结算账户向个人银行结算账户支付款项单笔超过 5 万元人民币时,付款单位若在付款用途栏或备注栏注明事由,可不再另行出具付款依据,但付款单位应对支付款项事由的真实性、合法性负责。

10.1.4　企业银行账户管理

根据央行发布的《2020 年支付体系运行总体情况》,截至 2020 年末,全国共开立银行账户 125.36 亿户,同比增长 10.43%,增速较上年末下降 1.64 个百分点。

单位银行账户数量持续增长。截至 2020 年末,全国共开立单位银行账户 7481.30 万户,同比增长 9.43%。其中,基本存款账户 5393.64 万户,一般存款账户 1663.55 万户,专用存款账户 405.57 万户,临时存款账户 18.53 万户,分别占单位银行账户总量的 72.10%、22.24%、5.42% 和 0.25%。

2021 年央行发布了《人民币银行结算账户管理系统业务处理办法》(银办发[2021]74 号)中强调开立银行账户时,存款人类别为企业法人、非法人企业、有字号个体工商户、无字号个体工商户的,还应提交其工商营业执照注册号。存款人有组织机构代码证的,还应提交其组织机构代码。存款人为从事生产、经营活动的纳税人的,还应提交其税务登记证(国税或地税)编号,或录入其无需办理税务登记证的文件或税务机关出具的证明。

银行账户管理作为中央银行结算监管的一项重要内容,具有牵涉面广、工作量大、难度高的特点。近年来,随着中央银行监管力度的逐步加强,银行账户管理已逐步纳入了规范化的轨道,但不可否认的是银行账户管理仍存在一些问题,影响了社会经济、金融和信用秩序。近年来,通过对各商业银行账户问题进行分析,主要表现在:

(1)银行违规开户,内控不严

一是把关不严,企业开立的银行结算账户中不乏未取得人民银行核发的开户许可证或未作报备的漏网之鱼;二是违反央行一般存款账户不能提现的明文规定,允许企业在一般存款账户大量支取现金;三是违反规定为企业客户开立多个结算账户,如某商业银行营业部和下属一支行均为同一公司开立了基本存款账户;四是对大额资金支付审查不严,无依据向个人结算账户转款,大额资金流向私人;五是银行对账制度未能完全落实,银企全面对账工作难度大,给违法犯罪分子窃取巨额存款以可乘之机。各银行不少营业网点因账户太多,无法实现全部核对并收回对账回执,仅将余额较大的账户列为对账重点,对余额较小、曾经发生过大额、异动支付的账户对账率极低;六是可疑交易报告与处理措施执行不到位,对大额、异常支付不报告,即使报告也不分析、不排疑,只图一报了事。

(2)企业违法作为，铤而走险

一是不法分子利用伪造、变造或过期的营业执照、身份证等证明文件骗取开立银行账户，为其利用银行结算账户进行诈骗、洗钱等违法犯罪活动迈出第一步；二是企业现存的人民银行账户管理系统启用前开立的部分账户，因开户单位留存的通讯地址、联系方式不准确或已发生变化，但又不告知银行，既不提供开户银行必需的开户资料，又不愿意销户，同时对部分尚未清偿债务的企业，开户银行也难以采取销户措施；三是少数开户单位提供虚假证明材料、编造付款理由甚至以转移存款相威胁，在一般存款账户大量取现，将大额资金转入个人银行结算账户，使开户行失去监督；四是企业出租、出借银行结算账户现象严重，并从中牟利。

(3)银行利润最大化诱导

据权威部门数据，商业银行以存贷差方式所赚的利润占利润总额的80％以上，其余20％利润来自中间业务，却与国外银行业相反。随着投资渠道日益多元化，银行储蓄回报率的降低，在一定程度上分散了银行存款资金来源。为了利润的上升、业绩的提高，尽量多地吸纳单位存款成了银行重要任务和重要途径，于是许多银行将干部职工的揽储金额和奖金挂钩，甚至还与职务升迁挂钩。现实的诱导、利益的驱使导致银行业把关不严，最终给不良商家的图谋不轨行为奠定了"基础"。

(4)相关制度执行不严

从一些金融诈骗大案来看，多有内外勾结行为，私刻印鉴、印章和制造金融票据，之所以发生这种现象，无不与银行内部控制制度执行不到位大有关系。中国人民银行制定了《商业银行内部控制指引》，同时为了加强银行业监督，有效防范金融风险，将金融监管职责从人行系统予以分离，成立了专门实施金融监管职能的银保监会，并随即对《内部控制指引》进行了完善，出台了《商业银行内部控制制度评估体系》。可以说，无论作为融资行为的规范程序，还是作为防范问题的管理制度，都已经比较规范，但制度的落实，制度执行得是否有效，最终还得靠人去执行，但在现实经济生活中，个别商业银行分支机构为了部门、个人利益而对规章制度置若罔闻的违法违规行为不时发生，使已建立的规章制度得不到落实。

(5)漠视对账的重要性

不少开户单位不理解银企对账的重要性、必要性，对账务核对工作抱有应付态度，甚至持抵触情绪，不积极对账，不及时反馈对账结果，个别企业甚至还拒绝对账。

(6)印鉴伪造技术与时俱进

金融诈骗案件之所以能够得逞,往往是因为商业银行各级领导干部及其经办人员未能时刻保持警惕意识,未能尽责对疑问业务进行认真核实以及在一些细微之处的疏忽所致;同时,随着作假技术手段的升级换代,伪造的印鉴仿真度高,加之使用的光敏材料原子印章容易变形、方形印章识别困难,人工识别真伪难辨,电子验印又难以过关,部分分支行目前仍主要依靠肉眼识别和人工折角核对方式对印鉴真伪进行识别。

加强银行账户管理,必须多管齐下,综合治理。

(1)严格企业账户管理

一是加大对存款人违反账户管理规定的处理力度。一般情况下,央行注重对商业银行进行处罚,而对企业的违规行为实施处罚力度不够,在缺乏有效约束情况下,一些企事业单位以中断业务相威胁,要求银行多头开户或违规取现;二是建立举报热线制度,加大对商业银行在账户开立、使用、销户过程中违规行为的惩罚力度,做到立场鲜明,尺度统一,维护公平竞争,增加违规成本;三是牵头规范银企对账协议,明确企业对账权利、义务及责任,提高企业对账的主动性;四是完善结算账户管理办法,明确存款人不配合热线验证、不及时对账等过错行为及应承担的相应责任,促使企事业单位增强对账的责任心。

(2)加强培训提高技能

一是在加强银行经办人员工作责任心的同时,也要加大对辨别真伪技能的培训,针对二代身份证要为各营业机构配置身份证鉴别仪,有票据业务的单位要配备票据鉴别仪;二是有关部门应进一步加强对印章、印鉴特殊防伪技术的研究,提高其科技含量,使得无法作假;三是由有关部门牵头,充分利用网络技术,将各商业银行签发的票据和经公安部门监制的印章、印鉴等输入专门数据库,各商业银行利用与数据库相连的前端设施,进行电脑比对以辨别真伪。

(3)多方合作提高防范案件能力

由当地政府牵头,公、检、法、人民银行、银监局、商业银行等单位参与,成立银行业案件综合治理工作协调机构,定期召开案件综合治理会议,分析防范形势,协调案件查处工作,指导和督促案件综合治理工作。此外,还应建立信息沟通和交流的载体,及时通报案件防范和查处的相关信息,用以指导案件治理工作。

自全国分批次逐步取消企业银行账户开户许可证之后,超限额划款、不合规的公对私转账、用私户发工资、乱用公户等这些行为都要需要非常谨慎注重合规操作。2017年7月1日正式实施的《金融机构大额交易和可疑交易报告管理办法》(中国人民银行令〔2016〕第 3 号发布)给出了明确的指引。[①]

对于资金的大额交易,以下情况需要提交大额交易报告:

1)当日单笔或者累计交易人民币 5 万元以上(含 5 万元)、外币等值 1 万美元以上(含 1 万美元)的现金收支。(此条与 2006 年版的不同,是把"单笔或者当日累计人民币交易 20 万元以上"降低为"5 万元或以上",增加了"含 1 万美元")

2)非自然人客户支付账户与其他账户发生当日单笔或者累计交易人民币 200 万元以上(含 200 万元)、外币等值 20 万美元以上(含 20 万美元)的款项划转。(此条与 2006 年版基本相同,只是增加了"含 200 万元""含 20 万美元"的内容)

3)自然人客户支付账户与其他账户发生当日单笔或者累计交易人民币 50 万元以上(含 50 万元)、外币等值 10 万美元以上(含 10 万美元)的境内款项划转。(此条与 2006 年版基本相同,只是增加了"含 50 万元""含 10 万美元"的内容)

4)自然人客户支付账户与其他的银行账户发生当日单笔或者累计交易人民币 20 万元以上(含 20 万元)、外币等值 1 万美元以上(含 1 万美元)的跨境款项划转。(此条与 2006 年版的不同,是增加了人民币"20 万元或以上"的要求,增加了"含 1 万美元")(需要提交大额交易报告的情况,见表10-1)

表 10-1　需要提交大额交易报告的情况

交易主体	交易方式	频率认定	交易金额
不论何种账户	现金收支	当日单笔或累计	人民币 5 万元及以上 外币等值 1 万美元及以上
公户与其他账户	款项划转	当日单笔或累计	人民币 200 万元及以上 外币等值 20 万美元及以上
私户与其他账户	境内 款项划转	当日单笔或累计	人民币 50 万元及以上 外币等值 10 万美元及以上
私户与其他账户	境外 款项划转	当日单笔或累计	人民币 20 万元及以上 外币等值 1 万美元及以上

---

① 中国人民银行 2006 年 11 月 14 日发布的《金融机构大额交易和可疑交易报告管理办法》(中国人民银行令〔2006〕第 2 号)和 2007 年 6 月 11 日发布的《金融机构报告涉嫌恐怖融资的可疑交易管理办法》(中国人民银行令〔2007〕第 1 号)同时废止。

而且,根据《中国人民银行关于非银行支付机构开展大额交易报告工作有关要求的通知》(银发〔2018〕125 号),非银行支付机构也需要提交大额交易报告了。

在对于对现钞存取的管理上,人民银行 2020 年 5 月 13 日发布了《关于开展大额现金管理试点的通知》(银发〔2020〕105 号),决定在河北省、浙江省、深圳市开展大额现金管理试点。各地对公账户管理金额起点均为 50 万元,对私账户管理金额起点分别为河北省 10 万元、浙江省 30 万元、深圳市 20 万元。

10.2 会计原理

10.2.1 记账与科目

会计源于记事,开始时只需记下收入、支出两项就可以了,而随着社会经济的发展,各种业务活动复杂性增加,只计收入、支出很难完整、准确、合理地用会计语言描述经济业务活动,于是就发明创造更多会计科目以满足描述经济业务活动的需要。这就如同一门语言,如果词汇量过少,表达上就难以完整、准确。

会计科目,就是描述经济业务活动的一个个词语,账务中的会计分录,就是一个个会计词语组成的会计句子,而相关财务报表,就是根据会计句子整合成的会计文章。从根本上讲,设置会计科目及明细科目是为方便进行财务分析,并最终满足管理需要。

比如公司设置了一个为新产品开发的专项基金的科目,用以核算为此新产品的费用,这个科目下,可能还要设置研发费用、职工薪酬、办公费用等。这样一来,项目完成后财务人员可以做好财务分析测算各明细科目占项目总资金的比例,然后领导就根据财务分析的结果,从而做相关的决策。另外针对不同行业有不同行业的会计科目表,比如房地产企业会计科目表、行政事业会计科目表、商业银行业会计科目表等。

会计科目的设置可以把各项会计要素的增减变化分门别类地归集起来,使之一目了然,以便企业内部经营管理和向有关方面提供一系列具体分类核算指标。总体来看,会计科目有以下作用:

1)会计科目是复式记账的基础;

2)会计科目是编制记账凭证的基础;

3）会计科目为成本核算及财产清查提供了前提条件；

4）会计科目为编制会计报表提供了方便。

因为每笔资金的运用必定有其来源，即：资金运用＝资金来源，这是个恒等式。这样也就得到了会计恒等式：资产＝负债＋所有者权益，该等式是会计记账、核算的基础。

对于账户的操作要进行记录，记录的方法称为记账方法。复式记账法是指对每一笔经济业务都要以相等的金额，同时在两个或两个以上相互联系的会计账户中进行登记的记账方法。复式记账是相对于单式记账而言的。单式记账是一种较为简单、不完整的记账方法，一般只记录现金的收付以及人欠、欠人的事项；复式记账是一种比较科学的记账方法，它要求对发生的每一项经济业务，都要以相等的金额在两个或两个以上的账户中记录，它完整地反映了企业经济业务的全貌。

复式记账法的种类有借贷记账法、收付记账法、增减记账法等。1993年 7 月 1 日开始实施的《企业会计准则》规定，企业记账必须采用借贷记账法。借贷记账法的好处是不但反映数量上的增减变化，而且还记录某一具体经济事项的来龙去脉。"贷"字表示资金运动的"起点"（出发点），即表示会计主体所拥有的资金（某一具体财产物资的货币表现）的"来龙"（资金从哪里来）；"借"字表示资金运动的"驻点"（即短暂停留点，因资金运动在理论上没有终点），即表示会计主体所拥有的资金的"去脉"（资金的用途、去向或存在形态）。简单说，复式记账法就是有借必有贷，借贷必相等。借方的含义是资金的运用，贷方是资金的来源；资金的运用永远等于资金的来源，这就是复式记账法的本质。

10.2.2　会计恒等式

在会计中有个很重要的恒等式：资产＝负债＋所有者权益，在这个基础上我们来建立科目体系。从恒等式来看，可以把科目分为三类资产类、负债类、所有者权益类。因为这三类科目的余额最终要符合恒等式，所以任何一类科目体系至少属于资产类科目、负债类科目与所有权益类科目中的其中一种。总结起来看，在资金的运用方面：资产增多，记借方，借方增加；在资金的来源方面，负债的增多，记贷方，贷方增加（会计借贷记账规则见图10-2）。

会计要素反映了资金运动的静态和动态两个方面，具有紧密的内部相关性，表现为以下三个会计等式：

资产＝负债＋所有者权益　　　　　　　　　　　　　　　（1），

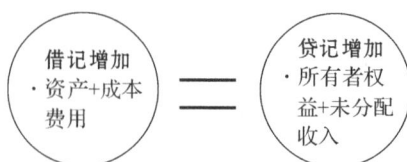

图 10-2　会计借贷记账规则

这是最基本的会计等式，通常称为第一会计等式，是记账主体资产状态的一个体现。

$$收入－成本－费用＝利润 \tag{2}，$$

这一等式可称为第二会计等式，是资金运动的动态表现，是编制损益表的依据，是一定时期的动态数字。

将"利润"作为"所有者权益"的一部分，代入（1）式中得到：

$$资产＝负债＋所有者权益＋收入－成本－费用$$

于是经过移项得到：

$$资产＋费用＋成本＝负债＋所有者权益＋收入 \tag{3}$$

根据第（3）式，我们就可以很容易理解借贷记账法里资产、费用、成本类账户适用同样的规则，即借方表示增加；而负债、所有者权益、收入类账户适用另外的规则，即贷方表示增加（会计报表与会计恒等式的关系见图10-3）。

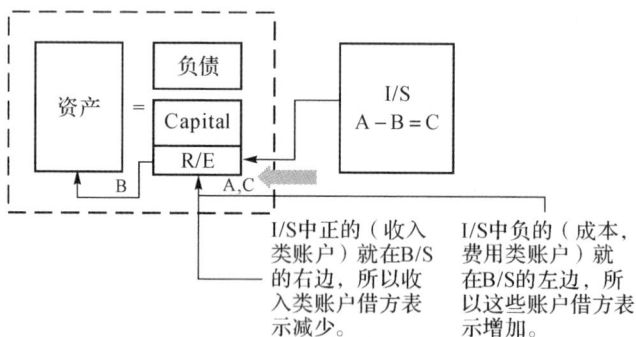

图 10-3　会计报表与会计恒等式的关系

注意我们在以上（3）式中的科目类别（资产类科目、负债类科目等等对应于资产负债表 Balance Sheet 的科目）之外还定义了一类特别的科目：损益类科目。这类科目是为核算"本年利润"服务的，具体包括收入类科目、费用类科目；在期末（月末、季末、年末）这类科目累计余额需转入"本年利润"账户，结转后这些账户的余额应为零。损益类科目可以理解为对应于损益表（又称利润表，Income Statement）的科目。

企业损益类科目是指核算企业取得的收入和发生的成本费用的科目,它具体包括:

①收入类科目:主营业务收入、其他业务收入、投资收益、公允价值变动损益等;

②费用类科目:主营业务成本、其他业务成本、资产减值损失、信用减值损失、税金及附加、销售费用、管理费用、财务费用、所得税费用等;

③直接计入当期利润的利得:营业外收入固定资产处置损益;

④直接计入当期利润的损失:营业外支出固定资产处置损益。

成本类科目与费用类科目是有区别的。严格地讲,构成产品的直接支出,属于成本类,如:原材料、人工费、制造费用等。构不成产品的支出就属于费用类,如:管理费用、财务费用、销售费用等(会计科目与报表的关系见图 10-4)。

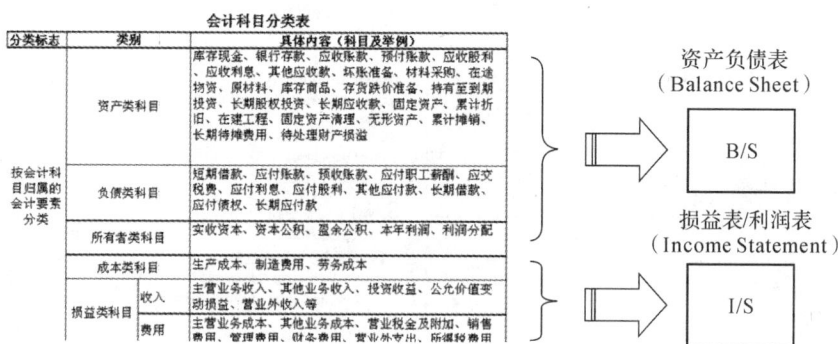

图 10-4　会计科目与报表的关系

10.2.3　会计报表

会计报表所反映的信息,是企业经营者了解经营情况、实施经营管理和进行经营决策必不可少的经济信息之一。企业的管理人员通过对会计报表进行分析,可以加强和改善经营管理,争取更大的经济效益。企业报表一般分为资产负债表、利润表、现金流量表。资产负债表是反映企业在某一特定日期(如月末、季末、年末)全部资产、负债和所有者权益情况的会计报表,是企业经营活动的静态体现。而利润表是反映企业在一定会计期间的经营成果的财务报表,是一种动态体现。国内和国际常见的表格样式如图 10-5 资产负债表示意图、图 10-6 利润表示意图所示。

另外,在不同报表之间还存在会计记账的钩稽关系(报表钩稽关系示意

资产负债表

财务类型	大类	小类	金额（百万）	占比(%)
- 资产	- 长期资产	长期投产	0	0.00%
		固定资产	5,500	59.67%
		无形及其他资产	145	1.57%
		汇总	5,645	61.24%
	- 流动资产	存货	478	5.19%
		货币资金	1,700	18.44%
		应收账款	1,250	13.56%
		预付账款	145	1.57%
		汇总	3,573	38.76%
	汇总		9,218	100.00%
- 负债	- 长期负债	长期借款	0	0.00%
		应付债券	0	0.00%
		汇总	0	0.00%
	- 股东权益	股本	3,000	33.52%
		未分配利润	400	4.47%
		盈余公积	0	0.00%
		资本公积	0	0.00%
		汇总	3,400	37.99%
	- 流动负债	短期借款	4,800	53.63%
		应付工资	0	0.00%
		应付账款	750	8.38%
		汇总	5,550	62.01%
	汇总		8,950	100.00%
汇总			18,168	200.00%

Grande Corporation Balance Sheet at 31 December 20YY		*Figures in $1,000's*
ASSETS		
Current Assets	9,609	
Long-Term Investments & Funds	1,460	
Property, Plant & Equipment	9,716	
Intangible Assets	1,222	
Other Assets	68	
Total Assets		22,075
LIABILITIES		
Current Liabilities	3,464	
Long-Term Liabilities	5,474	
Total Liabilities		8,938
OWNERS EQUITY		
Contributed Capital	3,464	
Retained Earnings	5,474	
Total Owners Equity		13,137
Total Liabilities and Equities		22,075

图 10-5　资产负债表示意图

利润表

编制单位：　年　月　会企 02 表　单位：元

项　目	行 次	本月数	本年累计数
一、主营业务收入	1		
减：主营业务成本	4		
主营业务税金及附加	5		
二、主营业务利润（亏损以“-”号填列）	10		
加：其他业务利润（亏损以“-”号填列）	11		
减：营业费用	14		
管理费用	15		
财务费用	16		
三、营业利润（亏损以“-”号填列）	18		
加：投资收益（损失以“-”号填列）	19		
补贴收入	22		
营业外收入	23		
减：营业外支出	25		
四、利润总额（亏损总额以“-”号填列）	27		
减：所得税	28		
五、净利润（净亏损以“-”号填列）	30		

Grande Corporation Income Statement for the Year Ended 31 December 20YY		*Figures in $1,000's*
Net sales revenues	32,983	
Cost of goods sold	22,043	
Gross Profit		10,940
Operating Expenses		
Selling expenses	6,022	
General & Admin expenses	1,788	
Total Operating expenses		7,810
Operating Profit Before Taxes		3,130
Financial rev / exp gain (expense)		(393)
Income before tax & extraordinary items		2,737
Less income tax on operations		(958)
Income before extraordinary Items		1,779
Extraordinary items after tax		347
Net Income (Profit)		2,126

图 10-6　利润表示意图

图见图 10-7）。钩稽关系是指会计账簿和报表中有关指标、数字之间存在着必然的、可据以进行相互查考、核对的关系。在建立或阅读报表时注重钩稽关系，有利于保证会计资料的准确性。

10.2.4　贷记操作和借记操作

支付中，银行的贷记操作和借记操作是什么？简单地说，银行的贷记业务是银行往某个账户中转账、汇款或存入金额，结果会使得某个账户余额增加的操作，被称为贷记某个账户。由于银行的存款被视为银行负债，而对于

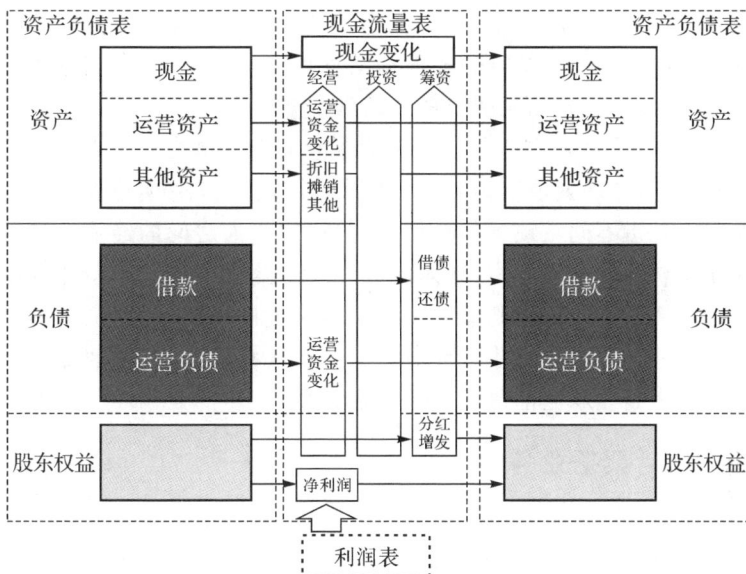

图 10-7　报表钩稽关系示意图

负债类型的科目进行余额增加的操作，会计上就称为贷记操作，所以银行的贷记操作就是增加某个账户余额的操作。同理，银行的借记操作就是对某个账户进行扣款，使之余额减少的操作。

贷记支付是由发起方主动向对方付款的行为，如现金存入、转账汇款收入等；而借记支付是由发起方主动向对方收款的行为，如刷卡消费支出、代收水电费等。

10.3　票据支付

支付可以分为现金支付和非现金支付。非现金结算支付工具一般总结为：三票一卡，即汇票、本票、支票和银行卡。非现金结算方式有票据（汇票、本票、支票）、电汇、委托收款、托收承付这几种。

目前，我国已基本形成了以汇票、支票、本票和银行卡等非现金支付工具为主体，汇兑、电子银行、个人跨行转账、个人跨行通存通兑、定期借记、定期贷记等结算方式为补充的非现金支付工具体系。

结算方式的主要内容包括：商品交易货款支付的地点、时间和条件，商品所有权转移的条件，结算凭证及其传递的程序和方法等。现行的银行结

219

算方式包括:银行汇票、商业汇票、银行本票、支票、汇兑、委托收款、异地托收承付等七种。这七种结算方式根据结算地点的不同,可以划分为同城结算方式、异地结算方式和通用结算方式三大类。

其中,同城结算方式是指在同一城市范围内各单位或个人之间的经济往来,通过银行办理款项划转的结算方式,具体有支票结算和银行本票。异地结算方式是指不同城镇、不同地区的单位或个人之间的经济往来通过银行办理款项划转的结算方式,具体包括银行汇票、汇兑结算和异地托收承付结算。通用结算方式是指既适用于同一城市范围内的结算,又适用于不同城镇、不同地区的结算,具体包括商业汇票和委托收款,其中商业汇票结算方式又可分为商业承兑汇票和银行承兑汇票。

10.3.1 票据业务

传统支付手段有现金、票据、银行卡支付、资金汇兑等。现金支付的特点是具备匿名性,使用方式上简单、直观、便捷。但是其缺点也是非常明显的,比如容易磨损、丢失、被盗、伪造,交易时空受限(交易时空不可分离),大量携带不方便等。而票据支付一般指票据法所规定的汇票、本票和支票范围内的支付,它克服了现金的缺点,具有异地交易、汇兑功能,避免清点现金的错误(大额尤其如此),节约时间等诸多优势。

1. 银行本票业务(Banker's Promissory Note)

所谓银行本票,通俗地说就是客户把钱交给银行后,银行签发一张票据,并且承诺,银行在见票时,无条件支付确定的金额给收款人或者持票人。比如,市民买车时,他只需向银行申请签发一张收款人给车商的银行本票,买车时把银行本票交给车商,对方就可以随时持票找银行提款。

2. 支票业务(Cheque,Check)

所谓支票,通俗地说就是客户签发的一张取款证明,金额不得超出其银行存款金额。如果支票金额超出银行存款金额,银行将拒付给持票人。这种支票称为空头支票,出票人要负法律上的责任。支票可分为现金支票、转账支票、普通支票、划线支票。划线支票与一般支票不同,划线支票非由银行不得领取票款,故只能委托银行代收票款入账。使用划线支票的目的是在支票遗失或被人冒领时,还有可能通过银行代收的线索追回票款。

支票上未印有"现金"或"转账"字样的为普通支票,普通支票可以用于支取现金,也可以用于转账,在普通支票左上角划两条平行线的,为划线支票,划线支票只能用于转账,不得支取现金,不划线时就作为现金支票使用。

支票一经背书即可流通转让,具有通货作用,成为替代货币发挥流通手段和支付手段职能的信用流通工具。运用支票进行货币结算,可以减少现金的流通量,节约货币流通费用。

3. 汇票业务(Bill)

按出票人的不同可以分为银行汇票和商业汇票。商业汇票又可以分为商业承兑汇票和银行承兑汇票。

商业承兑汇票(Commercial Acceptance Bill)是以银行以外的任何商号或个人为承兑人的远期汇票。

银行承兑汇票(Bank's Acceptance Bill)承兑人是银行的远期汇票。

银行承兑汇票是客户签发,向银行提示承兑。银行审批通过后进行承兑,即承诺到期兑付该票据,同时向客户扣收手续费。一般来说银行是要向客户收取保证金的(本票、支票和汇票的区别见图 10-8)。

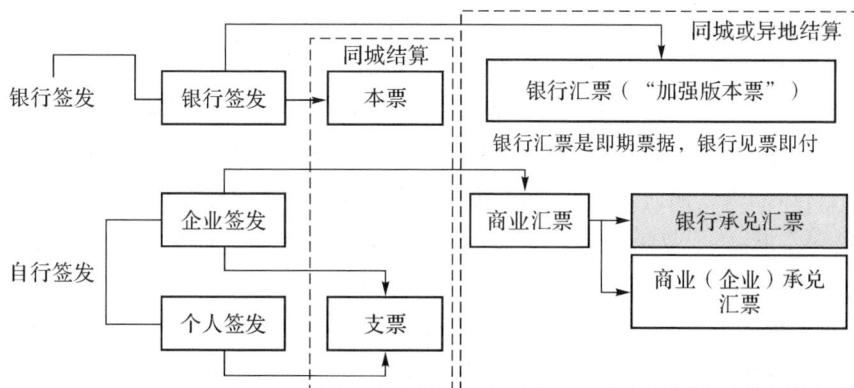

图 10-8　本票、支票和汇票的区别

以常用的银行承兑汇票为例,一般其签发与兑付步骤如下(银行承兑汇票的签发与兑付步骤见图 10-9):

1)签订交易合同。

交易双方经过协商,签订商品交易合同,并在合同中注明采用银行承兑汇票进行结算。作为销货方,如果对方的商业信用不佳,或者对对方的信用状况不甚了解或信心不足,使用银行承兑汇票较为稳妥。因为银行承兑汇票由银行承兑,由银行信用作为保证,因而能保证及时地收回货款。

2)企业签发汇票。

付款方按照双方签订的合同的规定,签发银行承兑汇票。银行承兑汇票一式四联,第一联为卡片,由承兑银行支付票款时作付出传票;第二联由收款人开户行向承兑银行收取票款时作联行往来账付出传票;第三联为解

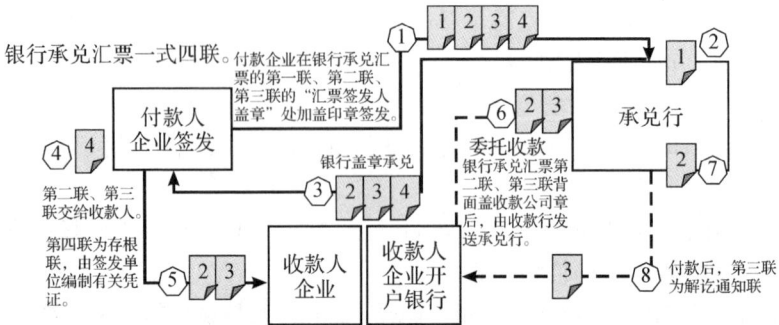

图 10-9 银行承兑汇票的签发与兑付步骤

讫通知联，由收款人开户银行收取票款时随报单寄给承兑行，承兑行作付出传票附件；第四联为存根联，由签发单位编制有关凭证。

备注：付款单位出纳员在填制银行承兑汇票时，应当逐项填写银行承兑汇票中签发日期，收款人和承兑申请人（即付款单位）的单位全称、账号、开户银行，汇票金额大、小写，汇票到期日等内容，并在银行承兑汇票的第一联、第二联、第三联的"汇票签发人盖章"处加盖预留银行印鉴及负责人和经办人印章。

3）汇票承兑：公司签发之后送银行盖章承兑。

付款单位出纳员在填制完银行承兑汇票后，应将汇票的有关内容与交易合同进行核对，核对无误后填制"银行承兑协议"及银行承兑汇票清单，并在"承兑申请人"处盖单位公章。银行承兑协议一般为一式三联，银行信贷部门一联，银行会计部门一联，付款单位一联，其内容主要是汇票的基本内容，汇票经银行承兑后承兑申请人应遵守的基本条款等。待银行审核完毕之后，在银行承兑协议上加盖银行公章或合同章，在银行承兑汇票上加盖汇票专用章，并至少加盖一个经办人私章。

4）支付手续费。

按照"银行承兑协议"的规定，付款单位办理承兑手续应向承兑银行支付手续费，由开户银行从付款单位存款户中扣收。按照现行规定，银行承兑手续费按银行承兑汇票的票面金额的万分之五计收，每笔手续费不足 10 元的，按 10 元计收。

纸质银行承兑汇票的承兑期限最长不超过 6 个月，电子银行承兑汇票的承兑期限最长不超过 1 年。承兑申请人在银行承兑汇票到期未付款的，按规定计收逾期罚息。

银行承兑汇票是可以提前贴现的,银行承兑汇票提前贴现利率多少需要根据贴现时银行的贴现利率以及提前贴现的天数来具体计算。由于提前贴现在有些时候并不划算,可以根据提前贴现利率的计算公式,计算出提前贴现的利率后再决定是否要提前贴现。

汇票有多种,就银行汇票而言也有常见的两种,一般企业间用得较多的是银行汇票和银行承兑汇票,前者是要企业在银行有全款才能申请开出相应金额的汇票(即如果要在开户行开 100 万元的银行汇票,则在该行账户上必须要有 100 万元以上的存款才行),后者要看银行给企业的授信额度,一般情况是企业向银行交一部分保证金,余额可以使用抵押等手段(如开 100 万银行承兑汇票,企业向银行交 30% 保证金 30 万,其他 70 万企业可以用土地、厂房、货物仓单等抵押,企业信誉好的话,也可能只要交部分保证金就可以开出全额)。

银行汇票和银行承兑汇票都是由银行来兑付的,对于收款人来说是很可靠的。不过,银行汇票可即时到账,承兑汇票需要到期后才能得到兑付。银行汇票方式是即时扣款,而且签发后不再算付款人的存款,而银行承兑汇票要到期后才扣款,前期存入的保证金仍然算付款人的存款并且计息。所以,而对于付款人来说,更愿意支付银行承兑汇票。

作为收款人,收到他人的银行汇票后可以立即向银行提示付款,银行即把相应的款转入收款人账户。如果收到的是银行承兑汇票,可以在期限到了时向银行提示付款,也可以在期限之前向银行申请贴现(银行会扣除相应的利息),也可以把票转让给下家。

10.3.2　汇兑等其他业务

1. 汇兑业务

汇兑又称"汇兑结算",是指企业(汇款人)委托银行将其款项支付给收款人的结算方式。这种方式便于汇款人向异地的收款人主动付款,适用范围十分广泛。汇兑根据划转款项的不同方法以及传递方式的不同可以分为票汇、信汇和电汇三种,由汇款人自行选择。信汇是指将信汇委托书以邮寄方式寄出,而电汇则通过加密电报或电传方式传递划款指令。

票汇有两个特点:一是票汇的传送不通过银行而且汇入行无须通知收款人取款,而由收款人上门自取,这与电、信汇是不同的;二是收款人通过背书可以转让汇票而信汇委托书则不能转让。

因而到银行领取汇款的,有可能并不是汇票上列明的收款人本人,而是其他人。这样票汇牵涉的当事人可能就多于电汇和信汇这两种方式。在国际贸易实务中，进出口商的佣金、回扣、寄售货款、小型样品与样机、展品出售和索赔等款项的支付，常常采取汇票方式汇付。

银行汇票与汇兑结算方式有何区别？

直接地说电汇就是通过银行的系统将款划给对方，银行汇票是在银行交钱后，银行开的一张凭证，这张凭证相当于钱，可以带走，当确认要付款时，就把这张银行汇票给对方，与对方直接交易。

个人汇款的方式一般有电汇、信汇和票汇三种。

1）电汇：指汇出行应汇款人的申请，以加押电报、电传或 SWTFT 形式委托汇入行解付汇款的一种方式。它的特点是交款迅速、安全方便，但汇款人须支付电报费。一般是在收款人急需用款或大额汇款业务时采用。电汇是通过电报或电传方式汇款，一般三个工作日即可到账。

2）信汇：是汇出行应汇款人的申请，以信函形式委托汇入行解付汇款的一种方式。它的交款时间迟于电汇，汇款人须支付邮费。信汇是通过信件汇款，一般是款随信到，到款时间需要一个邮程。

3）票汇：是汇出行按汇款人的申请，开立以其分行或代理行为付款行的银行票据（汇票、本票、支票）给汇款人，由汇款人自己把汇票寄给收款人或自己携带，凭票到付款行领取汇款的一种方式。它的特点是汇入行无需通知收款人前来取款，而由收款人凭票领取汇款。同时收款人在必要时，可按汇票的规定手续背书转让，有流通之便利。票汇是通过汇票、本票、支票等票据汇款，一般是票到款到（须托收的本票、支票除外）（信汇、电汇与票汇见图 10-10）。

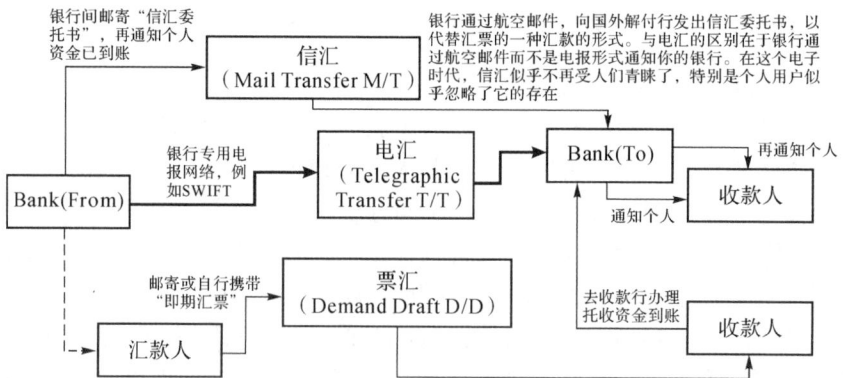

图 10-10 信汇、电汇与票汇

电汇与票汇的主要区别在于，电汇速度较快，但收费较票汇高，如您的汇款金额较大或急于用款时，您可采用电汇；而在汇款金额较小、短期出境或不急于用款时，可采用票汇。有时，国外收款方可能要求采取特定汇款方式，比如申请国外学校、缴纳各种报名费经常要求使用汇票。而汇票是票汇的一种。

总之，汇兑结算属于汇款人向异地主动付款的一种结算方式。它对于异地上下级单位之间的资金调剂、清理旧欠以及国际贸易往来款项的结算等都十分方便。

2.委托收款、托收承付等结算业务[①]

委托收款是收款人委托银行向付款人收取款项的结算方式。

托收承付亦称异地托收承付，是指根据购销合同由收款人发货后委托银行向异地付款人收取款项，由付款人向银行承认付款的结算方式。结算款项划回可用邮寄或电报两种方式。

委托收款与托收承付结算方式的主要区别有两点：

一是委托收款适用范围广泛很多，无论同城还是异地，均可使用，且不受金额起点限制。凡在银行或其他金融机构开立账户的单位，各种款项结算都可采用。而托收承付如前所述只适用于异地企业之间有协议或合同的商品交易，且有金额起点，为 10 万。根据人民银行《支付结算办法》的规定，对原托收承付的金额起点 10 万元作了改变。即托收承付结算每笔的金额起点为 1 万元，新华书店系统每笔的金额起点为 1 千元。

二是在两种结算方式中，银行的作用也不一样。采用委托收款方式，银行只起结算中介作用，付款方无款支付，只要退回单证就行；拒付，银行不审查理由。而采用托收承付，银行还行使行政仲裁职能，要审查拒付方的拒付理由。

委托收款结算：是收款人委托银行向付款人收取款项的一种结算方式。它适用于在银行开立账户的商品交易和水、电、电话等劳务款项以及其他应收款项的结算，在同城、异地均可以办理，不受金额起点限制。委托收款分邮寄和电报划回两种（委托收款结算见图 10-11）。

收款人办理委托收款，应向开户银行填写委托收款凭证，提供收款依据。付款人开户银行接到收款人开户银行寄来的委托收款凭证，经审查无误，应及时通知付款人。付款人接到通知和有关附件，应在规定付款期（目前为 3 天）内付款。

---

① 注意：汇兑是付款人主动发起，而托收是收款人主动发起。一个是付，一个是收。

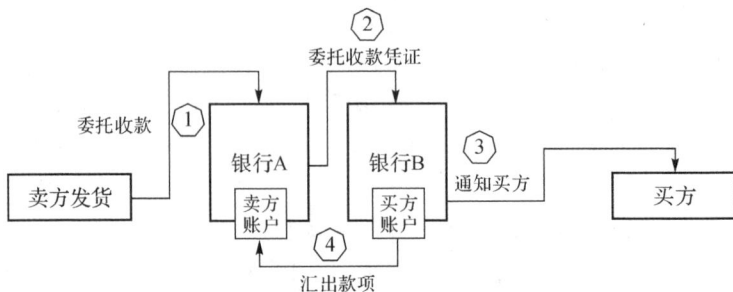

图 10-11　委托收款结算

付款人如拒绝付款,应于付款期内出具"拒绝付款理由书",连同有关单证送交开户银行。

托收承付结算:收款单位按照合同规定,办妥发货手续后,应填写托收承付结算凭证,连同发票和货物发运凭证等一并送交开户银行办理托收手续。银行通过传递凭证后,由付款单位开户银行将承付支款通知联及所附发票等凭证送交付款单位。付款单位应在规定的承付期(验单付款为 3 天,验货付款为 10 天)内进行审核,如在承付期未提出异议,就视为同意付款,银行则于承付期满的次日主动将款项从付款单位账户付出(托收承付结算见图 10-12)。

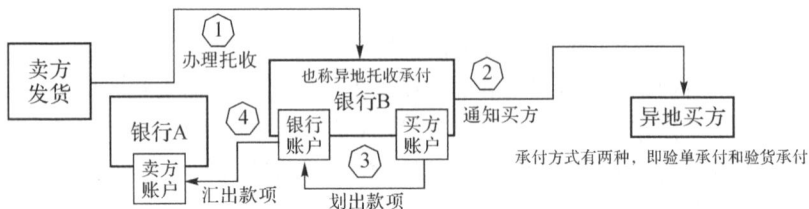

图 10-12　托收承付结算

在承付期内,付款单位经查验单证或实物,如发现商品品种、规格、质量、数量与合同规定不符以及计算错误等情况,应在承付期内填写拒付理由书,向银行办理全部拒付或部分拒付的手续(托收承付见图 10-13)。

□托收承付＝托收＋承付

托收是指销货单位（即收款单位）
委托其开户银行收取款项的行为

承付是指购货单位（即付款单位）承
付期限内，向银行承认付款的行为

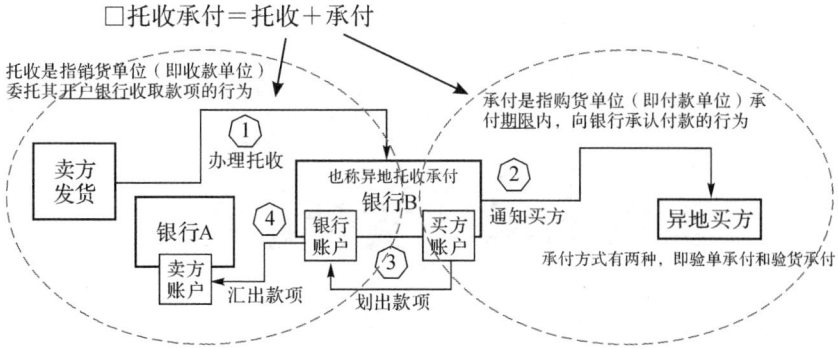

① 办理托收

④

卖方
发货

银行A

卖方
账户

汇出款项

也称异地托收承付

银行B

银行
账户

③ 划出款项

买方
账户

② 通知买方

异地买方

承付方式有两种，即验单承付和验货承付

图 10-13　托收承付

第 11 章　支付账户

11.1　第三方支付

什么是第三方支付？其中一种解释是：通常买卖双方就可以促成支付和交易，一般无须第三方介入。而当在特别的支付场景下，仅有买卖双方是无法完成可以信赖的支付，必须引入第三方，一般是充当支付的担保中介。而更为简单的一种理解就是，在银行支付之外的其他支付手段被统称为第三方支付。从第三方公司的功能特色来看，第三方支付可以分为支付网关模式（充当资金与银行账户之间的网关）和支付账户（提供支付账户暂存资金）模式。从第三方公司的运营模式来看，目前市场上第三方支付公司的可以归为两大类，一类是以快钱为典型代表的"独立"第三方支付模式；另一类就是以支付宝、财付通为首的依托于自有 B2C、C2C 电子商务网站，提供"担保"功能的第三方支付模式。

正如前面提到的，中国的电子商务直接带动了电子支付的发展，由于网上银行支付在初期的体验不尽如人意，使得以支付宝为代表的非银行支付，我们一般称之为第三方支付，得以迅速发展起来。

11.1.1　从银行的电子支付指引到非金融机构支付服务管理办法

随着电子商务的发展，中国人民银行于 2005 年 10 月 26 日发布了专门针对中国境内银行开展电子支付业务的规范性文件《电子支付指引（第一号）》，主要用于调整银行和客户之间的支付关系。为安全起见，该指引首次提出了银行电子支付的一系列具体金额限制，例如："银行通过互联网为个人客户办理电子支付业务,除采用数字证书、电子签名等安全认证方式外,单笔金额不应超过 1000 元人民币,每日累计金额不应超过 5000 元人民币。"还有"银行为客户办理电子支付业务,单位客户从其银行结算账户支付给个人银行结算账户的款项,其单笔金额不得超过 5 万元人民币"等。

随着网络信息、通信技术的快速发展和支付服务的不断分工细化,越来越多的非金融机构借助互联网、手机等信息技术广泛参与支付业务。非金融机构提供支付服务,与银行业既合作又竞争,已经成为一支重要的力量。2010 年 6 月 14 日中国人民银行发布了《非金融机构支付服务管理办法》,正式确立了第三方支付在中国支付行业中的法律地位,同时也明确提出了一系列的监管规则。是第三方支付发展中具有重大意义的一个文件。

11.1.2　两个最重要的监管文件的发布与实施

除了 2010 年的这个文件之外,2015 年 12 月 28 日人民银行又发布了《非银行支付机构网络支付业务管理办法》,这是另外一个重磅文件,对于第三方支付中的网络支付业务进行了更为具体的规范。并且明确提出了支付账户与银行账户的区分,具有非常强的指导性和可操作性。

综合以上两个第三方支付的重要监管文件,下面我们简要了解一下其中的要点。

11.2　第三方支付的规则逐渐成熟

11.2.1　第三方支付分为三类

首先第三方支付的范围得到了明确的划分,《非金融机构支付服务管理办法》中明确规定:第三方支付可以分为三类。分别是:

1)网络支付;

2)预付卡的发行与受理;

3)银行卡收单。

网络支付,是指依托公共网络或专用网络在收付款人之间转移货币资金的行为,包括货币汇兑、互联网支付、移动电话支付、固定电话支付、数字电视支付等。注意到网络支付并不等同于互联网支付。

预付卡,是指多用途的预付卡(非单用途预付卡)、在发行机构之外购买商品或服务的预付价值,它归人民银行监管。而单用途预付卡则不属于第三方支付范畴,它归商务部监管。

银行卡收单,是指通过销售点(POS)终端等为银行卡特约商户代收货币资金的行为。

11.2.2　第三方支付准入制度

《非金融机构支付服务管理办法》还明确规定了第三方支付的准入制度,必须向中国人民银行申请《支付业务许可证》获得通过,才能开展相应获批的支付业务。支付业务许可证也即我们常称的第三方支付牌照。

中国人民银行将第三方支付牌照分为七种类型:预付卡受理、预付卡发行、银行卡收单,然后是属于网络支付中的移动电话支付、互联网支付、固定电话支付、数字电视支付等,不但有不同的业务类型的区分,而且还有不同的业务开展地域范围的区分(省内、全国)。比如杭州市民卡 2013 年 1 月首次获得支付牌照,业务类型包括预付卡发行与受理(仅限浙江省)、互联网支付(全国)、移动电话支付(全国)。

从盈利模式来看,银行卡收单业务收取商户 0.38%—1.25%的交易手续费;网络支付除了交易佣金,还可以获得备付佣金的存款利息;而从事预付卡发行的企业除了前两项之外,其 70%—80%的收入都来自预付资金投资收益。

央行 2011 年首次发放第三方支付牌照,首批 27 家企业获牌,支付宝、财付通、银联商务、快钱、盛付通、环讯支付、拉卡拉、上海付费通等在列。截至目前最新的牌照信息可以登录央行官网查看(在"法定公开信息—行政执法信息—行政审批公示"栏目中),这里附上二维码可以扫码直接查看:

支付宝公司在 2021 年 5 月被批准牌照,似乎与之前第一批 2011 年获批有矛盾,其实支付牌照一般 5 年年审一次,这次属于支付宝第二次续牌成功。

截至 2021 年 7 月共有支付牌照 231 张,已注销牌照 40 张。从目前趋势观察,支付牌照基本不会再新增,或者新增牌照难度极大,除非有特殊理

由和目的才有可能新增,因此存量牌照具有非常高的市场价值,甚至有时候
"一牌"难求。例如拼多多,作为电商巨头,拼多多长期以来被无证经营所困
扰(指没有支付牌照),拼多多曾因涉嫌"二清"①被众多媒体报道,若不能成
功获得一张支付牌照,很难消除外界的种种质疑。拼多多涉嫌"二清":是因
为没有支付牌照的电商只能做自营,一旦涉及其他商户在其平台上开店售
货,顾客支付的款项先到平台再由平台结算给商户,就形成了央行严令禁止
的"二清"模式。之后拼多多于 2020 年正式收购了上海付费通,终于获得支
付牌照可以合法经营。

上海付费通信息服务有限公司成立于 2003 年,于 2011 年取得支付业
务许可证,拥有互联网支付、移动电话支付、银行卡收单(全国)、预付卡发行
与受理(上海市)等业务类型,是第三方支付"全牌照"公司。支付牌照自
2011 年开始发放以来,成为想要进军金融行业的各大企业巨头眼中的"香
饽饽",越来越多的玩家想要涉足支付领域,使得机构数量不断增多,规模也
愈发庞大,互联网巨头更是不惜重金来获得这张支付行业的通行证。

电商领域的京东、唯品会、有赞商城等均是通过收购获得支付牌照,自
今日拼多多获牌后,互联网行业前 20 强公司均已拥有支付牌照。

11.3　支付账户分类

11.3.1　我国的账户体系

电子支付行业是伴随中国电子商务的快速发展而出现的。2005 年,央
行出台《支付清算组织管理办法(征求意见稿)》和《电子支付指引(第一
号)》,首次向市场表达了要将支付纳入监管的意图。2007 年,央行支付结
算司首次推出《中国支付体系发展报告(2006)》并出台《电子支付指引(第二
号)》,显示其将进一步规范和发展网上支付服务市场。2010 年 9 月 1 日央
行实施了《非金融机构支付服务管理办法》,同年 12 月又颁布了该办法的实
施细则,在这两个文件中,央行将非金融支付机构分为三大类来进行监管:
一是网络支付;二是跨行业预付卡;三是银行卡收单。注意这里提到的是对

---

① 二清是指二次清算。二清一直以来是电商行业普遍存在的问题,如果要在平台内部进行二次
清算,要么电商平台自己获取支付牌照,要么其他持牌支付机构直接对接商户。为了解决平台
内部清算合规问题和存留保护交易数据的考虑,收购支付牌照似乎是拼多多唯一的途径。

于非金融支付机构的监管。

其中网络支付是指依托公共网络或专用网络在收付款人之间转移货币资金的行为,包括货币汇兑、互联网支付、移动电话支付、固定电话支付、数字电视支付等。①在实际使用中,网络支付中的互联网支付是特指客户通过桌式电脑、便携式电脑等设备,依托互联网发起支付指令,实现货币资金转移的行为。通过艾瑞咨询的统计,2019Q3 中国第三方互联网支付交易规模为 6.1 万亿,与 2018 年同期相比规模有所下降。这主要是受 P2P 监管"三降"要求影响(2018 年年底,对网贷平台的监管正式进入"三降"时代,即:降存量业务规模、出借人数量、借款人数量),网络借贷交易规模持续下降,互金业务交易规模的增长受到较大限制。②而网络支付中的第三方移动支付(通过手机等移动设备)规模仍然保持增长,2019 年第三季度交易规模约为 56 万亿元,同比增速为 15.2%。从 2018 年全年来看,全年中国第三方移动支付交易规模达到 190.5 万亿元,同比增速为 58.4%。2018 年,人们在日常生活中使用移动支付的习惯已经养成,第三方移动支付渗透率达到较高水平,市场成倍增长的时代结束。加之"断直连"及备付金相关政策在 2018 年的相继落地,市场正式步入稳步发展阶段。在此阶段,移动金融领域的快速发展、线下支付在新场景的进一步渗透或将成为行业规模增长的主要驱动力(2013－2020 年中国第三方移动支付交易规模见图 11-1)。

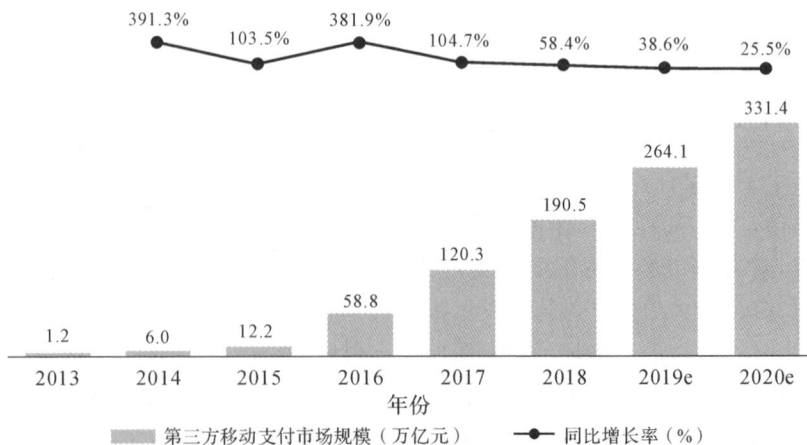

图 11-1 2013－2020 年中国第三方移动支付交易规模

一般来说,在支付中我国的账户体系分为两大块:一块是基于大家到银行存取款,办理银行支付开立的银行账户。还有一类是适应这几年电子商务发展,老百姓日常小额支付需要不断发展壮大的第三方支付,我们也把它称作非银行支付账户,简称支付账户。

继 2010 年《非金融机构支付服务管理办法》颁布之后,特别针对网络支付业务,2015 年 12 月 28 日央行又颁发了《非银行支付机构网络支付业务管理办法》(中国人民银行公告〔2015〕第 43 号),于 2016 年 7 月 1 日开始正式执行。该办法采取分类评级、差异化的新监管思路,在保障用户安全的同时,也力求满足行业创新需求,从而维护行业良好的发展环境。主要监管措施包括:

一是清晰界定支付机构定位。坚持小额便民、服务于电子商务的原则,有效隔离跨市场风险,维护市场公平竞争秩序及金融稳定。

二是坚持支付账户实名制。账户实名制是支付交易顺利完成的保障,也是反洗钱、反恐融资和遏制违法犯罪活动的基础。针对网络支付非面对面开户的特征,强化支付机构通过外部多渠道交叉验证识别客户身份信息的监管要求。

三是兼顾支付安全与效率。本着小额支付偏重便捷、大额支付偏重安全的管理思路,对使用支付账户余额付款的交易限额作出了相应安排。

四是突出对个人消费者合法权益的保护。引导支付机构建立完善的风险控制机制,健全客户损失赔付、差错争议处理等客户权益保障机制。

五是实施分类监管推动创新。建立支付机构分类监管工作机制,对支付机构及其相关业务实施差别化管理。

《非银行支付机构网络支付业务管理办法》将个人支付账户分为三类,见表 11-1 三类个人支付账户。

表 11-1 三类个人支付账户

账户类别	余额付款功能	余额付款限额	身份核实方式
Ⅰ类账户	消费、转账	自账户开立起累计 1000 元	以非面对面方式,通过至少一个外部渠道验证身份
Ⅱ类账户	消费、转账	年累计 10 万元	面对面验证身份,或以非面对面方式,通过至少三个外部渠道验证身份
Ⅲ类账户	消费、转账、投资理财	年累计 20 万元	面对面验证身份,或以非面对面方式,通过至少五个外部渠道验证身份

其中,Ⅰ类账户只需要一个外部渠道验证客户身份信息(例如联网核查居民身份证信息),账户余额可以用于消费和转账,主要适用于客户小额、临时支付,身份验证简单快捷。为兼顾便捷性和安全性,Ⅰ类账户的交易限额相对较低,但支付机构可以通过强化客户身份验证,将Ⅰ类账户升级为Ⅱ类

或Ⅲ类账户，提高交易限额。

Ⅱ类和Ⅲ类账户的客户实名验证强度相对较高，能够在一定程度上防范假名、匿名支付账户问题，防止不法分子冒用他人身份开立支付账户并实施犯罪行为，因此具有较高的交易限额。鉴于投资理财业务的风险等级较高，《办法》规定，仅实名验证强度最高的Ⅲ类账户可以使用余额购买投资理财等金融类产品，以保障客户资金安全。

上述分类方式及付款功能、交易限额管理措施仅针对支付账户，客户使用银行账户付款（例如银行网关支付、银行卡快捷支付等）不受上述功能和限额的约束。

11.3.2 支付账户的特点

2015 年 7 月央行发布了《非银行支付机构网络支付业务管理办法（征求意见稿）》，随着 8 月 28 日征求意见的结束，上述办法进入修改完善阶段。同年 12 月 28 日，中国人民银行正式颁布了《非银行支付机构网络支付业务管理办法》（中国人民银行公告〔2015〕第 43 号，下称《办法》），困扰互联网金融行业多年的支付账户业务相关问题终于尘埃落定。《办法》从实名制的认定方式、交易金额、转账对象的限制以及监管的标准等大众关心的问题对支付账户进行了详细的说明，归纳起来有以下几个特点：

1）不是存款。根据《办法》第 7 条规定，支付账户所记录的资金余额不同于客户本人的银行存款，不受《存款保险条例》保护，其实质为客户委托支付机构保管的、所有权归属于客户的预付价值。该预付价值对应的货币资金虽然属于客户，但不以客户本人名义存放在银行，而是以支付机构名义存放在银行，并且由支付机构向银行发起资金调拨指令。通俗地说，钱是通过支付机构存在银行里的。

2）不开账户。根据《办法》第 8 条规定，支付机构不得为金融机构以及从事信贷、融资、理财、担保、信托、货币兑换等金融业务的其他机构开立支付账户。所以 P2P 行业应该有所预期。

3）不避责任。不避责任是指如果客户资金出现风险，由银行和支付机构先赔付。《办法》第 10 条规定，银行应当事先或在首笔交易时自主识别客户身份并与客户直接签订授权协议，明确约定扣款适用范围和交易验证方式，设立与客户风险承受能力相匹配的单笔和单日累计交易限额，承诺无条件全额承担此类交易的风险损失先行赔付责任。也就是说如果快捷支付发生了风险损失，银行要承担先行赔付的责任。

同时《办法》第 19 条规定，支付机构应当建立健全风险准备金制度和交易赔付制度,并对不能有效证明因客户原因导致的资金损失及时先行全额赔付,保障客户合法权益。也就是说"你敢付、我敢赔"将成为第三方支付的新常态,支付变得更加放心。以后无论在哪个支付机构,如果支付账号被盗或资金损失,只要支付机构没有足够的证据证明是用户的原因造成的,它就得赔偿用户。

4)三类账户。《办法》第 11 条规定,Ⅰ类支付账户,账户余额仅可用于消费和转账,余额付款交易自账户开立起累计不超过 1000 元(包括支付账户向客户本人同名银行账户转账);Ⅱ类支付账户,账户余额仅可用于消费和转账,其所有支付账户的余额付款交易年累计不超过 10 万元(不包括支付账户向客户本人同名银行账户转账);Ⅲ类支付账户,账户余额可以用于消费、转账以及购买投资理财等金融类产品,其所有支付账户的余额付款交易年累计不超过 20 万元(不包括支付账户向客户本人同名银行账户转账)。

5)支付机构分类。中国人民银行可以结合支付机构的企业资质、风险管控特别是客户备付金管理等因素,确立支付机构分类监管指标体系。简单来说央行把支付机构分为两类。一类为普通支付机构,另外一类为优质支付机构。优质支付机构必须满足的条件是:评定为"A"类且Ⅱ类、Ⅲ类支付账户实名比例超过 95% 的支付机构。注意到《办法》的执行细则对于普通支付机构和优质支付机构是有很大差别的。

6)账户验证。对于客户身份核实方式而言,普通支付机构必须按照《办法》第 11 条规定做到:①对于支付机构自主或委托合作机构以面对面方式核实身份的个人客户,或以非面对面方式通过至少三个合法安全的外部渠道进行身份基本信息多重交叉验证的个人客户,支付机构可以为其开立Ⅱ类支付账户。②对于支付机构自主或委托合作机构以面对面方式核实身份的个人客户,或以非面对面方式通过至少五个合法安全的外部渠道进行身份基本信息多重交叉验证的个人客户,支付机构可以为其开立Ⅲ类支付账户(普通支付机构支付账户开户要求见图 11-2)。

而对于优质支付机构,可按照《办法》第 33 条规定,评定为"A"类且Ⅱ类、Ⅲ类支付账户实名比例超过 95% 的支付机构,可以采用能够切实落实实名制要求的其他客户身份核实方法,经法人所在地中国人民银行分支机构评估认可并向中国人民银行备案后实施。

普通支付机构,除了面对面现场核实身份外,还可以通过指定的外部渠道进行核实,包括公安、社保、民政、住建、交通、工商、教育、财税等政府部门以及商业银行、保险公司、证券公司、征信机构、移动运营商、铁路公司、航空公司、电力公司、自来水公司、燃气公司等单位。

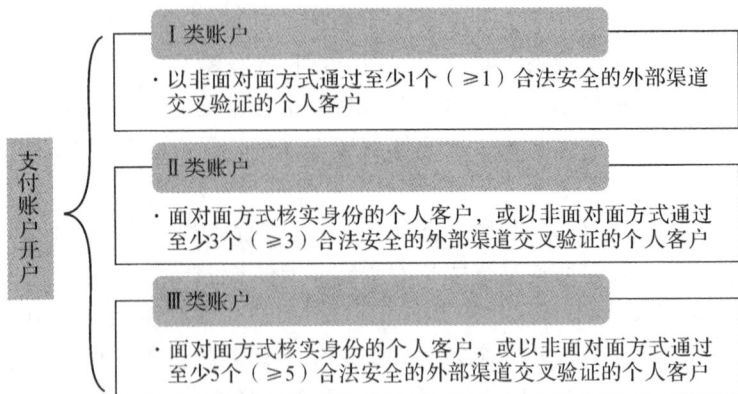

图 11-2　普通支付机构支付账户开户要求

而优质支付机构,只要能落实实名制,完全可以自己验证,当地中国人民银行认可就行。这种监管理念还存在于该办法的多个条款中。

7)账户转账。进行"银行账户与支付账户互转"业务时,对于普通支付机构,《办法》第 12 条规定支付机构办理银行账户与支付账户之间转账业务的,相关银行账户与支付账户应属于同一客户。而对于优质支付机构,《办法》第 35 条规定,评定为"A"类且Ⅱ类、Ⅲ类支付账户实名比例超过 95% 的支付机构,对于已经实名确认、达到实名制管理要求的支付账户,在办理第 12 条第一款所述转账业务时,相关银行账户与支付账户可以不属于同一客户。

8)单日限额。再来看"付款单日累计限额"。普通支付机构按照《办法》第 24 条执行:①支付机构采用包括数字证书或电子签名在内的两类(含)以上有效要素进行验证的交易,单日累计限额由支付机构与客户通过协议自主约定。②支付机构采用不包括数字证书、电子签名在内的两类(含)以上有效要素进行验证的交易,单个客户所有支付账户单日累计金额应不超过 5000 元(不包括支付账户向客户本人同名银行账户转账)。③支付机构采用不足两类有效要素进行验证的交易,单个客户所有支付账户单日累计金额应不超过 1000 元(不包括支付账户向客户本人同名银行账户转账),且支付机构应当承诺无条件全额承担此类交易的风险损失赔付责任(支付账户交易限额见图 11-3)。

而优质支付机构则可以按照《办法》第 36 条执行:①评定为"A"类且Ⅱ类、Ⅲ类支付账户实名比例超过 95% 的支付机构,可以将达到实名制管理要求的Ⅱ类、Ⅲ类支付账户的余额付款单日累计限额,提高至《办法》第 24 条规定的 2 倍。②评定为"B"类及以上,且Ⅱ类、Ⅲ类支付账户实名比例超

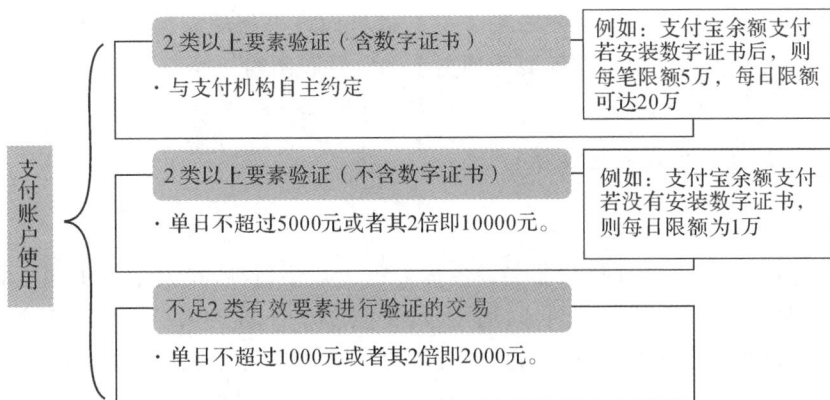

图 11-3　支付账户交易限额

过 90％的支付机构,可以将达到实名制管理要求的Ⅱ类、Ⅲ类支付账户的余额付款单日累计限额,提高至《办法》第 24 条规定的 1.5 倍。

日累计支付余额一直是大众关心的重要问题,如果达到最高等级要求,10000 元和 2000 元的等级是完全满足大部分用户需要的了。而且通过银行网关还不受此限制。

9）个人卖家管理。普通支付机构参照个人支付账户管理,受余额影响,即Ⅱ类支付账户年累计不超过 10 万元、Ⅲ类支付账户年累计不超过 20 万元。优质支付机构参照单位客户进行管理,不受此额度限制。

10）便捷支付验证方式。①普通支付机构。根据《办法》第 10 条规定,除单笔金额不超过 200 元的小额支付业务,公共事业缴费、税费缴纳、信用卡还款等收款人固定并且定期发生的支付业务以及符合《办法》第 37 条规定的情形以外,支付机构不得代替银行进行交易验证。②优质支付机构。根据《办法》第 37 条规定,评定为"A"类的支付机构按照《办法》第 10 条规定办理相关业务时,可以与银行根据业务需要,通过协议自主约定由支付机构代替进行交易验证的情形。

也就是说,对于普通支付机构,200 元以上的支付就需要跳转到银行网关进行密码、安全介质等校验工作;而对于优质支付机构,应该维持现有情况不变。

综上所述,《办法》的正式出台,对于规范支付业务有着举足轻重的意义,而且把百姓最关心的问题都一一列举明晰,对第三方支付未来的长远发展是重大利好。基本上百姓想要的功能央行都给了,而且充分考虑了安全性和便捷性。但对第三方支付行业内部却是几家欢喜几家愁,通过门槛的高度可以看到,评定为优质的第三方支付机构将得到功能和性能上的最大便利,而较弱的支付机构就要受到更多的监管和制约。

11.4　预付卡支付

商业预付卡以预付和非金融主体发行为典型特征,按发卡人不同可划分为两类:一是多用途预付卡(通用型预付卡),由专业的第三方发卡机构发行,可以在众多加盟的特约商户中支付使用,如资和信、福卡等,由中国人民银行监管;二是单用途预付卡(封闭性预付卡),一般是商业主体自行发售的卡,使用范围也仅限于本商业主体,如家乐福卡(苏宁卡)、沃尔玛卡、北京华联卡等,由商务部监管。

对于多用途预付卡,2012 年 9 月 27 日,中国人民银行发布《支付机构预付卡业务管理办法》对此进行了规范。该《办法》具体细化了关于建立购卡实名制度、非现金购卡制度和限额发行制度等要求。个人或单位购买记名预付卡或一次性购买不记名预付卡 1 万元以上的,发卡机构应当识别购卡人有效身份证件;单位一次性购买预付卡 5000 元以上,个人一次性购买预付卡 5 万元以上的,应当通过银行转账等非现金结算方式购买,不得使用现金;支付机构发行的预付卡应当以人民币计价,单张记名预付卡资金限额不超过 5000 元,单张不记名预付卡资金限额不超过 1000 元。

为有效防范预付卡套现和信用卡套现风险互相传递,禁止使用信用卡购买预付卡或为预付卡充值。为防止预付卡在网络商户中使用而滋生套现、洗钱等问题,预付卡不得用于网络支付渠道,但三种情形例外:一是缴纳公共事业费;二是在发卡机构拓展的实体特约商户的网络商店中使用;三是同时获准办理"互联网支付"业务的发卡机构,其发行的预付卡可向持卡人在本机构开立的实名的网络支付账户充值,但同一客户的所有网络支付账户的年累计充值金额合计不超过 5000 元。

第12章 支付场景二:移动支付

移动支付可以分为远程支付和近场支付。因为当前的移动支付主要是依靠手机端而进行的支付,所以远程移动支付就是利用手机的网络而进行的支付(比如利用手机端支付钱包里的余额、零钱或者绑定的虚拟银行卡进行的支付),手机的近场支付则主要通过手机端的扫码(软件)或者NFC(硬件)形式进行的支付。

首先让我们来讨论扫码支付,但要让市场中各方尤其是清算方(中国银联)真正接受扫码支付,就必须要提及它的竞争对手银行卡支付。

12.1 银联与收单清算

中国的银行卡清算组织是指经中国人民银行批准的经营银行卡清算业务的机构。为深化落实国务院关于"金卡工程"的重大决策部署,推进我国银行卡"联网通用",2002年3月,经国务院同意,中国人民银行批准成立了中国银联股份有限公司(中国银联组织架构简图见图12-1),负责承担银行卡跨行交易转接清算相关职责。至此,银联成为中国唯一一家负责建设和运营全国统一的银行卡跨行信息交换网络、提供银行卡跨行信息交换相关的专业化服务、管理和经营"银联"品牌、制定银行卡跨行交易业务规范和技术标准的股份制金融服务公司。中国银联股份有限公司的股东由中国印钞造币总公司、中国工商银行、中国农业银行、中国银行、中国建设银行和交通银行等85家机构共同组成,总部设在上海。中国银联卡(China UnionPay)也成为中国银行卡的民族品牌,与美国威士卡(VISA International)、美国万事达卡(MasterCard International)、美国运通卡(American Express)、美国大莱卡(Diners Club)以及日本JCB卡并称世界六大卡组织。

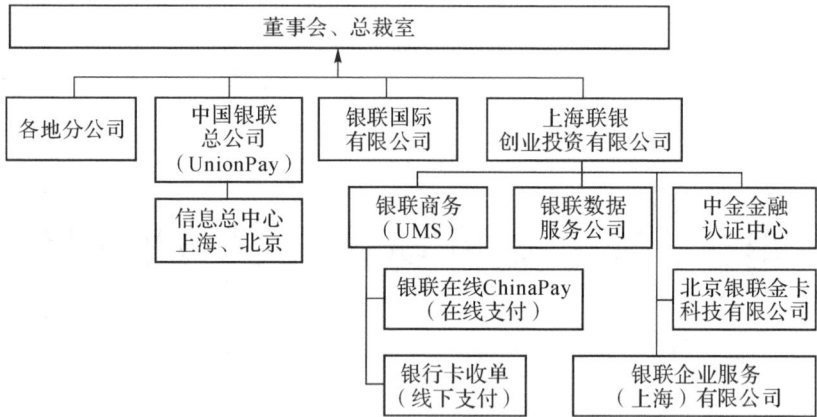

图 12-1　中国银联组织架构简图

在我国,银行卡业务是一个传统金融业务与现代信息技术有机结合的新兴业务。银行卡业务是商业银行重要的中间业务之一,是国内外银行业竞争的焦点。特别是我国加入 WTO 后,面对国内需求与国际银行业的强大压力,加之银行传统业务利润空间缩小,银行卡业务逐渐成为国内外商业银行竞争的焦点。除了银联之外,目前中国已经受理并成立了第二家银行卡清算机构。连通(杭州)技术服务有限公司是连连数字与美国运通发起设立的合资公司,也是国内首家获得中国人民银行许可的中外合资银行卡清算机构,获准在中国境内拓展发卡机构和收单机构作为其会员机构、授权发行和受理"美国运通"品牌的银行卡。2021 年 6 月连连支付正式合作上线美国运通无卡快捷支付业务,持美国运通人民币信用卡的用户可通过连连支付合作的线上平台进行支付交易。

与此同时,万事达与 Visa 两家著名国际卡组织也有意进入中国清算市场。2020 年 2 月 11 日,中国人民银行会同银保监会又审查通过了万事达卡公司和网联合作成立的"万事网联信息技术(北京)有限公司"提交的银行卡清算机构筹备申请。另外,Visa 则选择了以外商独资企业的形式向央行申请境内人民币清算业务牌照。

12.1.1　清算组织和清算原理

为什么要收单清算呢?

改革开放后,中国工商银行等国家专业银行陆续恢复分设,并不断演变为大型商业银行。一批新兴股份制商业银行、城市商业银行、农村商业银行等陆续组建。支付结算作为银行业金融机构法定的基础性业务,其中介性、服务性不断得到强化。银行业金融机构逐渐成为向社会公众提供清算结算服务的主体。

1990 年 5 月 9 日中国人民银行批准成立银行间资金清算机构,在特定支付领域提供专项支付服务。

2002 年 3 月,为解决银行卡联网通用的问题,降低社会成本,中国人民银行批准成立中国银联,专门从事全国银行卡跨行交易清算服务。

2002 年 10 月、2006 年 4 月,为解决城市商业银行、农村信用社等的资金汇划渠道不畅问题,中国人民银行分别批准成立了城市商业银行资金清算中心、农信银资金清算中心,专门办理城市商业银行、农村信用社等的汇兑和银行汇票等业务。

一般来说清算机构分为六类,包括中国人民银行清算总中心(简称"清算总中心")、跨境银行间支付清算有限责任公司、银联、网联、农信银资金清算中心(简称"农信银中心")、城银清算服务有限责任公司(简称"城银清算")等(事实上我们还有上海清算所等银行间场外交易市场清算所,处理银行间同业拆借市场和银行间债券市场交易清算、银行间外汇市场交易、利率和汇率衍生品交易等清算)。

具体来说,清算总中心服务于银行业金融机构和金融市场基础设施,负责处理中国人民银行履职相关支付清算业务。负责建设、运行、维护、管理的支付清算系统包括:大额实时支付系统(HVPS)、小额批量支付系统(BEPS)、网上支付跨行清算系统(IBPS)、境内外币支付系统(CFXPS)。跨境银行间支付清算有限责任公司服务于银行业金融机构和金融市场基础设施,负责处理银行间跨境人民币支付清算业务,并为金融市场基础设施等的跨境人民币支付清算业务提供资金结算服务。

银联和网联都服务于银行业金融机构和非银行支付机构,负责处理银行业金融机构、非银行支付机构之间的支付业务(银联和网联不得开展银行间无交易背景的贷记业务。贷记业务,就是代付业务。银联和网联只能处理有交易背景的贷记业务,非消费类银行间支付业务由清算总中心处理)。

银行间清算一般可以分为全额清算(以 RTGS:Real Time Gross Settlement 为典型代表,例如美联储的 Fedwire 系统、德国的 RTGSplus 欧元清算系统、中国央行的 CNAPS 系统中的大额支付系统 HVPS 等)和净额清算(以 DNS:Delayed Netting Settlement 为典型代表,目前从纯粹日内的 DNS 发展出的有 RTGS 与 DNS 结合的创新系统——实时净额清算系统 RTNS,其典型代表是美国的 CHIPS 系统)方式。另外还有场外交易市场的清算,例如上海清算所、德意志交易所、伦敦清算所、欧清银行、CLS 集团等都属于类似的机构。

12.1.2　成立网联的意义断直连

2017 年 8 月,央行支付结算司印发《中国人民银行支付结算司关于将非银行支付机构网络支付业务由直连模式迁移至网联平台处理的通知》。通知表示,自 2018 年 6 月 30 日起,支付机构受理的涉及银行账户的网络支付业务全部通过网联平台处理(网联支付模式见图 12-2)。

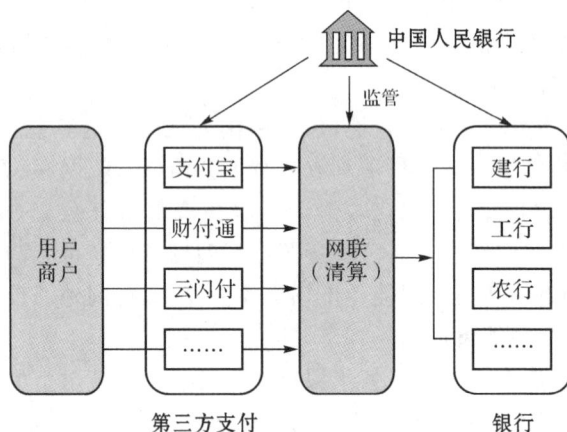

图 12-2　网联支付模式

也就是说 2018 年 7 月 1 日开始,第三方支付机构在各家银行的清算账户就直接被切断了,必须经过网联或者银联系统之后才能连接到银行。断直连之后,业内大部分的第三方支付机构基本已接入网联或者银联系统,有些机构是两家清算机构都接入了。当然微信、支付宝也早已提前宣布,全面完成系统对接。支付流程的转变,也将改变第三方支付企业的商业操作模式,对其会产生一定的影响。截至 2020 年 1 月 3 日,平台已经接入 530 家商业银行、115 家持网络支付牌照机构、102 家村镇银行。

网联清算有限公司(NetsUnion Clearing Corporation,简称 NUCC)是经中国人民银行批准成立的非银行支付机构网络支付清算平台的运营机构,网联清算平台若按日间交易和峰值交易笔数进行计算,目前是全球最大的清算体。

网联清算公司在中国人民银行指导下,由中国支付清算协会按照市场化方式组织非银行支付机构以“共建、共有、共享”原则共同参股出资,于 2017 年 8 月在北京注册成立,为公司制企业法人。

央行推动网联成立的意图非常显:利于监管。近几年,第三方支付行业的快速发展,给支付和金融市场造成了混乱。而网联的成立,通过可信服务和风险侦测,可以防范和处理诈骗、洗钱、钓鱼以及违规等风险。从银行角度来看,网联可以减少银行与众多第三方支付机构直连的烦琐过程,特别是一些中小型银行。网联可以让参与支付的各方,权责逐渐变得更加明确、清晰和独立。

非银行支付机构网络支付清算平台作为全国统一的清算系统,主要处理非银行支付机构发起的涉及银行账户的网络支付业务,实现非银行支付机构及商业银行一点接入,提供公共、安全、高效、经济的交易信息转接和资金清算服务,组织制定并推行平台系统及网络支付市场相关的统一标准规范,协调和仲裁业务纠纷,并将提供风险防控等专业化的配套及延展服务。

网联的作用:

1)对大型第三方支付机构的影响(支付宝、财付通):沉淀资金被否定。

网络支付清算平台网联的建立,目的是切断第三方支付机构直连银行的清算模式,解决困扰已久的备付金集中管理难题,第三方支付机构理论上将不再享有对沉淀资金的支配和收益。以支付宝和财付通为代表的大量第三方支付机构,开设多个备付金账户,关联关系复杂且透明度低,从某种意义上看,第三方支付机构各自构建支付清算体系,却游离在现有金融系统的监管之外。而网联平台的建立可以确保客户备付金集中存管制度落地,防止支付机构挪用、占用客户备付金,保障客户资金安全。

2)规避洗钱行为。

支付宝、财付通等等将被"严格管制",它们的每笔转账交易,都将被央行看清楚。而在此之前,由于交易是"直连模式",央行看不到第三方支付的"完整的资金转移链条",这理论上为洗钱、行贿、偷漏税行为提供了便利。

3)央行通过网联,获得了更多的金融大数据。

央行设立了一个"网联",等于在支付宝和用户间放了一个数据引流器,所有的支付清算数据,最终都通过网联汇总到央行这里来了。

4)网联上线将对消费者带来一定利好。

线上清算费率或仍有下降空间,线上线下费率可能趋于统一。随之也将传导给消费者,降低使用成本,同时中小机构也能够有更多针对 C 端的创新,提供更优质、便捷的服务。

非银行支付机构网络支付清算平台作为国家级重要金融基础设施,由非银行支付机构相关专家共同参与设计,采用先进的分布式云架构体系,在北京、上海、深圳 3 地建设 6 个数据中心,实现平台系统高性能、高可用、高安全、高扩展、高可控、高一致性等全面高标准，适应行业高速发展态势。网联清算有限公司及非银行支付机构网络支付清算平台的建立，实现了网络支付资金清算的集中化、规范化、透明化运作，节约连接成本，提高清算效率，支撑行业创新，促进公平竞争，助力资金流向有效监控，保障客户资金安全，并推动行业机构资源共享和价值共赢，实现市场长远健康发展。

12.2　银行卡支付

银行卡支付体现在第三方支付的范畴中就是银行卡收单业务。事实上收单业务的出现要早于银行卡的发明。

12.2.1　收单业务的起源

收单业务最早起源于美国，1949 年的一个中午，纽约曼哈顿的一个餐馆里，麦克纳马拉先生再次因为忘带钱包而陷入尴尬，他想这时如果有人来为自己付钱该多好啊，我宁可支付给这位好心人一点手续费。于是他萌生了一个新的创意，创建一家公司，专门为顾客垫钱买单，当然顾客的代价或者说提供服务的收益就是向商家或者顾客收取一定的费用。这个想法慢慢发展为收单业务和信用卡业务的思路，从而开辟了支付产业的一个革命性的时代。

1950 年，"大莱（Diners）俱乐部"（即大莱信用卡公司前身）创立，这也标志着"通用信用卡的诞生"。大莱俱乐部首先说服一批餐馆、宾馆等商户加入，以此为基础在就餐者、住宿者人群中发展会员；为会员提供能够证明身份和支付能力的卡片，会员凭卡片可以记账消费。商户受理这些卡片交易后，定期把单据交与大莱，大莱扣除相应的手续费将资金支付给商户，这就是早期的"收单业务"。"单"就是客户签字的账单，在当时实际上就是"赊账单"。当时，商户手续费为 7%；虽然费率很高，但因为有保障的赊账，能为餐馆带来更多的客户及交易，餐馆愿意为此付出代价。收单最初的产生是为就餐者赊账提供便利，在某种程度上说，收单要早于发卡，这是因为在最初，大莱俱乐部只是向餐馆提供一份会员名单，即"有权赊账者"名单，并没有实质性的卡片。直到 1958 年，美国银行（Bank of America）发明了银行信用卡，称为美国银行卡（BankAmericard），该卡于 1976 年改名为威士卡（VISA Card）。

12.2.2　收单业务的发展

20 世纪 50 年代,以大莱为代表的发卡机构在发卡同时也拓展商户,大部分发卡机构拓展的商户只能受理自己发行的卡片,发卡机构同时向持卡人和商户提供服务。由于大部分收单交易是在同一个发卡机构的商户和持卡人之间发生的,即发卡机构和收单机构是同一机构,则称为"封闭式"的收单。可以想象一下,一个理想的收单系统或者说信用卡系统,是要有足够多的"消费者"和"商家"都愿意参与进来,这个"信用卡系统"才对各方都有吸引力。而要实现这一点,仅仅靠一家机构,效率是很低的,发展速度也不够快。这时可以考虑大家一起来做大这个市场。

1966 年,美国银行开始在全国范围内有选择地许可一些银行运营美国银行卡业务,获得许可的银行可以使用"美国银行卡"的品牌独立发卡、签约商户和运营。而与其中任何一家特许银行签约的商户必须受理所有的美国银行卡。由于要多家银行一起来做,参与其间的银行,可能要扮演两种角色:一是要向消费者发放信用卡,这时是"发卡行";二是要和商家签约收单,被称作"收单行"。而"开放式"的收单,则是指收单机构可以和发卡机构分离,可以不是同一机构。由美国银行发起和邀请其他银行加入的组织就是"VISA 国际组织"的前身。随后,一些被美国银行排除在外的银行与美国银行卡竞争,成立了"银行信用卡协会",即"万事达国际组织"的前身。

1968 年,在"美国银行"和"获得许可的银行"的一次会议上,来自"获得许可的银行"的一位代表认为,"支配—控制式业务系统"是产生问题和混乱的根源。他提出对"美国银行卡"的业务系统进行重构,使用"分布式、自组织的业务系统"取代原来的模式("自组织"即系统默契地根据某种规则,自动、协调地形成有序结构)。最终,他说服了"美国银行"按全新的商业模式,重构原来的"美国银行卡系统",使之成为一个新的、非营利的、由会员银行共同拥有的"会员制公司",即新成立的"维萨国际组织"。至此银行卡业务中的账务信息汇集与清算处理就从发卡银行中完全独立出来(从封闭式收单到开放式收单:卡组织的出现,见图 12-3)。

"维萨国际组织"不直接涉及发卡或收单领域的实际业务,这些业务完全由会员银行从事,因此,它和会员之间没有竞争关系。此外,"维萨国际组织"拥有一个全球电子交易结算网络,它只从事会员银行同意合作的那部分有限业务,如负责运营银行卡授权和清算系统、品牌推广、研究和开发等事项。它不以营利为目的,也不向会员发放股利,而是将盈余全部投入网络建设、扩展和维护。"维萨国际组织"的盈利来自两部分——"会员入会费"和

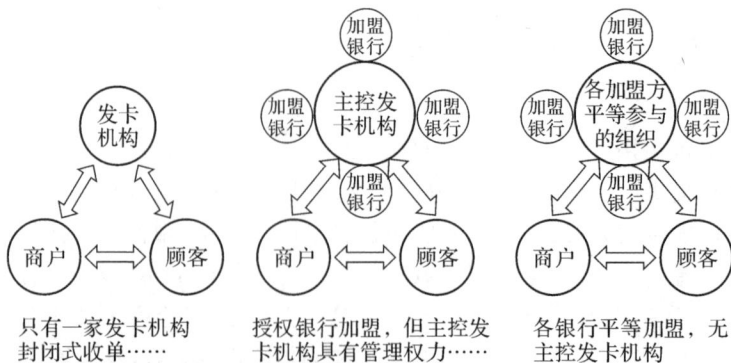

只有一家发卡机构　　授权银行加盟,但主控发　　各银行平等加盟,无
封闭式收单……　　　　卡机构具有管理权力……　　主控发卡机构

图 12-3　从封闭式收单到开放式收单:卡组织的出现

"交易分成"。在每笔成功的交易中,整个信用卡系统收取 3%～5% 的"交易费用",而维萨一般按 10% 的比例分享收入。

12.2.3　收单业务的本质

所谓收单业务是指客户消费之后,由于属于周期性的经常性消费,为避免每次支付的烦琐,一般有一种所谓"签单"的方式进行赊账。只要在账期到达之前,予以一次性清偿支付,即可实现买卖双方满意的商业结果。也就是说收单业务也可称为签单业务,该业务最原始的做法是由消费者手工签字确认赊账。

从消费者角度来看,随着电子支付时代的到来,手工签单和手工收单的流程过于繁杂琐碎,有鉴于此引入了刷卡的方式代替手工签单。刷卡的过程事实上就等同于手工签字确认消费。从商家角度来看,获得签单(即刷卡信息)之后如何收到客户的资金是一个关键问题。很显然如果每一家商户都单独凭刷卡信息去跟银行结账,那将是银行的噩梦,因为社会中运营的商家数量远远大于银行数,每家银行若单独应对这么庞大的结算业务,不是最为经济的解决方案。

最完美的解决方案应该是商家选出代表来进行收单信息的汇集,同时也可以代表商家和银行进行资金的清算。因此,第三方收单机构就出现了,作为商家的代表,它们将代表商家进行收单,同时也参与银行间的清算。收单机构通过 POS 搜集收单信息,借记卡赊账 1—2 天即扣款归还,贷记卡则可以有一个月的免息期。因而银行卡收单也算消费者的一种"短贷"业务。

银行间的清算可以分为两大类:银行卡清算和其他非银行卡资金跨行清算(银联和清算总中心见图 12-4)。

银行VS.银行之间的清算

1.银行清算总中心（跨行转账）
2.银联（银行卡清算）

图 12-4　银联和清算总中心

　　很显然中国银联银行卡的清算必须有银联的参与。银联将汇集收单信息,然后在银行间进行资金的清算。这个过程被称为跨行清算(见图 12-5)。跨行清算之后,获得资金的收单机构将下发资金给商户,这个过程被称为收单清算(见图 12-6)。

银行VS.商户之间的清算

收单机构　　　　　银联

由于商户数量是海量的,所以就由收单机构来代为服务,
发卡行的钱就发给收单机构,收单机构成为交易对手

图 12-5　跨行清算

银行VS.商户之间的清算

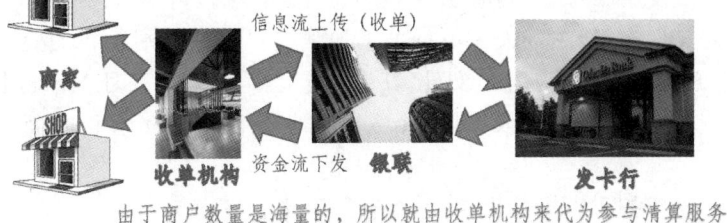

信息流上传（收单）

商家

收单机构　　资金流下发　　银联　　　　　发卡行

由于商户数量是海量的,所以就由收单机构来代为参与清算服务

图 12-6　收单清算

当然，收单清算是从收单机构（含银联商务）的开户行向商户开户行转移资金，实际也是一种特殊的"跨行清算"（跨行清算与收单清算见图12-7）。

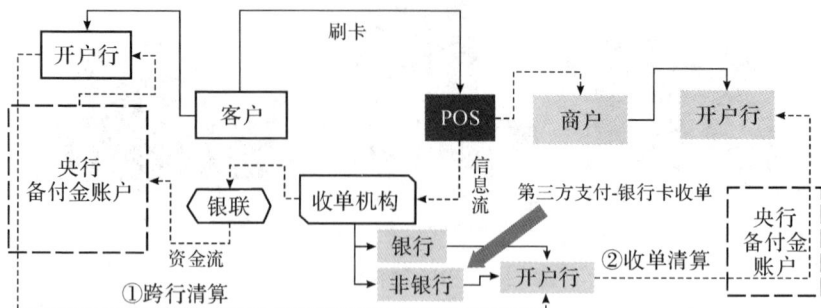

图 12-7　跨行清算与收单清算

银行卡支付作为人类第一种电子化的支付工具，在全球范围内得到了广泛的应用，尤其在西方国家，银行卡还是民众中重要的，甚至依然是主流的支付方式。然而在 2010 年之后，扫码支付就逐渐登上历史舞台。

12.3　从刷卡到扫码支付

2014 年 3 月央行发布了《中国人民银行支付结算司关于暂停支付宝公司线下条码（二维码）支付等业务意见的函》。该文件曾叫停线下二维码支付，因为未纳入规划的二维码支付野蛮生长，将冲击并破坏已有的银行卡线下支付清算体系。简单来说就是二维码支付可以绕开银行卡和银联而在监管真空地带肆意发展，而这种乱象和无序是很难被监管层所接受的。

当然，随着市场状况的逐渐厘清，央行文件已确认二维码支付与传统线下银行卡支付业务可以形成相互补充的格局。根据央行要求，中国支付清算协会已下发了《条码支付业务规范》（征求意见稿）。2021 年 10 月 13 日央行官网又发布了《中国人民银行关于加强支付受理终端及相关业务管理的通知（银发〔2021〕259 号）》文件，其中规定，从"2022 年 3 月 1 日起个人收款码禁用于经营性服务"及"禁止个人静态收款码被用于远程非面对面收款"。

对于这条扫码新规的出台，主要有以下几点解读：

解读一，出台新规反洗钱，禁止远程使用。

近年来，个人收款条码得到广泛运用，提高了资金收付效率，但也存在一些风险隐患。如一些不法分子利用"跑分平台",以高额收益吸引大量人员使用个人静态收款条码与赌客"点对点"线上远程转移赌资,将赌资分拆隐藏于众多正常交易场景。为在防范风险的前提下更好发挥收款条码的普惠性、便利性,《通知》提出一些针对性要求。比如针对跑分平台利用静态二维码进行洗钱的情况:一些赌徒登录境外赌博平台充值赌资时,境外赌博平台将充值信息发布至跑分平台,平台注册会员采取类似网约车的方式进行抢单。会员抢单成功后,赌博平台前端便会显示对应的支付二维码,赌客通过二维码直接将赌资转给跑分平台的注册会员,随后跑分平台将赌资转至境外赌博平台。跑分平台按照赌资结算额的 1%—1.8% 给予平台注册会员佣金提成。成为跑分平台注册会员需要上传本人的支付二维码,并向跑分平台充值押金(一般不超过 5 万元),押金价值等同于抢单的金额上限(利用二维码向境外转移资金见图 12-8)。

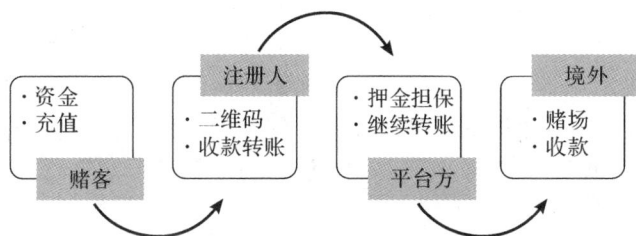

图 12-8　利用二维码向境外转移资金

"跑分平台"属于非法结算的一种,类似于"众包洗钱"的模式,该方式不需要参与者提供银行卡和账户等信息,只需要提供一个收款码或者银行卡号,由于方式灵活,并打着"日赚××××元、在家兼职"等的赚钱幌子,通过互联网召集众多参与者,极大地降低了收购账号的成本,避开了法律风险。

实际情况下,跑分平台为了防止参与者黑吃黑,收了钱不肯给,所以要求参与者先交一定金额的押金,一般是一千元到五万元不等,交的押金越多,能够抢到大单的概率越高,而抢单的最高金额不能超过这笔押金。

还有一种方式是赌场或其代理通过收购的个人信息,在电商平台开设网店,发布商品,伪装成网店和发货;赌场将付款链接转换为二维码,放在赌博平台中,充赌资时使用;赌客直接扫码支付赌资,相当于在电商平台买了等价商品;至此,充值的行为已变成了电商购买行为,并绕过了第三方支付系统的审核。

因而新规规定个人二维码不能远程使用。个人静态收款条码原则上禁止用于远程非面对面收款,确有必要的实行白名单管理,以防止个人静态收款条码被出售、出租、出借用于搭建赌博活动线上充值通道。对通过截屏、下载等方式保存的个人动态收款条码参照执行个人静态收款条码有关要求，以防止不法分子借助个人动态收款条码规避政策要求。

总之，静态二维码应该得到更为严格的监管，否则不法分子可能利用购买来的对公账户、银行卡、收款二维码等各类具有收款、付款、转账等功能的实名账户转移非法资金。人民银行提醒，出租、出借、出售、购买银行账户或者支付账户是违法犯罪行为，影响单位或个人信用记录，且需要承担相应的法律责任。一旦发现银行或非银行支付机构为网络赌博提供支付结算服务，可向属地中国人民银行举报。

解读二，实行分类管理，个人码禁止商用。

收款码分为个人和企业，企业经营用收款码没有被禁止商用。个人收款码在分类管理政策下不能商用。商户码手续费率相对更高，个人码或被限额防止它应用于某些不合规的场景。商户码费（可理解为手续费）率比个人码收费高。个人码只有在提现到银行卡的时候才收取一笔提现费用，收取标准一般是 0.1%。而商户码一般都比较高，比如微信的商户码普遍为 0.6%，少数个别行业的商户费率可能存在例外。第三方聚合支付比微信支付低一点，但也在 0.4%—0.5%。总的来说，不管哪种商户码，费率都高于个人码。

解读三，条码支付纳入监管，长期利好数字人民币推广。

当前线下刷卡和条码支付的收单费率分别为 0.6% 和 0.38%。（借记卡费率为 0.5%，20 元封顶；刷信用卡时，费率为 0.6%。扫码费率现在都比较透明，一般是从 0.3% 到 0.6% 左右）

从商户侧看，数字人民币具有支付即结算的技术特点，能够实现交易资金实时到账，帮助商户降低交易成本并提升结算速度；从收单机构侧看，数字人民币或可推动收单服务费率降低，促进收单机构升级转型。

12.4 银联云闪付

为了解决银行 App 众多的问题，中国银联推出了云闪付 App，它前身是银联钱包，是一种非现金收付款移动交易结算工具，是在中国人民银行的指导下，由中国银联携手各商业银行、支付机构等产业各方共同开发建设、共同维护运营的移动支付 App，于 2017 年 12 月 11 日正式发布。此后，在"云闪付"移动支付品牌下陆续推出了 ApplePay、SamsungPay 等支付产品。

不同于目前国内一些非金融支付机构主推的二维码支付,这种基于 NFC、HCE 和 Token 技术的支付方式安全且更加便捷。安全便捷的支付体验、庞大的苹果手机用户群、不断完善的非接受理环境大大加快了 NFC 手机支付的推广速度。

这种支付模式的快速扩张又会吸引更多国内手机厂商支持 NFC,长期影响 NFC 手机支付发展的终端瓶颈将得到有效解决。国内手机支付市场格局将会掀开新的一页。

银联云闪付 App 用一个 App 统一绑定各家银行卡账户,实现了支付接口在移动终端上的统一。作为银行卡统一的 App,"云闪付" App 拥有强大的跨行银行卡管理服务,目前云闪付 App 已支持国内所有银联卡的绑定,一次性可管理 15 张银联卡。因此,云闪付 App 与银联手机闪付、银联二维码支付并称为银联三大移动支付产品。

12.4.1　NFC 支付

在介绍银联云闪付之前,我们先了解一下 NFC (Near Field Communication)技术。NFC 是一种近距离无线通信技术,这种技术是由免接触式射频识别演变而来的,NFC 手机是指带有 NFC 模块的手机,目前像华为、小米等手机的一些高端型号中都搭载 NFC 功能。

NFC 具有三种工作模式,分别是:①卡模拟模式(Card Emulation Mode),也称被动模式。在这种模式下,NFC 手机就相当于一张 IC 卡(包括信用卡、门禁卡、优惠券、会员卡等)。此种方式下,有一个极大的优点,那就是卡片自身(如手机)不需要供电,供电是通过非接触读卡器来提供的。②点对点模式(P2P Mode),也称双向模式。在这种模式下,两个 NFC 设备可以交换数据。③读卡器模式(R/W Mode),也称主动模式。在这种模式,开启 NFC 功能的手机可以读写任何支持的标签,比如从海报或者展览信息电子标签上读取相关信息。

在三种 NFC 工作模式中我们最常见的是卡模拟模式,例如刷手机乘公交、购物等。在一部配备 NFC 功能的手机上实现卡模拟模式,目前有两种方式:一种是基于硬件的,称为虚拟卡模式(Virtual Card Mode);对于在虚拟卡模式下,手机上需要有安全模块 SE(Secure Element),SE 提供对敏感信息的安全储存和对交易事务安全的执行环境。比如各手机厂家主推的"Apple Pay""Huawei Pay""小米 Pay"等。

另一种是基于软件的,被称为主机卡模式 HCE (Host-based Card Emulation)。谷歌的 HCE 方案只是模拟了 NFC 与 SE 的通信,至于 SE 的实现则是空白,没有提出解决方案和实现。目前业界对 SE 的实现要么是云端的模拟,要么是本地软件的模拟。HCE 模式下,由于手机上不需要 SE,而是由在手机中运行的一个应用或云端的服务器完成 SE 的功能,此时 NFC 芯片接收到的数据可以发送至手机 App 或发送至云端的服务器来完成交互,比如京东的京东闪付和各银行主推的云闪付功能,手机上需要安装相关的 App 应用。从交易安全性来说,带有本地 SE 的虚拟卡模式相对 HCE 更安全。

12.4.2 银联云闪付

闪付(QuickPass)是中国银联的产业品牌之一,也是银联的传统品牌,标示银联非接触式支付产品,用于 PBOC2.0 非接触式 IC 卡等支付应用,具备小额快速支付的特征,主要应用于近场支付。具体的使用方式是:用户选购商品或服务,确认相应金额,用具备"闪付"功能的金融 IC 卡(卡面有中文"闪付"和英文"QuickPass"字样)或银联移动支付产品,在支持银联"闪付"的非接触式支付终端上,轻松一挥便可快速完成支付。闪付不仅支持刷银行卡片,而且还支持刷手机。只要带有 NFC 功能的手机绑定银行卡后也是可以使用闪付功能的。

2017 年 12 月 11 日银联发布了新品牌"云闪付"。这是中国银联联合国内主要金融机构、国内外知名手机厂商等共同推出的移动支付新品牌。它以非接触支付技术为核心,涵盖 NFC(近场通信)、HCE(基于主机的卡模拟)、TSM(可信服务管理)和 Token(令牌)等各类领先的创新技术应用,从而具备三大特征:空中发卡,非接闪付、在线支付(银联移动支付方式见图 12-9)。

图 12-9 银联移动支付方式

　　具体来说,云闪付是指通过智能手机申请云闪付卡(即空中发卡),可以在手机里用 NFC 硬件模拟生成一张虚拟的银行卡,手机就相当于银行卡卡片,而且虚拟卡片的关键信息存储在云端并动态更新,可以防止主卡信息外泄,保障持卡人用卡安全。由于使用中只要把手机看成一张银行卡就可以了,因此云闪付离线也可以支付,只不过支付时,"挥卡"动作挥的不是银行卡而是手机:使用时,无论锁屏、黑屏或主屏幕界面,拿着手机靠近具有"银联云闪付"标识的 POS 机(非接闪付),调出并选择其中一张银行卡,扫描指纹或者输入密码,即可轻松快捷完成支付。当然,用户也可以选择使用移动互联网进行线上支付(在线支付)。

　　由于"云闪付"是借助 NFC 来完成支付的,因此 NFC 的特点可以概括为四个字:多、快、好、省。

　　1)"多"指的是搭载 NFC 功能的适配机型产品以及受理终端数量越来越多。

　　2)"快"体现在使用者利用手机 NFC 支付时不需要解锁,不需要打开任何 App,不需要进行扫码而直接挥手机进行支付操作。类似于乘坐公交车时刷公交卡。支付的步骤大大简化,耗时也得以大幅缩短。

　　3)"好"强调的是"云闪付 HCE"的安全性能之高。

　　首先,使用者的真实卡号得以保护,隐私不会遭到泄露。因为在安卓手机 HCE 模式下所有交易信息仅保留在发卡行以及银联网络内,手机终端制造商并不会获知交易信息。其次,云端不断更新卡片信息,交易的次数、时间以及具体金额都受到监控。一旦交易凭证外泄,将可以保证交易无效,将欺诈风险大幅度降低。

　　4)"省"则是指使用"云闪付"的 NFC 功能时可以不连接网络。现有的扫码支付都需要使用流量,必须在有数据流量或者无线网络的情况下才能进行。而"云闪付"可以不需要使用网络流量,就可以进行脱机支付操作。

第13章 支付场景三:跨境支付

13.1 信用证支付

在国际贸易中,由于贸易双方位于不同国家的不同银行,银行间的联系非常松散而且贸易双方一般互相不太了解。在贸易上,一般都是用国际汇票作为付款方式。卖方如果没有寄送商品,就无法产生提货单。另一方面买方如果不付款就从银行拿不到商品提货单。国际汇票连接运送和付款,使买卖双方皆有保障。运送由航空或船运公司负责,付款则由银行来处理,国际汇票有连接两方面的功能。国际汇票的使用方式,有用信用证来保证付款的信用证形式(L/C:letter of Credit);也有不用信用证的形式,如付款交单(D/P:Documents against Payment),买方必须支付汇票后才能取得装船单据;另一种是承兑交单(D/A:Documents against Acceptance),买方只要承兑了汇票,就可以领到装船单据。

外贸出口常采用的支付方式主要分为三种,信用证 L/C(Letter of Credit),电汇 T/T(Telegraphic Transfer),托收支付(Collection)。其中托收支付是发货人委托银行代为收取货款的方式,又可分为光票托收、付款交单 D/P(Document against Payment)、承兑交单 D/A(Documents against Acceptance)。其中 L/C 用得最多,T/T 其次,D/P 较少。

1. 信用证 L/C

信用证是目前国际贸易付款方式最常用的一种付款方式,每个做外贸的人早晚都将会接触到它。对不少人来说,一提起信用证,就会联想到密密麻麻充满术语的令人望而生畏的天书。其实信用证可以说是一份由银行担保付款的 S/C。只要你照着这份合同的事项一一去做,提供相应的单据给

254

银行，银行就必须把钱付给你。所以信用证从理论上来说是非常保险的付款方式。信用证一旦开具，就是真金白银。也正因为如此，一份可靠的信用证甚至可以作为担保物，拿到银行去贷款，为卖方资金周转提供便利，也就是"信用证打包贷款"。但是在实际操作中，信用证有的时候也不是那么保险。原因是信用证中可能会存在很难做到的软条款，造成人为的不符点（discrepancy）。

信用证（Letter of Credit，L/C）是指由银行（开证行）依照（申请人的）要求和指示或自己主动，在符合信用证条款的条件下，凭规定单据向第三者（受益人）或其指定方进行付款的书面文件。即信用证是一种银行开立的有条件的承诺付款的书面文件。

在国际贸易活动，买卖双方可能互不信任，买方担心预付款后，卖方不按合同要求发货；卖方也担心在发货或提交货运单据后买方不付款。因此需要两家银行作为买卖双方的保证人，代为收款交单，以银行信用代替商业信用。银行在这一活动中所使用的工具就是信用证。

可见，信用证是银行有条件保证付款的证书，成为国际贸易活动中常见的结算方式。按照这种结算方式的一般规定，买方先将货款交存银行，由银行开立信用证，通知异地卖方开户银行转告卖方，卖方按合同和信用证规定的条款发货，银行代买方付款（信用证支付流程见图 13-1）。

在信用证的订立过程中，还需要区分 CIF（COST、INSURANCE、FREIGHT）与 FOB（FREE ON BOARD）的区别。

FOB 是船上交货，它后面加的是装运港，也就是说卖家只把货送到装运港口，由买家自己找船来到这里接货。货物的风险转移点是在船舷，就是说，卖家只要把货物送到买家指定的船只上，然后其他的海上风险等由买家自己承担。

而 CIF 则是你所说的成本保险费加上运费。C 是 cost，I 是 insurance，F 就是运费。就是说卖家要把货送到买家那边，通常是目的港。卖家还要支付从装运港到目的港的保险费用。简单而言 FOB 是离岸价，CIF 是到岸价，这样就好理解了。

买家也可根据 L/C 要求银行给予信贷资助。国际上的买卖动辄几百万美元，费用很高。要人立即掏钱出来做成买卖的话，即使是大公司也会造成资金紧张，这样经常就靠银行贷款。尤其是有些弱小的公司，自己没有足够的实力做大的买卖，但与它相熟的银行往往会给予支持。买家开 L/C，只要买家买的货价值在若干限额以内，就可以到相熟的银行去开 L/C，而不需要别的特别担保。

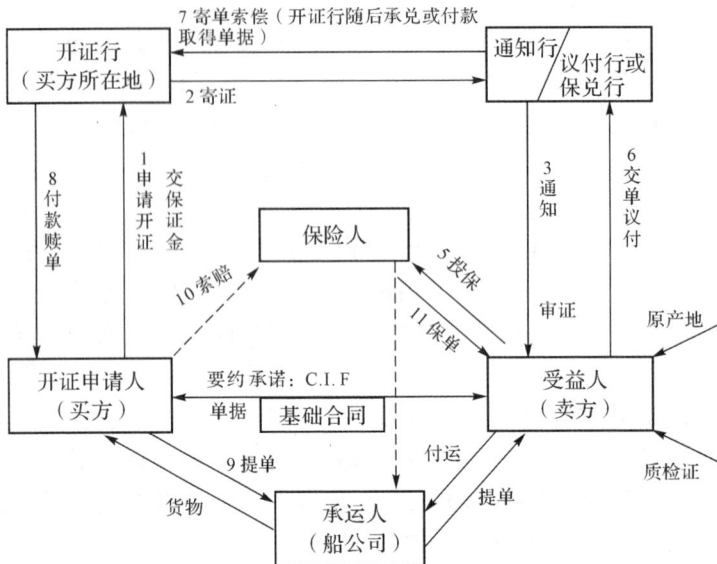

图 13-1　信用证支付流程

　　银行通过 L/C 这种做法,使买家不用钱或用很少的钱也可以去做较大的买卖,可以开 400 万美元的 L/C 买这票货。如果等货到目的港买家才给钱,卖家往往不同意,即使同意,买家也吃不消,拿出 400 万元的担保(保证货到卸港就付款)也不是那么简单的,而 400 万元的 L/C 就反而会容易开到。总有一天买家还是要用 400 万美元去换回单证的,可那是几个月后的事了。船到目的港都需一段时间,其间会产生很多第二买卖——买家可以整票转或分批卖掉这票货,取得货款,自然不愁换不回单证了。

　　整个国际买卖利用 L/C 这个付款办法,可以减少很多费用,节省不少麻烦。很多买卖都是通过几次电传就可达成,并不要求大家去做更多工作,这样就减少了费用及时间。其中一项就是调查费——通过 L/C,卖家不需去调查买家的资信就能成交。否则,几百几千万的合约怎么能用几个电传来解决呢?

　　2. 电汇 T/T

　　电汇 T/T 可以分为前 T/T 和后 T/T。

　　前 T/T 就是,合同签订后,先付一部分订金,一般都是 30%,生产完毕,通知付款,付清余款,然后发货,交付全套单证。不过前 T/T 比较少见一点,在欧美国家出现得比较多。

　　最为多见的是后 T/T,收到订金,安排生产,出货,客户收到单证拷贝件后,付余款;卖家收到余款后,寄送全套单证。

T/T 这种方式操作非常简单,成本比 L/C 要低,银行扣费比较少。但信用证如果单证做得好,比 T/T 要可靠,收款有银行担保,凭着信用证,就可以去银行打包贷款,资金压力很小。但是银行信用不好,或者外汇管制很严格的国家,信用证风险很大,如印度。T/T 和 L/C 各有优缺点,T/T 和 L/C 如果结合起来做,那就相当保险。比如用 T/T 电汇方式预付 30％,然后开出 70％货款的信用证,即 30％T/T,The balancee L/C。

3. 托收

托收支付方式属于商业信用,出口商成功收到款完全靠进口商的资信和付款能力,托收行的作用仅限于代收货款,但银行不对伪造的单据、拒付和货物保管等承担责任。而信用证是属于银行信用,不用担心进口商拒付款带来的损失,因为信用证的开证行担负起第一付款责任。所以说托收的风险明显大于信用证。但是由于托收的手续简单,费用相对信用证来说比较低,因此得到很多进口商的青睐。

光票托收:托收时如果汇票不附任何货运单据,而只附有"非货运单据"(发票、垫付清单等),叫光票托收。这种结算方式多用于贸易的从属费用、货款尾数、佣金、样品费的结算和非贸易结算等。

跟单托收:托收时汇票附有货运单据。根据交单条件的不同又可分为付款交单 D/P 和承兑交单 D/A。

D/P 简单地说就是付款给银行后才能获得单证。通常是指出口方的交单是以进口方的付款为条件,即进口方付款后才能向代收银行领取单据。它又可以分为即期(D/P At Sight)和远期(D/P After Sight Or After Date)。

D/A 简单地说就是付款人承兑后就能获得单证,这里的风险较大。通常是指出口人的交单以进口人在汇票上承兑为条件。即出口人在装运货物后开具远期汇票,连同商业单据,通过银行向进口人提示,进口人承兑汇票后,代收银行即将商业单据交给进口人,在汇票到期时,方履行付款义务。由于承兑交单是进口人只要在汇票上办理承兑之后,即可取得商业单据,凭以提取货物。所以,承兑交单方式只适用于远期跟单汇票的托收。

在实际操作中,D/P 和 D/A 的风险都差不太多。比如 D/P AFTER 30 DAYS 和 D/A 的性质就一样了。另外,跟单托收最大的风险就是顾客不去银行赎单不付款,那最坏的损失就是把货运回来,要承担货物的来回运费(国际贸易支付见图 13-2)。

```
                        ┌──────────┐
                        │ 国际贸易 │
                        └──────────┘
        ┌──────────┬────────┴───────────────┐
    ┌───────┐  ┌───────┐              ┌──────────┐
    │ 电汇  │  │信用证 │              │   托收   │
    │ T/T   │  │ L/C   │              │Collection│
    └───────┘  └───────┘              └──────────┘
          ┌───────┴────────┐        ┌──────┬───┴────┬──────┐
      ┌────────┐      ┌──────────┐ ┌──────┐ ┌──────┐ ┌──────┐
      │ 光票   │      │  跟单    │ │光票  │ │付款  │ │承兑  │
      │信用证  │      │ 信用证   │ │托收  │ │交单  │ │交单  │
      │ Clean  │      │Documenttary│ │Clean │ │D/P   │ │D/A   │
      │ Credit │      │  Credit  │ │Colle-│ │      │ │      │
      └────────┘      └──────────┘ │ction │ └──────┘ └──────┘
                                   └──────┘
```

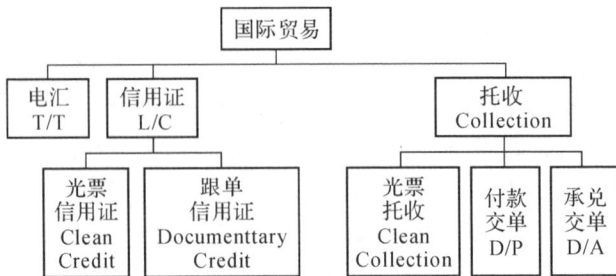

图 13-2 国际贸易支付

13.2 跨境支付发展

跨境支付(Cross-border Payment)是指两个或者两个以上国家或地区之间因国际贸易、国际投资以及其他方面经济活动,借助一定的结算工具和支付系统,实现资金跨国和跨地区转移的行为。在生活中最常见的例子,中国消费者在网上购买国外商家产品或国外消费者购买中国商家产品时,由于币种的不一样,就需要一定的结算工具和支付系统实现两个国家或地区之间的资金转换,最终完成交易。

随着中国经济的爆发式增长,跨境电商、出境旅游、出国留学以及国际会展等相关行业发展和消费水平也攀升到了一个新的高度,而跨境支付作为基础设施所蕴藏的巨大潜力也逐步为业界所关注。来自海关数据显示,2019 年通过海关跨境电商管理平台进出口达到 1862.1 亿元,增长了38.3%。市场采购方式进出口 5629.5 亿元,增长了 19.7%。两者合计对整体外贸增长贡献率近 14%。中国公民出境旅游人数达 1.55 亿人次,达历史之最;留学市场方面,据银联国际发布报告,中国留学生每年消费规模在 3800 亿元人民币以上。

支付机构依据国家外汇管理局跨境外汇支付试点政策,开展跨境支付的场景主要有十大行业:货物贸易、酒店住宿、留学教育、航空机票、国际展览、旅游服务、软件服务、国际运输、国际会议、通信服务。尤其是跨境电子商务货物贸易及服务贸易跨境资金结算服务,这些都是跨境支付大有作为的应用场景(30 家跨境支付试点企业及其支付场景见图 13-3)。

1. 外管局跨境支付牌照

2007 年,银联成为国内首家开展跨境支付业务的第三方支付公司。国

序号	公司名称	范围	地区
1	汇付天下	货物贸易、留学教育、航空机票及酒店住宿	上海
2	通联	货物贸易、留学教育、航空机票及酒店住宿	上海
3	银联电子支付	货物贸易、留学教育、航空机票及酒店住宿	上海
4	东方电子支付	货物贸易	上海
5	快钱	货物贸易、留学教育、航空机票及酒店住宿	上海
6	盛付通	货物贸易、留学教育、航空机票及酒店住宿	上海
7	环迅支付	货物贸易、留学教育、航空机票及酒店住宿	上海
8	富友支付	货物贸易、留学教育、航空机票及酒店住宿	上海
9	财付通	货物贸易、航空机票及酒店住宿	深圳
10	易极付	货物贸易	重庆
11	钱宝科技	货物贸易	深圳
12	支付宝	货物贸易、留学教育、航空机票及酒店住宿	上海
13	贝付科技	货物贸易及留学教育	浙江
14	易宝支付	货物贸易、留学教育、航空机票、酒店住宿、国际运输、旅游服务、国际展览	北京
15	钱袋宝	货物贸易、留学教育、航空机票及酒店住宿	北京
16	银盈通	货物贸易、航空机票及酒店住宿	北京
17	爱农驿站	货物贸易、留学教育、航空机票、酒店住宿、国际运输、旅游服务、国际会议、国际展览、软件服务	北京
18	首信易支付	货物贸易、留学教育、航空机票、酒店住宿、国际会议、国际展览、软件服务	北京
19	北京银联商务	货物贸易、留学教育和酒店住宿	北京
20	网银在线	货物贸易、留学教育、航空机票及酒店住宿	北京
21	拉卡拉	货物贸易、留学教育、航空机票、酒店住宿、旅游服务、国际展览	北京
22	资和信	货物贸易、留学教育、航空机票及酒店住宿	北京
23	联动优势	货物贸易、留学教育、航空机票、酒店住宿及旅游服务	浙江
24	连连支付	货物贸易、留学教育、航空机票、酒店住宿及旅游服务	浙江
25	网易宝	货物贸易、留学教育、航空机票及酒店住宿	浙江
26	易付宝	货物贸易、留学教育、航空机票及酒店住宿	江苏
27	智付电子支付	货物和服务贸易	深圳
28	海南新生	货物贸易、留学教育、航空机票、酒店住宿、国际贸易物流、旅游服务、国际会议会展	海南
29	摩宝支付	货物贸易	四川
30	宝付	货物贸易	上海

亿邦动力从公开资料整理

图 13-3　30 家跨境支付试点企业及其支付场景

家为了更好地发展第三方支付市场，终于确定允许其他第三方支付公司进入跨境支付服务领域。2013 年 10 月，国家外汇管理局综合司正式下发了《关于开展跨境电子商务外汇支付业务试点的批复》（汇综发〔2013〕5 号，简称 5 号文），批准了 17 家第三方支付机构开展跨境电子商务外汇支付业务试点。2014 年，第二批共 5 家第三方支付平台获得跨境支付牌照。进入2015 年，跨境支付走向了法治化和规范化道路。国家外汇管理局正式发布了《国家外汇管理局关于开展支付机构跨境外汇支付业务试点的通知》（汇发〔2015〕7 号，简称 7 号文，同时废止了 5 号文）和《支付机构跨境外汇支付业务试点指导意见》。允许部分拥有《支付业务许可证》且支付业务为互联网支付的第三方支付公司开展跨境业务试点。截至 2015 年年底，获得该资格的支付平台数量为 27 家。随后的 2016 年，跨境业务试点企业数量维持不变。直至 2017 年春季，外管局才批准新增 3 家参与跨境试点。自此，拥有跨境支付资格的支付平台数量达到 30 家。

2019 年 4 月 29 日国家外汇管理局发布了《国家外汇管理局关于印发〈支付机构外汇业务管理办法〉的通知》（汇发〔2019〕13 号，简称 13 号文，同时废止了 7 号文）（支付机构跨境支付监管发展历程见图 13-4）。

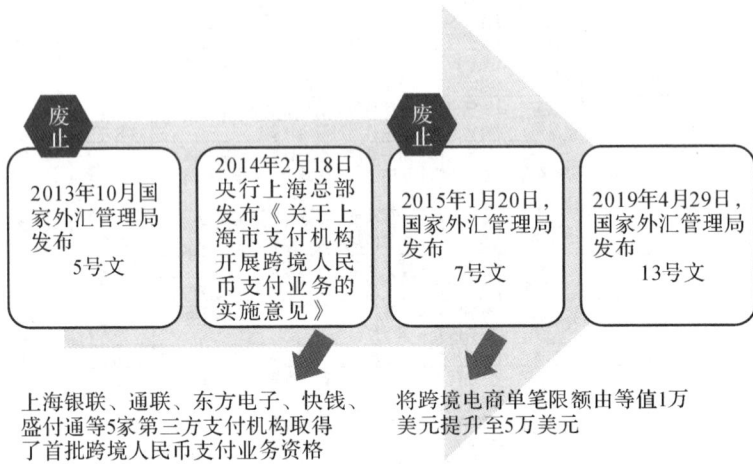

图 13-4 支付机构跨境支付监管发展历程

支付机构外汇业务，是指支付机构通过合作银行为市场交易主体跨境交易提供的小额、快捷、便民的经常项下电子支付服务，包括代理结售汇及相关资金收付服务。其中所指的市场交易主体，是指电子商务经营者、购买商品或服务的消费者。通过支付机构，网上个人卖家可以直接与境外买家进行交易，无须再为个人结售汇等烦琐的手续而困扰。为积极支持跨境电子商务发展，防范互联网外汇支付风险，国家外汇管理局于 2013 年在北京等 5 个地区启动支付机构跨境外汇支付试点，并于 2015 年将试点扩大至全国，对于支持跨境电子商务的发展起到了积极的作用。2019 年 13 号文的新规在进一步支持跨境产业发展的同时，也加强了监管力度，提出更多要求。例如，开展跨境业务支付机构至少要具备 5 名熟悉外汇业务的人员（其中 1 名为外汇业务负责人）；支付机构应根据外汇业务规模等因素，原则上选择不超过 2 家银行开展合作；银行要审慎选择合作支付机构，未进行合理审核导致违规的，将依法承担连带责任；支付机构、银行均需审核外汇业务的真实性、合规性,违规者严格按照外汇管理条例处罚等。

2. 央行人民币跨境支付牌照

(1)牌照

2014 年 2 月 18 日上海银联、通联、东方电子、快钱、盛付通等 5 家第三方支付机构取得了首批跨境人民币支付业务资格,与合作银行签约。参与首批跨境支付试点的银行包括工行、建行、中行、招行和民生银行。

依据《关于上海市支付机构开展跨境人民币支付业务的实施意见》,跨境人民币支付业务试点范围不会局限在总部在上海的支付机构,全国范围内取得互联网支付牌照的支付机构,也可通过在自贸区设立分公司,参与上述跨境人民币支付试点。央行上海总部将对支付机构开展跨境人民币支付业务实行事后备案和负面清单管理。支付机构开展境外人民币结算业务,事前不需要报中国人民银行审批,而是在开办业务后一段时间内向中国人民银行备案。获准开展跨境人民币支付的支付机构,都需在合作银行开立一个专门服务于跨境人民币支付的备付金账户。账户独立于支付机构其他支付业务的备付金账户,按人民币跨境支付金额计提一定比例的备付金。

那么央行的跨境人民币支付和外管局发布的跨境支付牌照有什么不一样呢?简单来说,贸易范围不同。央行的跨境人民币支付范围较大,允许货物类和服务类。而外管局的范围相对较小,基本就限定于小额的电商、留学、旅游等场景。

【案例】

跨境人民币支付或将取代信用证

2014 年快钱公司与中国台湾关贸网络签署了跨境电商人民币支付业务协议,并在 2014 年 2 月 18 日发起首笔实时交易。快钱模拟进口企业,当场从中国台湾订购了 14 万元的水果。

具体而言,获得跨境人民币支付牌照后,交易时买家可通过第三方支付机构付款,关贸网络提供交易电子文件供第三方支付机构向外管局核备作为结售汇依据,然后再由关贸网络以网络交易代收代付将交易金额下发至中国台湾卖方的账号下——T+3 日内即可完成,而之前多达 10 天。对于水果等对保鲜度要求很高的产品来说,贸易时间自然是越短越好。

> 快钱与中国台湾关贸网络的两岸贸易款项均按照双方贸易条款,实行全额付款或者分期解款,交易中资金由快钱及平台进行担保,放款结算以实际通关货检为依据,确实保障买卖双方的利益。
>
> 也就是说,买卖双方的交易金额由第三方支付机构和平台担保,以实际通关货检为依据来放款,部分传统国际贸易中通常以美元为计价标准的纸质信用证将被取代,从而省掉银行信用证的手续费用。

(2)CIPS二期

2018年5月2日,人民币跨境支付系统(二期)全面投产,符合要求的直接参与者同步上线。人民币跨境支付系统(CIPS)向境内外参与者的跨境人民币业务提供资金清算结算服务,为人民币国际化铺设"高速公路",是符合国际标准的重要金融基础设施。截至2018年3月底,CIPS共有31家境内外直接参与者、695家境内外间接参与者,实际业务范围已延伸到148个国家和地区。

相比较CIPS(一期),CIPS(二期)在功能特点上进行了改进和完善:一是运行时间由5×12小时延长至5×24小时+4小时,实现对全球各时区金融市场的全覆盖;二是在实时全额结算模式的基础上引入定时净额结算机制,满足参与者的差异化需求,便利跨境电子商务;三是业务模式设计既符合国际标准,又兼顾可推广可拓展要求,支持多种金融市场业务的资金结算;四是丰富参与者类型,引入金融市场基础设施类直接参与者;五是系统功能支持境外直接参与者扩容,为引入更多符合条件的境外机构做好准备。考虑到CIPS(二期)时序调整后的夜间时段正值欧美金融市场的营业时间,为满足境内外直接参与者夜间调剂流动性的需要,保障支付清算安全,人民银行研究决定银行间货币市场加开夜盘。

(3)央行数字货币

即将推出的中国央行数字货币(DCEP:Digital Currency Electronic Payment)承载着未来的跨境支付使命,让数字货币用于为国际金融机构提供跨境支付与汇款。通过一条全新的路径来促进人民币的国际化,在"一带一路"国家和全球经济联结中发挥作用,是DCEP发挥最大价值之处。

人民币跨境支付已有CIPS系统,但它的基础是银行账户。境外银行需要有人民币业务,企业或个人才能通过银行来完成跨境支付流程。而DCEP尽管具体细节尚未可知,但理论上只要用户拥有DCEP钱包即可,甚至可以境内外用户直接互通而不需经过银行。不过就目前公布信息来看,央行仅通过特定的境内商业银行与支付机构来发行DCEP,境外银行是

否有一天也能直接向中国人民银行换取数字货币也未可知。这意味着使用
DCEP 跨境支付的门槛会比过去大幅降低。因为区块链的不可篡改、透明、
可追溯等特性,让数字货币天然具备跨国界优势,可有效扩大人民币在境外
的使用。

　　一个可能的场景是,一个淘宝商户要将一笔货款支付给境外的上游厂
商,这时他只要握有等值的 DCEP 人民币,就可以通过网络支付直接对该
厂商进行跨境贸易支付。其中的关键差别在于,在这个支付流程中,收款方
理论上可立即收到货款,而不需如过去走 SWIFT 一般要等上好几天。同
时这也意味着支付成本大幅降低,手续费可能低至过去的一到两成。也就
是说,时间成本和金钱成本都降低了,更重要的是整个系统更加自主可控。

13.3　跨境支付模式

　　全球跨境支付市场中一般来说有四大主导力量,分别是银行电汇、汇款
公司、国际信用卡组织和第三方支付(四大类跨境支付机构见图 13-5)。

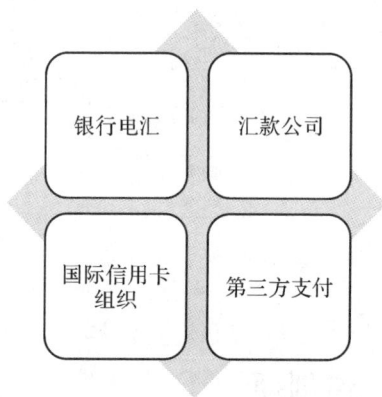

图 13-5　四大类跨境支付机构

　　银行电汇是指汇出行应汇款人申请,以加押电报、电传或者 SWIFT 形
式给国外汇入行,指示其解付一定金额给收款人的汇款结算方式。银行电
汇普遍采用 SWIFT 通道实现跨境汇款,收费高昂且交易进度较慢,3－5 天
才能汇款到账,优点在于手续费有上限,适用于大额汇款与支付。

　　专业汇款公司通常与银行、邮局等机构有较深入的合作,借助这些机构
分布广泛的网点设立代理点,以迅速扩大地域覆盖面。收款人只需持身份

证明和汇款密码即可收款,而且专业汇款公司代理网点众多,不限于银行办理。

国际信用卡是由国际发卡组织的会员(银行)发行的卡,在该组织的特约商内都可以签账。通常国际信用卡以美元作为结算货币,国际信用卡可以进行透支消费(先消费后还款),国际上比较常见的信用卡品牌主要是Visa、MasterCard等。

第三方支付企业依靠自身技术和服务优势,通过提供行业解决方案或定制服务。高频次、小额化的中小企业和个人消费者对跨境支付产品提出了新的要求,需要安全便捷、简单易用、结算速度快、交易成本低的跨境支付产品(跨境支付流程见图 13-6)。

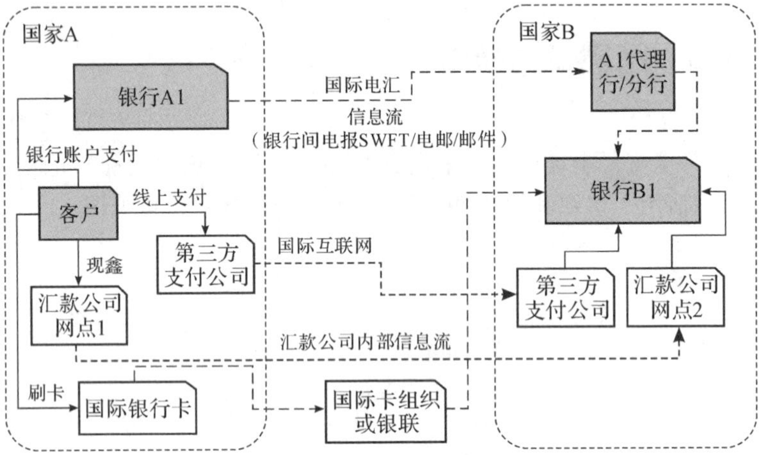

图 13-6　跨境支付流程

13.4　跨境支付创新

国际货币金融体系是经济全球化的命脉,而跨境支付是其重要组成部分。目前跨境电商发展如火如荼,尤其是 2016 年以后市场逐渐走向开放和规范,跨境电商已经开始反向驱动中国国内供应链升级。跨境电商成为中国外贸业务发展的新引擎。对于电商系统来说,业务从国内转移到跨境,变化最大的可能就是支付模式。

中国在移动支付领域取得的成绩毋庸置疑,纵观全球也是难逢对手,但在跨境支付领域则刚刚起步。艾瑞咨询数据显示,2020 年我国第三方移动支付市场规模达 249.3 万亿元。[①] 近年来，随着跨境电商、出境旅游、出国留学等需求的迅猛增长，中国已成为全球第一大游客出境旅游消费国、第二大个人汇款汇入国。包括支付宝、微信支付在内的众多支付企业与全球各国用市场化方式开展合作，推动跨境支付市场迎来高速发展。数据显示，2016—2020 年，中国第三方跨境支付市场规模（以交易金额计）从 2437 亿元人民币增长至 11172 亿元人民币，年复合增长率达到 35.6%。

传统的跨境交易结算时一般采用银行电汇或者信用卡收款等结算方式，而银行跨境电汇的流程复杂、周期长，国际信用卡收单手续费不菲且坏账率高。近年来，第三方支付平台凭借创新与服务，敲开了跨境支付市场的大门。

当前可以应用到跨境支付行业的金融创新科技有：区块链技术、云计算技术、大数据技术以及 AI 技术等。以区块链技术为例，比如 IBM 公司的基于区块链的全球支付系统 Stellar 与四家行业领先的金融机构 Coins. ph、Flutterwave、ICICI Bank 和 Tempo Money Transfer 展开合作，致力于为印度、菲律宾、欧洲创建全球支付网络，同时实现在非洲用 M-PESA 进行跨境付款。很快这些金融机构可以在 3—5 秒内相互进行交易，并且不会遇到导致更高费用的摩擦和障碍。Stellar 的一个主要优势是，通过单一集成，金融机构可立即访问 Stellar 上的所有其他机构。例如，Stellar 上的所有金融机构都能够通过 Coins. ph 无缝地向菲律宾汇款，通过 ICICI 向印度汇款，通过 Tempo 向欧洲汇款。

尤其值得注意的是和 Coins. ph 的集成，在海外的菲律宾工人在 2015 年向菲律宾发送了 269.2 亿美元，这让菲律宾成为世界第三大汇款市场。在发展中国家中，大多数人口是未享受银行服务或没有银行账户的。到目前为止，向这些国家汇款的服务只限于传统的汇款服务，例如西联汇款或 MoneyGram，这些汇款服务会收取高昂的费用。但现在任何人都可以通过 Stellar 汇款到菲律宾。货币可以通过两种方式转移：访问和 Stellar 连接的本地汇款服务，或通过 Stellar 钱包用数字化的方式汇款。

2）云计算技术具有高扩展性、高连续性的特点，跨境支付服务与云计算技术的结合，能够迅速扩张服务能力，动态支持海量跨境支付交易和相关服务需求，提高跨境支付业务系统承载力。

3）大数据技术在跨境支付领域的应用主要在用户行为分析、交易欺诈

---

① 艾瑞咨询《2020Q4 中国第三方支付季度数据发布报告：中国第三方移动支付交规模达 71.2 万》。

识别和反洗钱方面,第三方支付机构不仅能可以通过大数据技术进行用户画像分析,进行精准的分层和营销,同时也可以通过用户行为分析,进行交易欺诈识别和反洗钱方面的分析。

4)AI技术:即人工智能技术,这方面的技术不仅可应用在客户身份识别和验证方面,而且可以应用在跨境支付的清算领域,不仅可以实现跨境支付的智能路由,而且可以达到跨境支付业务的智能清分和处理。这样不仅降低了运营成本,提高了效率,而且减少了人工干预的过程,有利于保证跨境交易的信息透明。

未来跨境支付服务会逐渐摆脱单一的支付服务模式,发展成为综合支付解决方案模式。以某跨境支付公司提供的一站式跨境电商综合服务为例。公司坐落于中国(杭州)跨境电子商务综合实验区,目前已在中国、新加坡、荷兰、纽约、日本、澳大利亚、南非、泰国设有分支机构。公司主要是通过四大业务来构建并拓展其支付服务,即跨境资金结算、供应链金融、全球收单、物流和海外仓服务。其中第一块业务是跨境资金结算。为跨境电商平台卖家、独立站卖家提供跨境资金结算服务。第二块业务是供应链金融服务。在大数据风控技术支撑下,与金融机构战略合作,解决跨境电商结算周期长、融资成本高等难题。第三块业务是全球收单,帮助国内的卖家商户收境外消费者的货款。第四块业务是物流及海外仓服务。通过与海外物流公司合作,为跨境卖家提供一站式的海外仓服务,包括头程运输、海外仓管理和本地配送等全流程服务。

随着跨境贸易的发展,跨境电商行业的需求更加多样,针对跨境卖家的退税、融资、物流等需求,跨境支付机构也逐步开始提供多维度的服务。未来,在支付服务基础之上,跨境支付机构将会以更多方式提供一站式解决方案,其中必将带来大量的创新模式与创新机会。